生 死 學

鄭曉江◎著

Thanatology

知識與智慧

鈕則誠

臺灣銘傳大學教育研究所教授、博士

　　認識曉江先生已有八年加半載，當時是因為生死學而結緣，多年來他在我的心目中，始終是當今大陸的生死學第一人。其實談生論死不必有高下之分，倒是他在這塊領域中耕耘的時間比誰都長久，較之「生死學」一詞的發明者傅偉勳教授還早十年。當然曉江先生較常使用的是「生死哲學」之說，他並強調生死哲學代表的乃是「生死智慧」。對於這點我十分同意，因為我一直認為與其講述知識性的生死學，不如體現實踐性的生死觀，後者正是帶有哲理意味的生死智慧。只是畢竟生死學在臺灣問世至今，也足足風光了十三年，過去唯見本地學者在開發經營，難得有大陸同道協力拓展。曉江先生這部《生死學》，可說是具有不同視野的原創性著作，拜讀之下深獲啟發，乃藉此機會進行一番對話。

　　華人社會的「生死學」與「生命教育」皆發端於臺灣，前者於一九九三年首見於傅偉勳的論著中，後者則是一九九八年臺灣省政府開始在中學推廣的活動。今年生死學以「生死關懷」為名，成為高中生命教育類八門正式課程中的一門科目，象徵著二者的合流。鄭曉江教授於一九九七至二○○四年間，共來台交流訪問四次，親身見證了臺灣在這方面的發展，而他很早就在大陸獨自耕耘著生死哲學的新興領域。生死哲學不全然等於生死學，鄭教授在本書中對此有所分判。不過他心目中的生死哲學較生死學要來得開闊，因此本書雖以「生死學」為名，實際上代表曉江先生二十多年來不斷開

創的「生死哲學」之全貌。依我之見，他在書中次第鋪陳生命、生活、死亡等人生三大議題，再銜接上臨終與殯葬方面的討論，並首尾呼應地闡述了生死學與生命教育的來龍去脈，是相當完整的論述架構。以下我謹就其中的幾個主題稍作引申。

過去三年我也在努力建構一套「華人生死學」論述，透過「生物／心理／社會／倫理／精神一體五面向人學模式」的知識觀點，藉以形成「生死教育—生死諮詢—生死關懷—生死管理」一系列專業實踐。對照之下，鄭教授在本書中以生命的生理性、人際性、精神性分別論之，並以專章引介幾種實踐性活動，我們可謂所見相彷，但是在他「筆鋒常帶感情」的寫作風格下，或許更能夠讓讀者感同身受。科學家引領著人們回顧宇宙和世界創生的歷史，其中充滿著一連串偶然與必然。只要有些微差異，人類便不會出現在浩瀚的時空舞臺上。猶記有一年看見四川出土的中華恐龍來臺灣展覽，很難想像曾經有那麼巨大的生命體在地球上活躍，但到如今卻完全消失無蹤。人類生命究竟是否能夠「可持續發展」？多少繫於我們對生活所抱的態度。

俗話說：「留得青山在，不怕沒柴燒。」生命是生活的「本」，好的生活形態可以「保本」，不佳則會「蝕本」。鄭教授這部書的一大創意，即是從生命談到生活，讓動態的生活彰顯靜態的生命。我高中畢業時考大學心情忐忑不安，偶然讀到林語堂寫的《生活的藝術》一書，為之豁達開朗不少。林老說他原先想以《抒情哲學》為名，後來覺得太美而放棄，但也讓人肯定這是一本用抒發情懷的筆觸來表達的人生哲學。提到抒情的筆調，正是曉江先生多產作品中的一貫特色。平心而論，生死學最好是用說故事而非講道理的方式來發揮，本書引用了一些年輕人的網路文章，加上〈後記〉中作者於岳母去世後所表現的真情至性，都是很感性的生死學教材。至於一向喜歡說理的我，近年寫書也在章後附上一則〈心靈

會客室〉專欄隨筆，也算是有感而發吧！

死亡是生死學的核心議題，這點鄭教授看得十分清楚。事實上，傅偉勳當年在構思「生死學」一詞時，心裏想到的正是美國社會科學學者所推廣的「死亡學」及「死亡教育」。後來當他領悟生死實爲一體之兩面、一線之兩端時，乃拈出具有豐富人文意涵的「生命學」之說，希望將中國的生命學和西方的死亡學，統整爲一體的生死學。只不過傅教授尚未來得及建構其新學問，便因病大去往生。倒是去年曉江先生在臺灣出版了一部《中國生命學》的新書，闡述中華賢哲的生死智慧，可視爲實現了傅教授未竟的心願。死亡學談死不論生，生死學既談死也論生，但是認眞想想，生與死並非對等的概念。我在這件事情上一向相信常識，認爲生是過程，死爲終點；應以生爲重，而非執著於死亡不克自拔。閱讀本書，發現鄭教授也有類似的看法。

不過大多數時候當死亡到臨時，當事人覺得不好受，周遭的人也感到難過。由此可見悲傷與哀慟乃人之常情，不必加以扼止，卻需要善加疏導。廣義的臨終關懷針對一切臨終病人而發，狹義則集中善待癌末患者。在臺灣每年死亡人口中有四分之一歸於癌症，我對此主張「盡人事，聽天命」，不必強求造作。曉江先生的書中有專章討論臨終者和遺屬的精神撫慰，並且對宗教信仰的撫慰功能加以闡述。在臺灣，宗教信仰對臨終關懷與哀傷諮詢的貢獻良多，尤其是推動臨終關懷的三大基金會，分別由天主教、基督教和佛教團體創立。鄭教授多次受到宗教團體邀請來台參訪，對於此類公益性活動有所接觸並深入觀察，其對信仰的生死智慧之詮釋，值得讀者深思熟慮並身體力行。

在一部生死學的入門教科書之內，如果沒有論及殯葬相關議題，就不夠整全了。但是一般人談生論死，可以接受臨終關懷，卻對喪葬殯儀多所忌諱，終不免留下一層「後顧之憂」。以我個人爲

例，十餘年前開始從事生死學教研工作時，並未對殯葬議題特別關注，但是多年的經驗積累發現，殯葬業對生死學認同程度最高。其他如醫療護理、心理諮詢等專業，因爲本身的知識系統較爲完整，對生死議題有其自身的見解，並不見得會接納新興的生死學論述。這便是我近年從生死學積極走向殯葬學及殯葬教育的原因，相信鄭教授在大陸從事生死哲學教研工作時，也會產生類似感受。生死學或生死哲學不能劃地自限，勢必得跟其他涉及人類生老病死的行業及專業有所交叉，本書論及殯葬文化與殯葬管理，對實務界具有相當大的助益。

總而言之，有幸先行拜讀過鄭教授曉江先生這部集知、情、意、行於一體的生死智慧大作，對我而言可謂收穫匪淺、受益良多。雖然海峽兩岸的學術界都傾向於保守，未能把生死學列入知識體系的正式科研項目，以致無法吸納較多有興趣的學者投身其中，進而形成有影響力的學術共同體，並發展出公認的學科範式。不過身處後現代多元文化氛圍中，生死學未能定於一尊並非壞事，它讓我們能夠「各自表述，各取所需」。畢竟有關生老病死的探究，絕非完全事不關己的紙上談兵，它經常反映出切身攸關的存在抉擇。對生死學議題進行反思，可視爲生命教育「自學方案」。曉江先生的心路歷程和生命學問，相信可以引領所有讀者透過對生死知識的薰習，臻入生死智慧的境界。附帶說一句，〈知識與智慧〉原本爲鄭教授爲本書寫自序的標題，後來他改用〈學會生死〉一題，我便拿來借題發揮了。

2006年清明節　誌於臺北

生死本一家，善生善終

張淑美

臺灣國立高雄師範大學教育學系教授、博士

拜讀江西師範大學道德與人生研究所所長、哲學與社會學系教授鄭曉江先生的新著《生死學》乙書之完整初稿，學習甚多，非常喜悅。個人對瑞士裔美籍生死學先驅伊莉莎白・庫柏羅斯（E. Kübler-Ross）至為敬佩，對她常說的一句話「生命中沒有巧合」（Nothing in life is a coincidence.）[1] 頗有所感，生命中有許多因緣並非是突如其來的巧合，其實是我們自己去累積、締結而來的，也具有其獨特的生命意涵。鄭教授是我個人甚為景仰的學者，與他結識，可說是其來有自。先前雙方雖未謀面，基於生死學的研究興趣，乃有許多機會讀到對方的論著，二○○五年五月二十一至二十二日在臺灣由吳鳳技術學院紀潔芳教授承辦的「亞太地區生命教育教學研討會」，我們都應邀發表論文，因此「碰巧」相遇，一見如故，結下學術交流與分享的緣分。不過，算起來鄭教授是前輩，一九九四年當我還是博士候選人時就拜讀到他的大作——《中國死亡智慧》[2]，感到如獲至寶，期盼能有當面請教的機會。因此，現在要為前輩的大作撰序，自然感到既榮幸又惶恐。

我自一九八八年著手碩士論文——《兒童死亡概念之發

1.Kübler-Ross, 1991, *On Life after Death*. CA: Celestial Arts.
2.鄭曉江，1994，《中國死亡智慧》，台北市：東大圖書公司。

展與其教育應用》[3]之研究開始，就廣泛蒐集國外「死亡學」
（Thanatology）與「死亡教育」（Death Education）的文獻，大都
是以美國、加拿大為主，難得看到有系統介紹中華文化中生死相關
思想之論著。因此當初閱讀到鄭教授的專著，知道他很早就鑽研中
國生死哲學，更感到分外敬佩。死亡的問題可說是和歷史文化息息
相關，中華文化五千年的歷史，當中蘊含的生死相關典籍與思想，
自是浩瀚深遠，想必是需要兼具文化內涵與古今視野的學者，才能
著書立說、成一家之言，鄭教授正是具有如此學養與視野的實力派
學者。

　　二十世紀初，西方的死亡學以科學研究取向興起，因為有各
種相關學科科際整合的探討，迅速地累積研究成果，使死亡學、
死亡教育與悲傷輔導等專業也逐漸奠基、擴大版圖，進而獨立成
新興的專門學科，蔚為顯學，並且成立「死亡教育與諮商學會」
（Association for Death Education and Counseling, ADEC）[4]等許多
國際性的專業學術組織。的確，在這過度追求科技與物質享受的時
代，也衍生越來越多「生活」空虛與「生命」困頓的心靈問題，因
此探討死亡與生命的意義，便越發顯得重要而迫切。不過，死亡問
題是直逼生命核心價值的追尋，是人生觀與價值觀的問題，不是只
在事實上、科學上揭開真相就夠了，人們需要的是安頓心靈的終極
關懷與思考，誠如傅偉勳教授說的，要不需要宗教信仰、要不就需
要有高度的精神性思考，或說是哲學思考，才能超克死亡[5]。

　　鄭教授就是這麼一位先知先覺者，開墾生死哲學研究二十餘

3.張淑美，1989，《兒童死亡概念之發展與其教育應用》，高雄市：國立高雄師
　範學院教育研究所碩士論文。

4.http://www.adec.org.

5.傅偉勳，1993，《死亡的尊嚴與生命的尊嚴──從臨終精神醫學到現代生死
　學》，台北市：正中。

年，從思想的源頭去幫助人們釐清生死的意義與人生的目標。在這本《生死學》乙書中，揭示出來「人生」這條路要耕耘的方向，就是老老實實地從「生命」、「生活」及「死亡」問題的探討，來建構自己的生死智慧，得到安身立命的方法。本書清楚架構生死學的學科概念，從生命本質打開追尋生活真諦與人生智慧的道路，繼而直視死亡在生命中的地位，教導我們「生死互滲」的哲學，也處理了實際面向必須遭逢的臨終關懷（包括悲傷輔導）、殯葬文化的理念與作為，最後提出生命教育的實施方向，前後呼應、體系清晰。個人拜讀之後，深覺本書有如下幾點特色：

從生論死、談死說生

本書從現代人切身的生命與生活問題切入，引導思考人生智慧與幸福人生的追尋，繼而反思死亡蘊含的生命意義，並且踏實面對死亡的處理與準備，正是曉江教授向來力倡「生死互滲」的人生觀，藉以超越死亡的威脅，提升生命的境界。

博通古今、學貫中西

鄭教授的著作向來都是旁徵博引豐富的資料來源，不僅萃取中國傳統古籍中的素材，映照西方重要的哲學論述，並參考海峽兩岸大量生死學與生命教育的相關著作，釐出清晰脈絡，尚且採用現代年輕人的網路文章，可說是非常貼近現代人的生活，也藉此將年輕讀者帶進生死智慧與哲理的堂奧，自然巧妙，甚具功力。

理論實務、熔於一爐

不僅博探古今中外論著資料，勾勒生死學的學科內涵，更關切生活中實際面臨的生死問題，結合理論與實務，讓生死學成為貼近生活的生命學。尤其，最後以生命教育來落實「學習生死」，進而希望「學會生死」，活出生命的意義與價值，誠謂兼具學術與應用

的價值。

深入淺出、發人深省

鄭教授向來擅長用淺顯清晰的方式表達艱澀意遠的哲理，文字簡潔流暢，說理的筆鋒自然流露扣人心弦的情懷，令人沉浸其中，引發共鳴與省思，充分達到教育的功效。值得一提的是，鄭教授在〈後記〉中，以悲傷家屬的心情記錄他岳母臨終與往生過程中的經歷與心路歷程，讀之令人動容。承他不棄，在二○○五年暑假期間就與我分享這篇文章，讓我體會到死亡現實無情的一面，即使是鑽研生死的哲學家也不免悲慟。不過，誠如柏拉圖說的，「哲學是死亡的默想（或練習）」，相信哲學家的悲傷是至情至性的真情流露，雖悲而不傷。曉江教授如此示例，其實是很好的悲傷輔導，也是活生生的生命教育。悲傷必須老實經過，重建意義，才是「好的悲傷」（good grief）、有意義的悲傷，也是生命的成長。

由於個人在台灣推動本土的生死學、生死教育以及生命教育過程中，也參與及學習許多[6]，對於本書的相關論點忝做兩項回應，請曉江教授與讀者指正。

就中西生死學的發展趨勢而言

國外的死亡學與死亡教育大概在一九五○年代末期才開始迅速發展，由科際整合而漸趨專業，目前是已具學科正當性的專門學科（legitimate discipline）。大學校院設有與死亡學相關的研究中心，有許多專業性的學會組織與學術期刊，已建立死亡教育、悲傷輔導，乃至殯葬禮儀的專業證照制度，美、加等國也有大學及碩士層

6.筆者是國際「死亡教育與諮商學會」（ADEC）終身會員，中華生死學會會員與第一、二屆理事，臺灣生命教育學會終身會員與第一屆理事，參與高中生死關懷科課程綱要的擬訂，也參與相關的生命教育諮詢工作與推動。

級的死亡學相關學程。台灣雖然在一九七三年就已引進死亡教育，唯大概是在一九九三年傅偉勳提出「生死學」名詞之後才迅速擴展；一九九七年當時的南華管理學院設立國際間第一所「生死學研究所」（鈕則誠教授為首任所長），建立起生死學的學術地位；繼之台北護理學院設立「生死教育與輔導研究所」。筆者認為中西的發展脈絡各有所長，未來需要更多學術交流，共同為提升全人類生命品質而努力。西方的發展較早也較扎實，廣從各相關學科切入死亡與瀕死的研究，現在已逐漸加重生命意義與價值的探討，尤其對東方文化的生命思想很有興趣。台灣生死學與生死教育雖然起步較慢，但因為教育當局的重視與相關研究所的成立，發展甚為快速。

就生命教育的發展與內涵而言

台灣本土生命教育之提出大約是在一九九八年左右，其近因可說是與校園自殺及暴力事件有關，遠因應是和整個社會價值觀傾向科技功利、忽略人文藝術及對生命之尊重與關懷，以及失去與自然宇宙緊密聯繫的靈性發展有關。這些可說是世界各國的共同問題，不過將「生命教育」列入國家正式的課程綱要中，應該是以台灣為先，如二〇〇〇年將「生命教育」放置在小學、國中階段的九年一貫課程綱要之綜合活動學習領域中；二〇〇六年則將之正式列入「普通高級中學暫行課程綱要」中，包括「生命教育概論」等，共有八個選修科目。此外，近幾年相繼設立專門的生命教育學術機構與單位：台北教育大學的「生命教育與健康促進研究」、高雄師範大學設立「生命教育碩士專班」、東海大學設「生命教育學程」、輔仁大學宗教所設「生命教育組」等[7]。生命教育在普通高中課程綱

7.相關生死學與生命教育之發展，請參見張淑美編著，2001，《中學生命教育手冊──以生死教育為取向》，台北市：心理。張淑美，2006，《「生命教育」研究、論述與實踐──生死教育為取向》（二刷），高雄市：復文。

要公布後，台大哲學系孫效智教授界定生命教育：「即探究生命中最核心議題並引領學生邁向知行合一的教育」[8]，可說是目前最有共識的定義。高中的生命教育課程，包含三大核心領域：

1. 終極關懷與實踐：涉及人生最終極的課題，包括「哲學與人生」、「宗教與人生」及「生死關懷」等三科目。
2. 倫理思考與反省能力的培養：著重在生死之間常須面臨「有所為或有所不為」的探索，探索「善是什麼」以及「如何擇善」等課題，包括「道德思考與抉擇」、「性愛與婚姻倫理」以及「生命與科技倫理」等三科目。
3. 人格統整與靈性發展：屬於人的身心靈與知情意行各層面，規劃有「人靈性發展」乙科。

生命教育包含生前死後，以及生命之途的意義與價值的探索，引導吾人活得有道德、有價值，死得有尊嚴，也可說是身心靈、知情意行整合的「整全教育」（holistic education）理念。曉江教授建構的生死學內涵也是以生死哲學引領生死智慧，然後落實於生活實踐上，同樣是強調知情意行的整合，我覺得和台灣發展的生命教育內涵有異曲同工之妙。台灣以及華人文化的生死學與生命教育的內涵及發展，有我們自己獨特的文化特色，值得積極介紹給國際社會。

最後，筆者要認同也是我私淑艾的前輩——另一書序作者鈕則誠教授所建構的「華人生死學」[9]之內涵，並推崇鄭教授這部《生

---

8. 孫效智，2004，〈高中生命教育選修課課程規劃理念與展望〉，周大觀文教基金會與彰化師大主辦之《高中「生死關懷」新設課程教學研討會手冊》，頁109-114。教育部生命教育學習網及生命教育全球資訊網，均有豐富訊息。
9. 鈕則誠、趙可式、胡文郁，2005，《生死學》（二版），台北縣：國立空中大學。

死學》，也是在博大精深的中國傳統文化土壤中蘊育出「生死智慧」，擴展出來各種實踐層面，均是結合理論與實務，開拓華人生死學的路徑。研讀本書之後，啓發良多，相信讀者也會和我一樣得到知見的啓迪與行動的鼓舞。《生死學》這本書是引領我們如何善生善終的智慧之書，值得作爲生死學教科書，也是個人自修生死智慧的入門好書。

2006年5月4日誌於高雄師範大學

學會死亡

畢淑敏

　　每個人都會死。生命之箭脫離了母體，向著死亡的目標飛翔，終結的靶心早已傲然矗立在遠方。人的生存是一個向著死亡的存在，這不單是一個抽象的哲學問題，更是每個人非常具體的掃尾。

　　在人類的進化史上，先有了優生。這符合生物繁衍昌盛的規律。安然地照料即將逝去的衰老的、虛弱的、殘敗的個體，是一種高級的需要。恕我孤陋寡聞，不知道在動物界裏除了「烏鴉反哺」這類未經證實的「孝道」之外，可還有年幼的動物服侍垂老待斃動物的佳話？不敢說沒有，起碼是極為罕見的。在動物世界之類的節目裏，看到的幾乎都是為了種族的繁衍，親代動物不惜捨身飼子，到了粉身碎骨、死而後已的地步。所以說，對失去了生殖繁衍價值的垂死的同類，施以溫暖的照料，保持他的尊嚴，這在本質上，不是動物的本能。

　　人是一種高級生物，在溫飽滿足之後，便有愛與尊嚴的需要，當一個人隆重走完一生，卻在瀕臨死亡的時刻，將一生的尊嚴散失殆盡，這對人的價值追求真是一個莫大的反諷。

　　臨終關懷起自宗教的朝聖之途。但中國大陸是一個幾乎沒有宗教的國度。在廣大沒有宗教信仰的人群中，怎樣實現尊嚴地活著與尊嚴地死去，更是任重道遠。

　　我到過中國大陸境內的若干家臨終關懷醫院。它們給我的一致感覺是破爛和簡陋。那些瀕臨死亡的人有一種淡漠和渴望交織在一起的眼神，令人看了之後覺得自己還能行走和微笑，是一種奢侈。

在期待國家和慈善機構投入更多的人力和物力的同時，又悲哀地想到，對一個幅員如此廣闊、人口如此眾多的發展中國家來說，這是否是最有效的辦法？

人們在哪裏死亡呢？人們曾經誇讚過蜜蜂是個懂事的小傢伙，因爲在蜂巢裏永遠看不到死去的蜜蜂，瀕死的蜜蜂在得到神秘的通知之後，就遠離了蜂巢，死在曠野。當人們爲不用打掃蜂巢內的死蜂而沾沾自喜的時候，人們也在尋找著大象的墓園。大象也會在即將死亡的時刻，離開整個象群，找到祖輩的終結處，靜靜地安息。人們急切地尋找大象的墓園，是因爲大象的牙齒。如果大象沒有了牙齒，人們對大象魂歸何處，估計也和對蜜蜂的下落一般，採取不求甚解的態度。

「老吾老以及人之老……」是一句名言。在古代漢語的學習中，這句話屢屢被提及。老師不厭其煩地告知大家，這中間有三個「老」字，每一個「老」字用法是如何的不同。一讀到這句話——這麼多個「老」字，就讓人的頭髮急遽變白。

中國古代應對人的老化以致死亡，強調的是後輩的「孝道」。這是一種個人的行爲，其中還有很多啼笑皆非的因素。有名的「二十四孝」，總體上矯情而煽情，走極端太多，但對老人的基本需要卻很淡漠。

生命之箭的拋物線，在越過了最高點之後，就會疾速地下滑。在以往漫長的農耕時代，那箭的墜落之點就選在自己的家中。略有積蓄的農家，早早就籌劃著有關死亡的各種部署。記得我十幾歲到鄉下學農，住在一戶孤老太太家中。院子裏擺著棺木，每當豔陽天，老太太就在繩子上晾曬壽衣。斑斕的衣物那麼精緻，那麼嬌豔，璀璨滿地，色彩將破敗的小院映得燃燒般美麗。

這就是前工業社會的死亡，它雖然奇異，卻並不是不可忍耐和不可接受的。從那位老人平靜和周密的策劃中，我甚至感到了一種

籌劃的快樂。

如今城裏的孩子們是沒有這份福氣了。他們看不到死亡，死亡被封閉到醫院雪白的幃帳之後，被濃重的藥水浸泡著，與世隔絕。但是人們對於死亡的好奇與探索是與生俱來的。於是，人為地封閉瞭解死亡的天然途徑，只為疑懼和恐嚇留下了空間。見縫就鑽的影視商人，豈能放過這一塊令人垂涎的黑色蛋糕？螢幕上充斥的死亡是誇張和不自然的。為了種種劇情的需要和商業的噱頭，死亡被隨心所欲地描述成恐懼的、黑暗的、血腥的、冰冷的、醜陋的、殘暴的、驚世駭俗和匪夷所思的……如果說這只是一個方面，那麼另一個方面就有著更為迷人、充滿誘惑的效果。在一些作品中，死亡被描繪成一幅神話，是令人神往、無限淒美、非常妖嬈、纏綿悱惻並具有可逆性等等。

作為藝術的死亡，可以有其發揮的空間。但是這種描述在人們對正常的死亡缺乏認知的空白之處膨脹，特別是對青少年來說，它所起到的傳授和導向的力量就變得詭異而不可忽視。

死亡是生命的正常部分，死亡是生命的最後部分。死亡是成長的最後階段，死亡是我們生活中不可分割的有機體。在現代醫療技術的幫助下，絕大多數的死亡，可以是平靜的、安寧的、潔淨的、有尊嚴的。

當我們能夠坦然地接受死亡，生命的品質因此而提升。如果我們不能視死亡為正常生活中不可逃避的一部分，我們生命的枝蔓就無法真正地舒展，哀傷和恐懼就棲息在心靈某個幽暗的角落，在某個暗夜或是某個風雨大作的時刻，沮喪悲哀，讓我們淚流滿面甚至痛不欲生。

工業社會將正常的死亡從鄉間搬到了城市，從自然消解變成了充滿人工痕跡的搶救。我至今對「搶救」一詞心懷惴惴。這是一個直接從工業化大生產中移植來的術語。君不見「搶購搶兌搶修搶班

奪權」……凡事只要「搶」，就有了緊迫與暴烈的味道。在正常情形下，死亡是不需要搶的，死亡是漸進和緩釋的。所以，我以為，除了兒童和青壯年的車禍外傷和疾病需爭分奪秒地搶救，天然的死亡不妨從容安祥。

生命的終結是一個餘音嬝嬝、繞梁三日的過程。想一想還有哪些未完結的事情，等待著我們有一個妥貼的終了？有哪些親切的話語，還未對這個世界娓娓表達？有哪些不放心的事項，還不曾交代清晰？還有哪個想一見晤面的人，尚在路上奔跑，需要頑強地等待？還有哪件珍愛的紀念品，需要隨身攜帶了遠行？

……

這上述種種，對於身手矯健、耳聰目明的人來說，只是小事一樁，對行將就木、垂垂老矣的人來說，就有著莫大的意義。

我聽到很多人說，他們希望死在家裏，死在親人的簇擁之下，死在溫暖的床上，他們不希望被一群完全不認識的身穿白袍的人死死纏住，把五顏六色的藥水猛灌到乾癟的血管之中。我當實習醫生的時候，看到搶救時把病人的肋骨咯嚓壓斷，心中實在難以安然。我對老醫生說，這人明明沒的救了，為何還要這樣折騰他？老醫生說，如果你不在一個註定要死的人身上練手藝，那你在誰身上練呢？

於是需要重新界定醫學。醫學不能為了證明自己的成功，而忽視了病人最基本的權力。那個躺在冷榻之上無知無覺的軀體，毫無反抗的能力。醫學在這種時刻，以救治的名義，剝奪了他最基本的支配自己身體的權力。此種意義上的醫學，已經不是仁慈，而是一種被白色矯飾過的殘忍。

醫學並不是萬能的。死亡在進化與代謝的鏈條上，是不可戰勝的。醫學應該有一個邊界。這個邊界就是以病人的選擇與尊嚴為第一出發點，而不是單純從醫學技術的角度考慮得失。

　　現代醫學對疾患的描述遠遠走到了治療的前面。就是說，對一個症狀的發生、發展和轉歸，它已能清晰地預報。但是，在治療的手段上，就遠遠沒有這樣樂觀了。我以為這是一個必然。因為醫學只能在一個有限的範疇之內發揮自己的力量，但在更廣闊的領域中，它是一種描述的科學。

　　建立新型的醫療評價標準。因為死亡並不是失敗，既不是病人的失敗，也不是醫生的失敗。死亡是可以接受的必然之路。

　　我希望在新的世紀裏，更多的人能死在自己的家裏。這是一種更人道、更有尊嚴感的溫暖的死亡。讓死亡回歸家庭，這在表面上看來，是後工業社會對前工業社會的一種重複，其實是螺旋型的上升。

　　死在家裏。這是多少人的夢想啊。當權威的醫學機構資深的臨終關懷專家，做出了我們的生命將不久於世的判斷之後，我將自願放棄一切旨在延長我生命的救治措施。我將回家，回到我的親人身邊。我相信現代醫學的發展，可以讓生命的最後階段免除撕心裂肺的痛苦，我以為這是現代醫學最令人驕傲的成就之一，務必請發揚光大。我將使我的生命的最後時光，就可能地充滿了安寧與歡樂。因為死亡不可避免，但我們依然可以傳達無盡的關愛。這種眷戀之情，是我們生命得以存在的理由和抵禦孤獨的不絕力量。

　　誰來照顧瀕臨死亡者？我覺得應該把義工的普及當作全民素質提高的重要組成部分。把這一行為的意義，從個人的善行，上升到整個人格的修養和社會信用評價體系的層面來衡量。我在美國走訪過一家社會服務機構，它的義工幾乎全部來自大學碩士學位的攻讀者，素質很高。我很驚訝在那樣緊張的課程之中，這些研究生能數年如一日地、毫無報酬地做義工，激勵機制何在？組織者告訴我，當地州政府通過了一項法案，凡是做過此類義工的同學，他們可修得很可觀的一份學分，幾乎相當於碩士學位所需學分的三分之一。

更有很多用人機構，將一個學生是否做過高素質的義工，當作他是否具有愛心的標誌之一，成爲能否僱用他的重要砝碼。

死在家裏，一個奢侈的想法。我們需要有比較寬敞的住房，我們需要有充滿愛心的家人，我們需要有上門巡診的高素質的臨終關懷醫生，我們更需要整個民族對死亡有一個達觀和開放的接納。

安然逝去，這是很大的工程。首先是觀念上的轉變，人們要接受死亡的必然。要在自己年富力強的時候，完成對於死亡的整體構想。死亡不是一個可以邊設計邊施工的項目，我們要未雨綢繆。感謝鄭曉江先生寫出了這樣一本充滿了人文關懷精神的書籍。它不會洛陽紙貴，但卻是普通人們的必須。感謝鄭曉江先生從各個角度探討了死亡的奧秘和人們對於死亡的種種思索，他們從歷史之海中把死亡這條生猛的巨鯨打撈出來，讓我們在驚駭它龐然的體積之時，也看清了它的細部。既然我們一定要和它遭逢，那麼這種近距離的查看和撫摸，就有了現實的意義和戰略上的遠謀。

我要深切地感謝我的母親。她身患癌症，在結束生命的時候，以大無畏的安然和鎮定，走向了永恆。她不但給予了我生命，也教會了我如何死亡，使我意識到了人可以勇敢慈祥地面對最後的歸所。這不單在理論是可行的，在實踐中也可以成立。夜深了，窗外繁星點點。最渺小的星星，也比一個人的生命要長久得多。人生有清晨，人生也是有夜的。夜晚過去了，就娩出黎明。黎明是我們的，夜晚也是我們的。無論白天還是夜晚，我們都期待安寧和尊嚴。

2006年11月5日

學會生死

鄭曉江

　　本書是一本教科書，是關於生死學與生死哲學諸問題的教科書。我雖然著書立說數十年，但撰寫專門的教科書平生還是頭一遭。我由讀大學到在大學執教已二十五年，皆專心致志地研究生死哲學，出版了十餘種著作，年年爲本科生、研究生開設生死哲學課程，也常到各地演講生死問題，現在終於可以讓我將長期的研究成果做一次總結彙聚，形成這樣一本教科書，心中不禁欣欣然，但也頗爲誠惶誠恐，因爲不知自己能不能勝任這一艱巨的任務。

　　一般而言，教科書強調知識的系統性與深入淺出，而生死學與生死哲學不過是近二十年左右出現的學科，還沒有形成比較確定的學術界都認可的知識系統。所以，我在寫作本書過程中的處理方式是以生死問題爲核心展開敘述，而暫不追求知識的系統性與完整性。本書將從生死學及生死哲學諸問題入手，論述人之「生命」、「生活」及「死亡」問題，這三者構成了完整之「人生」；再到探討臨終者及遺屬之精神撫慰的問題和殯葬文化的問題；最後則是對生命教育的闡述。這是一種由「生」到「死」各問題依序展開論述的模式，希望給讀者一個較爲清晰的邏輯線索，也希望能儘量說清這世上最難講明白的生死問題。

　　因爲生死學與生死哲學的學科還不夠成熟，在撰寫這本教科書的過程中，倒是讓我更能從探索性的角度來寫作。我在這本書中給自己定下的基本任務是：不但要提出、闡述、解釋有關生死的各個層面的問題，更要去解決生死問題；所以，本書不僅要論述死亡

學、生死學、生死哲學、生命教育等的知識，更希望讓讀者在研習的過程中能獲得解決生死問題的智慧。為此，我還適量地引用了以前的一些研究成果，畢竟作為一本教科書，要涉及各方面的問題，而有些問題我已經有基本成熟了的看法，不能不收入此書。

我以為，死亡學主要是一門自然科學，重在把死亡諸問題做客觀化研究；而生死學將人之生命問題引入死亡問題探討的範圍之內，重在研究、解釋生死問題，獲得「超克死亡」的方法，是一種哲學的理論；而生死哲學則進而把人之生活問題也納入研究的視野，從而將「生」與「死」（亦即人生的整體）一以貫之，並追求減輕或消解我們面臨之嚴重的生死問題，主要的理論形態呈現為一種生死的智慧。所以，生死哲學之「哲學」一詞，表述的是古希臘時期哲學最原初的含義——愛智之學，而不取現代哲學是關於本體論、認識論、方法論等的系統的意義。在中國傳統哲學中，「哲」為明智有智慧之意，《書・皋陶謨》云：「知人則哲」。這樣，生死哲學最簡潔的定義是：關於生死問題的智慧，是解決人類所面臨之生死問題的一些善知（恐非真知）、卓識（而非泛泛的淺識）和高妙之觀念。

也許一般的教科書多著重在傳授一門學問，提供學科較完整的知識系統；而生死學與生死哲學的教科書則應該不但介紹學科的知識，更提供讀者一些解決生死問題的觀念與智慧。畢竟生死問題是每一個活著的人都會遭遇到的，其有著最大的普泛性；因此，本教科書追求的不僅僅是表述一門學問，更強調將生死學與生死哲學的知識落實於每一個人生活的實踐中去運用。讓讀者把生死的知識性學問轉化為生死的生命性學問，使理論知識成為實踐的智慧，以應對我們每一個活著的人都必然要面對的生死大事，這即是貫之本書的主線——從「學習生死」到「學會生死」。

「學習生死」，即是對人之生與死各方面的問題進行研究、分

析、探討，認識之並掌握之；而「學會生死」，則是在學習生死的基礎上構建人生智慧與死亡智慧來應對這些複雜的生死問題，並進而去解決人生問題、超越死亡問題。一般而言，人生問題是可以去解決的，但死亡問題則無法解決，只能去超越。

本書既然是從「生」寫到「死」，那麼，有關人之「生」的問題便占了相當的篇幅。「生死學」之「生」主要指稱「生命」；而「生死哲學」之「生」，則不僅指稱「生命」，還包括「生活」，是「人生」的整體。實際上，人之死亡問題也可以涵蓋在廣義人生這個概念之內。這主要是基於以下的考慮：要釐清人之死亡問題，非要從人之生的問題入手；當然，講清楚人生問題，又必須延伸至死亡問題。二者互為交叉論述才能將世上最複雜的生死問題闡述清楚。這即是本書運用的主要方法。

所以，本書把人生定義為包括生活、生命與死亡在內的範疇，認為生命是人生的存在面，是人之生活的基礎；而生活是人生的感受面，是生命的表現；死亡則是人生之終止，是個體生理性生命與生活的完結。三者的有機統一，組成了完全意義上的人生。這樣，談人生問題，實際上必須落實於生命、生活與死亡相關議題之中。生死學與生死哲學的根本任務，就在探討生命的本真、生活的真諦、死亡的意義和人生的智慧，這成為本書主要研究和闡述的內容。而死亡本身又衍生出臨終者與遺屬的精神撫慰（臨終關懷）問題，還有與殯葬相關的諸議題，所以，本書把這些問題也納入了討論的範圍。最後，為了更好地應對現代人嚴重的生死問題，人們都應該去接受生命的教育，以珍惜生命，善用此生，獲得人生的成功與幸福，並學習、體悟超越死亡之方法與智慧。故此，本書最後一章探討的是與生命教育有關的各類問題。

本書探討人生問題的主要方法是「生命與生活的緊張」，認為人之生命作為有機體的存在，是過去、現在與未來的一條「流」。

因為，沒有過去的生命，人們不可能有現在的生命；沒有未來的生命，則已是一個死人。這樣，立於人之生命的角度，必走向溝通你、我、他，乃至與一切生命體及自然宇宙和諧相處，這是一種普遍性的類我化的人生觀。但人之生活作為有機體的感受，則是當下此在的一個「點」。因為，過去的生活感受已消失了，未來的生活感受還沒有開始，所以，人們一講生活必是此在性的。這樣，立於生活的角度與立於生命的立場不同，人們往往走向特殊性的個我化的人生觀，並形成你、我、他，乃至與其他生命體和自然宇宙間的種種摩擦，這是一種較狹隘的人生存在方式與觀念。所以，立於人之生命的存在面所形成的人生觀，與立於人之生活的存在面形成的人生觀是有很大區別的，二者的緊張構成了一切人之生死問題所由發生的基礎。

本書探討死亡問題的主要方法是「生死互滲」，認為所謂「生」實蘊含著「死」之因素在內，而「死」則意味著某種新「生」。由此視野來探討有關人之死亡的諸問題，就絕不是一種生理學和社會科學意義上的研究，而主要是人文主義的視野。生死哲學不追求客觀的「真」，因為生死問題具有最大的普遍性和無窮多的論域，因其主體——人——有著不一樣的家庭與教育的背景、地區與國別的差異，以及文明傳統、思維方式、性格特徵等等的不同；所以，在生死問題上絕不存在一個放諸四海而皆準的唯一「真理」，人們一掌握此就可以解決所有的生死問題。由此出發，生死哲學不以成為科學為目的，而以創造能夠解決人們生死問題的智慧為目標。這種智慧又不可能是「一種」或「一個」，而是多元並存。生死哲學特別強調全人類文明傳統中一切生死的智慧具有同等的價值，每一個人都可根據自己所遭遇的生死問題進行理性與感性的抉擇。所以，本書將各宗教的生死智慧與哲學智慧並列，希望讀者能在閱讀中感受人類偉大文明傳統的永恆魅力，當然，更重要的

是獲得學會生死的途徑與方法。

　　書是寫完了，可心中並不怎麼踏實，需要廣泛地接受讀者的批評。而我於二〇〇五年初由南昌大學哲學系調往江西師範大學哲學與社會學系任教，已經將本書稿作爲教材，爲二〇〇四屆倫理學專業的碩士生講授了生死哲學課，引起學生們濃厚的興趣，我也因授課及與學生們的討論而得到諸多啓發，對書稿進行了多次的修改和潤色。

　　現仍以一顆誠摯之心，祈盼廣大讀者不吝賜教，以共同推進關於生死問題的探討。

序於江西師範大學青山湖校區「王字樓」

2006年4月30日

目　錄

第一章　學科概述

1. 現代人之人生問題

2. 現代人之死亡問題

3. 人生哲學

4. 死亡學、死亡教育與生死學

5. 生死哲學的意義與價值

　　本章將從現代人之人生問題與死亡問題的討論入手，探討人生哲學、死亡學、死亡教育、生死學和生死哲學等諸學科的問題，闡述各學科興起之背景，主要的研究內容，其內在的邏輯聯繫、優長和有待發展之處。我們可以在比較中閱讀，有選擇地學習和借鑒，特別是要把握一條學習的原則：要學好生死學，就必須先瞭解人生哲學、死亡學、死亡教育等諸學科，並且應該從生死學的知識性探討進入到生死哲學的智慧性悟解。

第一節　現代人之人生問題

　　進入二十一世紀的人類，在科學技術的發展、社會制度的變革、物質性精神性產品的生產等各個方面，皆有值得驕傲的成績。但人生在世，不僅是一種物質性、精神性的消費過程，同時也是一種生命體之發育、生長的過程，是一種獨特之意識、心理、感覺等等的豐富化；因此，現代人在享受一切現代化成果的同時，其人生也出現了諸多新的問題。若做一基本的概括，可以歸納爲如下幾點。

一、疲於奔命

　　現代社會生活越來越激發出人類無窮盡的欲望，使人們生活的節奏越來越快，幾乎人人疲於奔命，造成身心的不適。現代社會的本質就在於使人們的人生領域越來越多，變化越來越大，內容也是越來越繁雜，這空前地釋放並強化了人類與生俱來的欲望。但是，以人之有限的精力、有限的空間佔有和有限的生存時間是難以把握變化如此之迅速、內容如此之繁複的社會生活的，我們所能獲得的東西也無法滿足我們那怕是十分之一、百分之一、甚至是千分之一

的物質與精神的欲望。所以，在現代社會中許多人深感以有涯之「生」去隨無窮之現代化，的確「殆矣」！不唯身疲，而且心倦。

在欲望的支配下，整個社會已陷入一個對新奇之物瘋狂追求的無底洞之中。王力雄先生在一篇〈對新奇無休止的迷戀〉的文章中指出：「……整個社會馬不停蹄地投入追新潮的比賽，標新立異是榮耀，喜新厭舊是哲學，商業社會不用刀槍，卻能用『時髦』實施最廣泛的『專政』。一切都是新的好。女人換衣服，男人換女人；產品未用就被換代；名人輪番上上下下；傳統成了貶義詞；談道德已是老古董；評價學說或藝術的標準是新舊；話語一旦說到眾人都懂（舊）就『過時』；連人自身，也僅僅為新（年輕）就趾高氣昂，為舊（年老）就灰心喪氣。」王力雄先生還指出了這種對新奇瘋狂的追求，對我們的人生將帶來的災難性後果：「在我們不斷用今天否定昨天，對『舊』嗤之以鼻，惴惴不安地擔心被『新』淘汰的時刻，難道我們能從無止境地追求變易中得到幸福嗎？在那看似鼓滿風帆、競航於百舸爭流行列的人生之船下，只是疲憊的隨波逐流而已，實際上失掉了自己把握航向和獲得安寧的舵與錨。多變使人惶惑、疲倦、失去自信、日益浮躁，把時間精力消耗於不斷追趕、適應、為他人而活，最終還是免不了被『後浪』帶著刺耳的嘲笑掩蓋，成為筋疲力盡的『老古董』被淘汰出局。以『新』為價值標準的人生將導致一個無解的悲劇結局：無論其他的一切怎樣更新，人自身的『舊』——衰老以至死亡，卻是不可逃脫也無法更新的。由此，以『新』為價值標準，就只能使人生成為一個先吃『大蘋果』的下坡過程，成為被存在主義百思而不得其解的荒謬。」

現代人核心追求之一是時尚。可「時尚」是什麼，卻很少有人說得清。時尚不以「美」為目標，而是以「另類」、追求異於他人與社會為標準。奇、新、特是時尚的全部美學基礎。為此，求時尚者可以犧牲保暖禦寒之需，可以忍受肉體上的種種不適，甚至自殘

也在所不惜，只要能吸引他人目光就行。「時尚」的背後是以賺取利潤才能存活的市場經濟規律在起作用，以往人類的生產活動主要是滿足消費，而現代生產則千方百計去創造消費需求，那怕是荒誕的、完全不合理、耗費巨大資源的消費需求。現代的「新新人類」便是追求時尚的最大族群，喜歡花樣翻新的生活，生命中越怪越奇越新就越好。這並非說「時尚」一些就不好；而是說，「時尚」必須保持在不傷身害體的範圍之內，時尚應該成為豐富我們的生活、促進我們生命健康成長的一種正面的因素。

人們無理性、無標準地求新奇的背後，就是人類那永無止境的「欲望」。在一個現代化的社會中，人人被一隻無形之手——欲望——操縱著：要去尋找和獲得越來越多的東西，要去適應越來越大的變化，迫切希望得到更多的物質與精神的享受，這常常造成了人們在短暫獲得的喜悅之後，立刻陷入更多喪失的沮喪之中。我們時常深感自身的有限性，覺察到自我的渺小，生活中有太多太多的無奈，太多太多的遺憾，這些都造成了我們身心的疲憊不堪。有時會覺得自己被他人和社會所忽略、所拋棄，被流遷的生活所埋沒，連喘口氣、小憩一番都十分的困難。所以，現代人常常有一種心力交瘁之感。

二、數位化人生使人際關係疏離

現代人太忙碌，現代人事情太多，尤其是現代人個顧個的存在方式和生活習慣，使人際間的關係越來越疏離。親情的淡薄，友情的冷漠，愛情的變質，使人們失去了生存的實在感，也讓個體陷入深深的焦慮之中。現代人特別渴望溫馨，特別企盼真愛，特別需要關懷，但人生中偏偏最缺乏的是溫馨、真愛和關懷。這就導致許多人越來越傾向於在虛擬的世界中尋找慰藉，形成了所謂數位化人

生，這些已經成為現代社會人際關係中十分突出的特徵。也就是說，通訊更便捷了，聯繫全部數位化了，而人與人之間心靈與情感的溝通卻更困難了。

環繞在我們周圍現代化的通訊設施越來越多，也越來越方便，從電話、電報到傳真和e-mail，從報紙、電臺、雜誌到網路和「聊天室」，人與人之間的交流是越來越快捷無比、方便無比了。但這些現代化的通訊方式也漸漸地隱去了人類語言所蘊含的豐富情感，同時也使人們面對面交流的機會減少，這在相當程度上疏離了人與人之間的親密感情。

有研究者指出，目前社會有二類族群是很值得注意的：一是所謂「電視機前長大的一代」，稱「X世代」（generation x）。這一代人伴著電視過日子，根本不要歷史，也不知道德為何物，哼的是流行歌曲，追的是各類明星，喝的是可樂，吃的是速食食品，等等。另一類人是電腦前長大的一代，稱「Y世代」（generation y）。與電視機相比，電腦提供的更是一個虛擬的世界，個人不能控制電視，而電腦則專門設計為凸顯個性，越來越能夠實現由個人控制。比如電腦遊戲，可以自我控制、自我設計、自我參與，這一代人常把現實的世界與虛幻的世界混而為一。在傳統社會和現實的社會中，任何人總是要受到各種各樣的規範約束，但網路卻消解了所有的人間規範，只剩下技術性的TCP/IP（Transmission Control Protocol / Internet Protocol，傳輸控制協定 / 網際協定）通訊協定。於是，網上的絕對自由吸引了無數的人成為「網蟲」、「網迷」、「網癡」，傳統的和現實的那些約定俗成的規則已被棄置一旁，人們標準的存在方式是「網上誰知道誰？」，人際交往中的性別、年齡、身分等統統淡化消解，代之以完完全全的隨意性。這樣，許多人沉溺在虛擬的網路世界、動畫世界、影視世界、現代神話的世界不能自拔，乃至於不願面對真實的世界，不願走進現實的生活，由

此喪失了實際生活的能力，網路實際上已成了他們精神的和生活中的「難民營」。

比如，有許多人是操作電腦的「高手」，可以在網路世界中方便地實現自我無數的願望，擁有虛擬世界中的尊顯地位，從而產生相當大的成就感。可是，一回到現實的世界，他們缺乏實際生活的能力，也沒有一技之長，難以得到社會及他人的承認，漸漸的他們也就喪失了社會交往的興趣，處處顯得與世隔絕，一副呆滯、面無表情的樣子，渾身散發出一種無所謂、滿不在乎的氣息。這是網路帶給人們的幸福？也許是的，他們在網路世界中是滿足的、幸福的；可也許還要問一下：這是不是網路遺給人類之禍？當然也是的，他們在現實的世界中，人生一定是失意的、失趣的，結果當然只能是——失敗的。

三、社會與人生走向浮躁、淺薄化和泡沫化

現代社會與生活的變化空前快速，也空前的複雜化了，人們在生活過程中難以冷靜地停留一會，思考一番，休整一下，人人被裹脅著陷入無窮的變化發展之中，必然產生深度的人生焦慮。

為了適應社會的知識化資訊化，人們一方面對高學歷有著熱切的渴望，以至越來越多的人要花費一生中幾乎三分之一的時光在學校學習。教育的普及，學歷層次大幅度提升，說明社會整體的知識水準越來越高；可是，另一方面，不要知識也不需素養的「傻瓜文化」也在社會廣為蔓延，而且肯定會越來越普遍化。所謂「傻瓜文化」，也就是在高科技時代，尖端的科技產品都大眾化了，人們使用這些高科技的產品並不需要很多的知識。人們不會計算，用計算機；寫不好字，可以用電腦；沒有知識，可以上網站查，等等。於是，一切生活均技術化了，一切問題似乎只需點點滑鼠就行了。這

會產生二種情況：一是很有文化素養者或年齡漸大者，因為不懂現代高科技，以及不會日漸翻新的科技產品的使用而社會邊緣化了，他們不會用這也不會用那，不僅感受不到現代科技帶來的方便，甚至已聽不懂那些天天在網路上泡著的年輕人的語言，於是乎，總感到被社會所淘汰、他人所拋棄，適應不了變化萬千的社會發展，陷入一種沮喪的境地。而另一種情況是：許多文化素養不高者，只要刻意地追趕新潮，學會使用「傻瓜型」的高科技的產品，便成為社會的新寵，時代的弄潮兒，甚至人生舞臺上耀眼的明星。越淺薄者反倒佔據了更有利的人生陣地，越能在現代化社會中如魚得水，個人素質的高低在人生過程中成功與否的份量越來越不重要，只要會用越來越「傻瓜」的高科技產品就行了，於是，文化涵養在個人的生活中已漸漸地喪失了其重要性[1]。所謂深厚的文化積澱，所謂多學點歷史文化、傳統的知識，所謂提升自我的道德素養等曾經受到社會普遍推崇的價值越來越成為多餘之物。許多人的人生漸漸地喪失了實質性的內涵，似乎是一個「空殼人」在活著，缺乏知識，沒有涵養，也沒有精神支柱，只有「操作」和「傻瓜」一點的伎倆。

　　人生走向浮躁，生活漸漸淺薄化，必然引起人們生存的泡沫化。許多人越來越感覺到，過去的生活一閃即逝，一點痕跡都留不下來，所謂「回憶往事，一片空白」即指這種人生的狀態。

四、無窮多的選擇讓人手足無措

　　現代生活空前複雜，現代社會的各種機會空前之多，現代生活中的誘惑與刺激亦無窮之大，在這樣的情況下，人們常常陷入二難選擇、三難選擇、四難選擇、五難選擇，以至無數難的選擇。特別

1.參見《文化中國》24期卷首語，梁燕城文。

是，當我們做出某種選擇時，往往立即發現這樣的選擇是錯誤的，應該做另一種選擇，其結果是現代人經常處於所謂「悔斷腸子」的狀態之中。因此，我們深深地感覺到生活中的幸福難覓，心中的理想難以實現，而人生之命運也不可捉摸，人生之成功實在渺茫得很。

應該說，現代人生最大的困難之一便是選擇，它帶給我們的常常是猶豫、彷徨、無奈、自責、沮喪；而失敗、挫折、痛苦、傷心、焦慮，還有德國大哲海德格揭示出的「煩、畏」等等人生的負面狀態卻常相伴我們生活的全過程。這就是現代高科技時代愚昧的迷信仍然十分流行的內在深層的原因，也是現代物質生活十分豐富的狀態下許多國家和地區的自殺現象卻越來越嚴重的根源之一。

五、生命無終極關懷，生活意義難覓

在一個飛速發展的現代社會，雖然物質產品、精神產品空前豐富，但人人都感覺生活的壓力很大，因為永遠有新的生活樣式與水準在召喚。人們無暇也不願去思索那生命的終極問題，也不去追究生活的根本意義究竟何在。許多人「跟著感覺走」，渾渾噩噩地活著，什麼也不想，除了眼前的具體生活，什麼都不感興趣，除非自己能謀得利益。徹底放棄自我的理性能力和超越性的精神追求，是許多人生存的實況。當人之生命無終極關懷，生活意義難覓時，精神與心理健康就成了大問題。

實際上，人之一生，總是會碰到種種坎坷、困厄、痛苦、生離死別等等狀況的，此時，生命的終極問題必會浮上心頭，可卻已晚了，人們既回答不了這些問題，更無能力去解決這些問題。生命猶如浮萍，生活流於任意，怎不產生嚴重的精神與心理問題呢？據臺灣東森新聞報導，二〇〇二年臺灣「財團法人精神健康基金會」對居住在臺灣地區年滿二十歲的民眾進行抽樣問卷，結果發表於《二

〇〇二年臺灣地區精神健康指數調查報告》中。報告顯示：臺灣人整體精神健康指數為3.7，以滿分100分計算，僅得74分，應該是比較差了。更嚴重的是，近六成受訪者認為自己的能力與特點沒有發揮，認為未來會更不好的也有56%，高達37%的受訪者感到自己的生命沒有價值，這些都充分顯示臺灣人的精神健康的確不甚理想。值得重視的是各精神健康指數評量專案，其中認為自己的能力、特點沒有發揮的達到58.9%，為最高；次高者為不滿意自己已有之成就（42.4%），再者是生命過得沒有意義（38.6%），再者是不滿意自己之身分地位（36.1%）。在影響心身健康層面影響因素方面，女性的心身健康指數僅3.9，比男性4.0還差；在家庭健康（功能）指數方面，女性也低於男性（女性指數為4.2，男性指數為4.3）；收入低於兩萬元者指數為3.7；兩萬元以上者為4.0。由此可見，女性、低收入者是心身健康指數最低的族群，值得社會大眾共同關心。專家表示，由此精神健康指數發現，臺灣人的精神健康並不佳，尤其值得關心注意的族群為老人、女性、低收入族群，以避免釀成精神疾病，造成自殺等憾事發生[2]。許多中國人的精神健康不佳，實際上是上面所列——現代人所遭遇到的欲望導致的疲於奔命；疏離的人際關係導致的孤獨感；「傻瓜文化」導致的無文化無思想的狀態；社會與人生皆走向浮躁、淺薄與泡沫化；生活中無窮多的選擇導致的無所適從；以及生命無終極關懷，生活意義難覓這些生命、生活與人生問題的綜合反映。人之生是「身」與「心」的統一，精神的不健康無疑會反映在身體狀態的欠佳上，其結果將嚴重的影響人類的生存品質。

　　所以，以上現代人之人生中所遭遇到的新問題的確值得我們每一個人去深思熟慮，去尋求解決的方法和途徑，學好生死學與生死

2.參見中國新聞網2002年12月20日報導。

哲學是其中之一途。

第二節 現代人之死亡問題

在瞭解現代人之人生問題之後，我們還需要進一步去認識現代人之死亡問題。生死學的創始人傅偉勳教授在其名著《死亡的尊嚴與生命的尊嚴》[3]一書中，開篇引論的第一部分即提出「現代人的死亡問題」的命題。既然人人生而必死，這一人之生存實然並未改變，又何會有「死亡問題」？既然自古迄今，人人皆不可避免地要走向人生的歸宿，又何會有「現代人的死亡問題」？而進一步落實於當代中國人，又有何特別的生死問題呢？

一、死亡現象與死亡問題

自有生命之物產生以來，便有了死亡現象；唯出現了人類之後，才有所謂死亡問題。動物只有存與亡，唯人才有生與死，亦即自覺狀態下的存與亡。死亡是有生之物生命終止的實存，而死亡問題則是人對死亡這種現象的性質與狀態的看法、評判和觀念。即便是人類，也不是所有的死亡現象、死亡的狀態和死亡的事件都構成了所謂死亡問題；只有那些死亡的狀態、死亡的事件和死亡的性質與我們人期待的狀態與性質不符、有差距或差距甚大時，才構成了死亡的問題[4]。比如，在想像中自己會有高壽，可人們也許在四、

3.傅偉勳著，1996，《死亡的尊嚴與生命的尊嚴——從臨終精神醫學到現代生死學》，臺北：正中書局。
4.參見黃芸，1999，〈論現代人的生死問題〉，文載《南昌大學學報》第4期。

五十歲時便要面對死亡的降臨，這就構成了死亡問題；而若我們活了八十、九十歲，與我們想像中的壽命差不多，甚至還更長，那就不構成死亡的問題。又如，我們每個人皆希望自己死前不要受到嚴重疾病的折磨，可結果我們卻遭受到這一狀況的侵害，這也構成了死亡問題；而若我們眞的在臨終前無甚痛苦，無疾而終，那麼，便不成其爲死亡問題。可見，人類的死亡事件和死亡的狀態與其他任何有生之物的死一樣，是一種客觀的實存現象，只是因爲人類有思維、有觀念、有判斷，在人的這些主觀評價之中，死亡的實存才轉變爲某種死亡的問題。當死亡的性質與我們主觀評價的差距越大時，死亡問題就越嚴重；當死亡的狀態與我們主觀評價之間的差距較小時，則死亡問題就越小。可實際上，生物、動物可以沒有死亡問題（它們只有死前的生理性疼痛），而人則不可能沒有死亡問題，因爲無論死亡的性質與狀態多麼的好，皆不可能完全滿足人們所有的生死企盼。故而，在死亡的問題上，不同人那裏的區別不在有與無，而僅僅在於其問題的大小和程度如何。

傅偉勳教授認爲，現代人的死亡問題之成爲一獨立突出性的問題，乃在於第二次世界大戰結束以後，科技的發展、醫療的改善、經濟生活的進步，使人們對生活品質有更高的要求；此外，電視媒體的普及化、娛樂事業的發達、社會高齡化，以及關於死亡的種種法律與道德問題的複雜化等等，這些原因使現代人的死亡問題更爲嚴重了：「我們處處可以看出，現代人所面臨的死亡問題以及所感受到的死亡問題，甚至現代人對於死亡的負面心理（如恐懼，不安）與隨伴著的種種複雜的精神狀態，實有異乎現代以前的一些特點，值得我們注目與反思。」[5]傅偉勳教授接著提出，關於集體死亡

5.傅偉勳著，1996，《死亡的尊嚴與生命的尊嚴——從臨終精神醫學到現代生死學》，第4頁，臺北：正中書局。

的現象，由於現代人比之古代人，可以透過電視媒體真正體會到戰爭、地震、饑荒等所引起的集體死亡的殘酷可怕，「更敏感於集體死亡在政治、經濟等等層面產生的負面意義，也就有可能更能積極地從事於地震等等有關自然災荒的防患（於未然的）工作……」[6]。至於個體死亡現象，傅教授提出：「現代人確實遠較古人或傳統社會的人們更感受到孤離無依，更會感到面臨自己的死亡問題，畢竟只有『自我承擔』，包括最親近的家人在內的任何他者都無法取代絕症病人，在精神上為他解決問題。」[7]由傅教授的分析，我們可以引申到當代中國人之生死問題上，做進一步的沉思。應該說，任何一個年代的人皆有各種各樣的死亡問題，不過仔細考察一番，不同時代人的死亡問題還是有著輕與重、大與小之別的。我們固然可以驕傲地指出，當代中國人依靠越來越發達的科學技術，獲得了更好的生活水準，也因此延長了自身的壽命，推遲了死亡降臨的時間，從而也推遲了死亡問題發生的時間。可是，我們同時也必須意識到，科學畢竟不是萬能的，它雖然成功地推遲了死亡問題發生的時間，卻不能取消死亡問題。實際上，當代中國人的死亡問題不是減輕了而是加重了，不是少了而是更多了，這就需要我們高度地重視，去尋找各種方法與途徑加以解決。

二、中國人的死亡問題

一般而言，當代中國人較之傳統中國人有著更大、更深、更嚴重的死亡問題，這又是因為什麼呢？

第一，當代中國人對壽命的預期要大大高於古代人，可是與實

6.同上註。
7.同上註。

際上的壽命相距甚遠，這就形成了嚴重的死亡問題。中國古人有句老話，叫做「人到七十古來稀」，生命的預期約七十年，實際上，古人活到所謂一個「甲子」（六十歲）便能滿足了。當代中國人依靠不斷發達的科技、醫療保健、體育鍛練等的幫助，壽命已經大大超過了古人，人活到七十歲已經不希罕了。但這並沒有消弭人的死亡問題，相反卻加大了死亡問題的程度。因為科學常常宣稱人的生理性機體可以存活一百二十至一百五十年，這就大大地挑激起當代中國人的生命預期，可實際上能活到一百歲的人可說是少之又少了，而活到一百五十歲者根本聞所未聞。「在發達國家，只有萬分之一的人活過一百歲。……經過查實的最高年齡是一百一十四歲。有趣的是，這個數字來自日本，日本國民比其他國家的國民壽命長一些，婦女平均壽命82.5歲，男子平均壽命76.6歲。美國白種人與日本人相對照，婦女是78.6歲，男子是71.6歲。」[8]這樣，死亡的實存與人們死亡預期間的距離比之古人大多了，這就造成當代中國人之死亡問題也就更大、更深了。此外，正如傅偉勳教授所提出的：「如此社會日益高齡化的結果，除了在經濟、政治、社會等等現實人生層面產生種種棘手的問題或課題之外，也同時產生與死亡問題息息相關的種種生命高層次的心理或內在精神問題。」高齡化者，不僅有所謂「日近死亡」的精神負荷問題，更有著對死亡即將降臨的心理不安。

　　由這樣一種死亡的實存引發的死亡問題多表現為人死前的不甘。因為臨終者覺得自己這個時候就要「上路」，實在是不應該，本應多活一段時間，還要多享受一些人間之福；現在卻不得不「上路」，實在是於心不甘不安！這樣，在精神上和心理上，臨終者皆

8.《我們怎樣死——關於人生最後一章的思考》，1996，世界知識出版社，第78頁。

不能接受死亡的來到，臨終前的不安狀態形成了當代中國人嚴重的死亡問題。

第二，當代中國人已無所謂正常的死亡觀，它形成了人們死前深深的悲傷。傅偉勳教授敏銳地發現，現代社會「機械化以及非人化」的絕症患者處置法，與傳統中國社會及東亞（如日本等）的死亡處理方式有著強烈的緊張，從而引發嚴重的當代中國人的死亡問題。

在古代社會，死亡每時每刻都在發生，這讓人們逐漸地把大多數的死亡事件當作某種正常和必然之事。中國古人常以春夏秋冬四季的自然變化喻人之生死，認爲人從生到死，就猶如四季的更替一樣是自然而然的：「然察其始而本無生；非徒無生也，而本無形；非徒無形也，而本無氣。雜乎芒芴之間，變而有氣，氣變而有形，形變而有生。今又變而之死。是相與春夏秋冬四時行也。」[9]既然如此，人們又何必喜生厭死呢？對如此自然之事（死亡），我們又何必心生悲傷呢？此外，具有宗教信仰者，更是能把死亡視爲人生必經的一個階段，是人生最後一個成長的機會，甚至還能因爲憧憬死後有更幸福的生活而欣然地進入彌留階段。特別是，在古代社會，疾病雖然也早就被人所認識並進行了許多的治療活動，但大多在患病狀態下去世者並不知曉其病，而被視爲正常的因衰老而亡。

當代中國人則不同，雖然對人人必死有著比古人更爲理智的認識，但卻並沒有因此而對死亡的降臨有一個更爲安詳的接受態度，反而產生更爲強烈的死亡悲傷。原因是，當代中國人無論是不是在一個自然而然的狀態下去世，皆被視爲非正常。人們大都是在醫院中經過各種治療（有許多是非常折磨人的治療），然後才被宣告「醫治無效」而死亡的。即便不是在醫院中死去，人們也習慣地將

9.張耿光譯注，1991，《莊子全譯‧至樂》，貴州人民出版社。

死者視爲因某種疾病所致。美國著名的醫生舍溫・紐蘭指出：在現代社會，老年人無疾而終的事是不被承認的：「美國聯邦政府發表它的《死亡統計預測報告》，從該報告的前十五項死亡原因中，或從其他任何無情的一覽表中，都找不到一個項目適合某些剛過世的人。《報告》異常整齊，它把八十至八十九歲及九十至九十九歲的人所患的特有的一些致命疾病在病因欄中列出來。即使死亡年齡爲三位數的人也逃脫不了製表人的分類術語。……作爲一名具有行醫執照三十五年的醫師，我從未魯莽地在死亡證明書上寫過『年老』一詞，因爲我知道，如果這麼填寫，這份表格將退回給我，並有某位官方記錄保管人的簡要附注，通知我，我已違反了法律。世界上任何地方，無疾而終都是『不合法的』。」[10]這樣，在現代社會，正常死亡的觀念實際上已經從人們的頭腦中被驅逐出「境」了。那些年齡非常大，顯然是衰老而死者，人們也不認爲是正常的死亡，因爲所謂的「衰老」在現代社會的醫療體系中，也是某種或某些病症造成的（如心血管的毛病、中風、癌症等等）。

由於當代中國人之死皆被視爲一種非正常的現象，對臨終者而言，死亡的悲傷也就更大了，因爲他或她覺得自己在這樣一種狀態下死去實在是不應該，怎麼如此發達的醫學科技就治不好自己的病呢？而死者的家屬之內疚心理和痛苦也更深了，因爲他們覺得自己沒有照顧好死者：爲何沒有早日發現親人的病並及時治癒它呢？等等，諸如此類的心理活動皆加大和加深了當代中國人之死亡的悲傷，從而引發深刻的死亡問題。

第三，因不知死及死後將何之引發出的當代中國人更爲強烈的死亡焦慮。一般而言，死及死後的問題是一種超驗的問題，人的

10.《我們怎樣死——關於人生最後一章的思考》，1996，世界知識出版社，第41頁。

任何知識都來源於經驗。人活著，他不可能知道死；人死之後，他又不能體驗不能言說。所以，死及死後之事在人們的知識範圍之外，在任何的年代裏人們要從經驗中知曉死及死後之事都是不可能的。既然如此，又為何說當代中國人的死亡焦慮比之古人要更大呢？關鍵在於，生活在傳統社會的人，沒有科學的知識，他們一般要比當代中國人更關心精神及靈魂之事，且更相信古老的傳說、神秘的習慣風俗或宗教的教義。所以，他們能夠用一些神秘的觀念、超驗的看法來瞭解死、來解釋死，來知道死及死後的世界究竟是怎麼回事。無論這些觀念與看法在今天人們的眼中顯得是多麼的毫無道理，乃至荒唐可笑，可古代的人的確從中獲得了對死及死後世界的認識，並可能因此而得到某種死亡的承諾：比如，因「此生」的為善而得到死後往生「西方極樂世界」、「天國」的保證；因「此生」有著對他人的深仇，又得知死後可變「厲鬼」復仇而獲得的臨終前的喜悅，等等。這一切都大大減輕了古人的死亡焦慮，當然，這並不是說古人所有的死亡焦慮都可消弭於無形。

再看當代中國人，應該說，那些曾經給古人帶來關於死及死後知識的觀念都還在，都沒有消失，有些觀念還因為科學研究的發達和傳播的方便而更易於被人們所獲取，可這並未給當代中國人帶來消除死亡焦慮的福音——因為我們不相信了。當代中國人大多在正規的學校接受教育，獲得的是科學的觀念與實證的精神，凡不能被經驗獲取及科學實驗證明的東西，一概被斥之為「假」。在科學這面「照妖鏡」下，許多宗教的、民俗的觀念皆現出了神秘的「原形」，被人們歸入到迷信的範疇。這也許是社會的進步，是科學觀念的高歌猛進，但是，在人類之死亡的問題上，超驗之死及死後的世界如何讓人所知便因此成了一個很大的問題，甚至是一個無法解決的問題。於是，當代中國人便被拋進一個觀念的弔詭之中：一方面，不知死及死後的世界，必然導致強烈的死亡焦慮，所以，人們

都非常希望去瞭解死及死後的世界；另一方面，人們因為科學的發展而放棄了傳統的認識死及死後世界的「工具」、「橋樑」和手段，可又沒有找到新的方法與途徑，所以也就無法由「此岸」到達「彼岸」，知曉死及死後的世界，由此引發出比之古人更大、更深的死亡焦慮。

　　第四，因死亡而導致的喪失，引起當代中國人更大的死亡痛苦。人在現實生活中，丟失了心愛之物，一般都會引發精神上的不快；喪失的東西價值越大，則引發的不快也越強；當人們面臨著喪失自己所擁有的一切物，包括自我的軀體，人世間一切的友情、親情和人情時，其精神與心理上就不是一般的不快了，而必然引發巨大的痛苦。人世間任何一種狀態都不能導致人發生喪失一切的後果，唯獨死亡除外。人之死亡是與世間的一切完全脫離的過程，其結果便是喪失掉一切。中國民間有一句非常形象的話很能說明這種喪失的性質，叫做人「生不帶來，死不帶去」。世間之物有無限之多，但哪一樣東西是我們生時帶來的呢？人生下後，長大了，奮鬥了，獲得了，聚集了許多許多的東西，可又有哪一件是我們死時能夠帶走的呢？因此，所謂人死亡的痛苦大部分源於這種喪失一切的可怕及可悲的狀態。

　　既然人之死意味著喪失一切，又怎能說當代中國人之死亡痛苦要大於傳統人呢？因為，當代中國人擁有的東西比之傳統人更多、更好。古之家財萬貫就已經不得了、已經不常見了；而在當代中國人眼中，家財萬貫已稀鬆平常，沒什麼了不起的。實際上，無論從擁有物的數量還是品質上來比較，當代中國人都要遠遠地多於和高於傳統人。一個面對死亡的乞丐，其口袋中只有一元錢，則無論他由死亡引發的不安、悲傷、焦慮有多大，他喪失的痛苦都可以是不大的；而一個面對死亡的百萬或億萬富翁，也許其他因死亡引發的不安、悲傷與焦慮不是太大，可他的因喪失引發的死亡痛苦則一定

很大、很深。問題的關鍵在於，對一個死者而言，他若只擁有一塊錢，那死亡對他造成的損失只是一塊錢；可對一個積累起億萬財富者而言，死便造成了他億萬金錢的損失。相比較而言，自然是後者的死亡痛苦更大、更深、更強烈。當然，這還僅僅是從物質性財富佔有量來考慮的，若聯繫到更多的其他因素，比如，物質財富多者，其人際的關係必更多，其親情、友情等也更為複雜，所以，他在損失巨額財富的同時，也必然要喪失更多、更複雜的人際關係，這也加重了死亡的痛苦。

從總體上看，當代中國人比之古代人擁有的物質財富和人際的關係都要更多、更複雜，因此，死亡引發的痛苦也就要大於傳統社會的人，這是不言而喻的。在古代，人們也有預立遺囑的做法，但一般都比較簡單；當代中國人立的遺囑則越來越複雜，原因就在於其財產的量與質在分割上越來越困難了。

第五，現代社會因「虛擬空間」、大眾傳媒的渲染、甚至歪曲，而使當代中國人死亡的恐懼更強烈了。在古代社會，人之逝後往往是在眾親人的環繞之下，經沐浴更衣，在隆重的葬禮後，再回歸塵土。所以，死亡有時被美學化了，人們稱之為「白喜事」，並用鞭炮、喝酒等喜慶的方式來顯示對死者的哀悼。當然，死屍面目的恐怖、死後屍體的腐爛，在任何時代都成為人們強烈的死亡恐懼之源。不過，在現代傳媒的越來越發達的情況下，在死亡處理的高度技術化的條件下，人們的死亡恐懼顯然比之傳統社會要大得多。那些恐怖電影、錄影，大肆渲染死亡的可怕，如人臨終前的極度痛苦、死屍猙獰的面孔，以及死後屍體的解剖、烈火焚燒或腐爛等等，這一切皆造成了當代中國人對死亡的恐懼，加重了當代中國人的死亡問題。

以上所列的死亡的不安、死亡的悲傷、死亡的焦慮、死亡的痛苦和死亡的恐懼，構成了當代中國人主要的死亡問題。由於存在著這些

問題，對生死學及生死哲學的學習和研究就有了必要性和緊迫性。

第三節　人生哲學

　　現代人在人生與死亡上所產生的種種問題，實際上都源於其生死上的根本問題；也只有解決了現代人生死的根本問題，才能進而解決現代人之人生與死亡方面的諸多問題。長期以來，學術界都試圖用人生哲學這門學科去解決這些問題，應該說是遠遠不夠的。

一、生命與生活

　　一般而言，人生可分為二大部分：一為人之生活；二為人之生命。生活是人在其一生中所經歷的人生事件、人生過程、人生滋味等的總和；而生命則是人之生活的基礎，包括人物質性身體的生存，也包括人之精神生命的生存等。現代人生最根本的問題是：人們日常生活的日趨物質化、功利化、實效化、個我化與生命安頓之普遍性、超越性、永恆性、類我化之間的緊張。一般而言，人之生活的品格是個我化的，而人之生命的品格則是普遍化的，當人們在個我化的生活中體會到生命存在的普遍性，並以之顯現為實際的生活中，突破個我化的生活，溝通你我他，也溝通自我與社會，以至溝通自我與宇宙，那麼便達到了人生普遍性的存在，從而實現了人生的超越性和永恆性。不幸的是，現代人要做到這一點是非常的困難了，比之傳統人是更加的不容易了。

　　如上節所言，現代工商社會及高科技的發展，為人們尋求、選擇和實現生活中的價值提供了越來越多的領域和可能性；但同時卻使人們的生命安頓越來越困難了。也就是說，在現實生活中，人們

求利、求欲、求更豐富的物質獲取，希望過一種更富有挑戰性的生活，等等，在現代高科技及經濟社會制度的運作中更易於達到了，也的確使許多人實現了心中的理想和人生的價值追求；但是，現代人在生命之終極價值的實現、社會崇高理念的達到，以及生命終極意義的獲取等方面卻越來越困難了，以至深感生命無處安頓，心靈在浪跡天涯，精神無所歸依，這引發出現代人的孤獨、無奈、無意義的空白感等等人生之深層次的問題。

二、人生哲學的意義與問題

從十九世紀初德國哲學家福爾凱特（1848-1930）提出「人生哲學」這個詞並迅速地形成一門重要的人文學科開始，大多數的人生哲學教科書[11]，雖然在概念、名詞、範疇、規律、內容等等皆有不同的側重，不同的闡釋，但本質的思想卻基本一致，即：透過對人性、人的本質、人之理想、人生目標、人生價值、人生準則等的闡述，試圖使人們從日常生活的個我性達到一個普遍性的生命存在，亦即讓人們透過崇高的人生理念趨於一個為他人、為社會發展做出個人貢獻的生活。這就是突破個我化的生活達到一個普遍性的生命存在，然後返歸人生，使人們在生活中也能獲得普遍性。比如西方思想家希望從理性的普遍性（人之本質）、上帝與我同在（神性）的普遍性等方式來達到這一點；而中國傳統人生哲學則從人性、人之本質和崇高的社會理想等來促使個我走向群體、從有限走

11.參見楊紹南著，《人生哲學概論》，1996，臺灣商務印書館；錢穆著，《人生十論》，1993，東大圖書公司；張伯欽主編，1993，《綿延人生路——人生學初探》，廣東高等教育出版社；沈繼英等主編，1997，《人生理論與實踐》，北京大學出版社；邱琳枝主編，1986，《人生哲學教程》，福建人民出版社。

向無限。這種人生哲學的構建模式可以說一直延續了相當長的歷史時期，除了對何為普遍性的看法有些變化外，個體之人應該從個我化的生活達到生命存在的普遍性的根本原則是沒有多大變化的。這樣一種研究在方法上是有問題的，因為人不可能是抽象的「人」，人都是具體的、個別的人。人生哲學當然可以去研究一般的、抽象的、概括性很強的人生問題，提出理想的人生目標、人生價值等；但關於人生的理論最重要的還在指導人們現實的人生活動。所以，在研究上就不能僅僅局限於大寫的「人」、大寫的「人生」（即一般的人、一般的人生），而應該以具體的人、具體的人生（即個別的、生活於實在社會中的人）為探討對象。不要忘記一個事實：人都是具體的感性的存在，每個人生活的環境、背景、所受的教育不同，個人先天與後天的機遇條件也不同，故而形成的人生過程、觀念、追求等也都有顯著的差異，試圖用一種統一的人生理想、人生價值、人生模式去規範所有人的人生，顯然是不行的、無效的。

因為，在當代社會之市場經濟大潮中，人們的生活必定是個我化的，財產佔有的私人化是市場經濟存在與發展的基礎，是謂「法人」；個人的獨立化是承擔必要的社會經濟職責的前提，而個人之生活的個我化也就成為必然趨勢了。人的社會存在就是要求個人奮鬥、個人努力、個人要出人頭地，人人都必須無窮盡地發揮個我之身智體能以追求自我之成功；當然，微軟公司總裁比爾‧蓋茲透過個人奮鬥成為世界首富的故事激發著無數的人，尤其是年輕人投身於個人的奮鬥洪流中。利益幾乎成為現代人現實生活中的唯一重要且起作用的驅動力，於是，個我主義取代了集體主義，現實主義取代了理想主義，人的個我性凸顯，而生命存在之普遍性、無限性及永恆性卻隱晦不顯。現代人在人生過程中喊出的最著名的口號之一就是：「只要我喜歡，有什麼不可以？」或者「我高興就好！」這即是現代人在人生過程中個我化的發展趨勢。所以，當代人的人生

觀有二個突出的特徵：以自我爲中心的個我主義和以求私利爲中心的功利主義。

在這樣一種現實生活的存在面前，人生哲學教科書中的上述原理對社會大眾的影響必然是越來越低，越來越無效。因爲這種研究和教育忽視了一些最根本的問題，如：死亡對人生而言意味著什麼？死亡有價值嗎？在死亡必至的前提下，我們的人生又有何意義？所以，僅僅從人「生」的方面，即從人之本質、人性、崇高的理想、信念、人生目標和準則等方面來使人們在個我化的實際生活中達到生命存在的普遍性已是無法奏效了，對許多人而言實際的作用是很小的。人生哲學原理所大談的人性、人的本質、人生理想、人之道德性、義務，等等，在現實社會人人埋首於功利性追逐的大潮中，幾近全部淪爲學術的探討，成爲一理論理性，而不是實踐理性。所以，有必要從新的思路，引進新的方法和途徑去引領現代人從個我化的生活達到生命存在的普遍性，這個新的思路、新的方法即是把人生哲學延伸至生死學和生死哲學，才可能解決現代人所面臨的複雜的生死問題。

第四節　死亡學、死亡教育與生死學

要瞭解生死學及生死哲學，首先必須先知曉死亡學與死亡教育的有關問題。實際上，對死亡問題哲學與宗教層面的關注在西方有著相當長的歷史和深厚的思想資源。

一、死亡學的基本內容

古希臘哲人蘇格拉底面對他人的誣陷和可以避免的死亡，鎮

定自若且勇敢地走向死亡，並說出了一番震撼人心的關於死亡的道理：「死的境界二者必居其一：或是全空，死者毫無知覺；或是，如世俗所云，靈魂由此界遷居彼界。」無論怎樣，人們的死都是幸福的[12]。死亡不可知、不可感，又何懼之有？自基督教勃興後，釘在十字架上之血淋淋的耶穌受難像更把死亡意識深深地嵌入了大眾的腦海中，信徒們可以說獲得了一種死亡的訓練；而現代大哲海德格對死亡本真之揭示更是讓西方人對死亡有了深刻的體認。他指出：生命是向死而存在的。人的本質是由自身的存在過程創造的，存在是在選擇中實現的，而選擇是在人唯一的不變因素——死亡的觀照下進行的。因有「死」之存在，生命為有限，所以人們做出種種選擇，在有限中追求無限，做該做之事，不做不該做之事。如果人類沒有「死」或不知「死」，則無需做選擇，無選擇即無行動，無行動哪有生活？人之生命實已停止。所以，人的生命過程就是在死亡觀照下的一步步進行選擇和行動的過程，並從中獲得價值，彰顯意義，此即所謂「向死而生」。這樣一些論述，應該說把人類對死亡的認識大大提升了一步。

　　因為有宗教及哲學方面對死亡問題論述的豐厚資源，作為一門科學的死亡學於二十世紀初在西方興起與發展。

　　一般學術界共同認定，「死亡學」一詞，首先是由一九○八年諾貝爾生物化學獎的共同得主之一，俄國生物學家艾列梅奇尼可夫在一九○三年提出的。當時他寫了一本書，取名為《人類的本質》，其中認為：應該以科學的精神及方法研究「死亡學」及「老人學」，這樣可以減少人類承受的痛苦，並大大改善人類生活的本質。到了一九一二年，美國的醫學教授羅威·柏克認為「死亡學」

12.見柏拉圖著，1983，《遊敘弗倫，蘇格拉底的申辯，克力同》，商務印書館，第78頁。

主要研究「死亡的本質及原因」，這明顯是從醫學科學的層面來規定死亡學的研究內容及方向。

　　有關死亡學系統而深入地研究至二十世紀中葉得以較大的展開。一九五九年，心理學家赫爾曼出版了《死亡的意義》一書，從考古學、人類學、藝術、文學、醫學、哲學、生理學、心理分析、精神醫學及宗教學等知識背景，全面地探討了死亡現象，並刻意於尋找死亡的意義所在，可以說是世界上第一本最具代表性的死亡學著作，出版後引起學術界及社會大眾對死亡問題的興趣和關注。一九六九年，卡波勒・羅斯出版了名著《生死邊緣》，引起更多的人對癌症末期病人的感受、需要的重視及關懷。死亡學的研究發展至今，已有專門的團體組織的成立和專業刊物的出版。

　　《死亡科全書》對死亡學的定義為：死亡學是一門研究與死亡相關的行為、思想、情感及現象的學科。死亡學採用科際合作的觀點，探討與死亡相關的現象及行為，研究主題包括有：「死亡原因」、「生命及死亡的意義」、「臨終者的內在經驗」、「喪親者的悲傷歷程」、「生命權倫理難題之抉擇」、「死亡教育」及「緩和醫療與安寧療護」等等。如果細分的話，死亡學研究的領域包括：愛滋病、癌症、心臟病等嚴重疾病患者的死亡問題；關於自殺、墮胎、安樂死、死刑等引起的社會問題、法律及道德問題；還有自然災害、大規模流行性疾病引發的各種問題，等等。

二、死亡學與死亡教育

　　可見，死亡學的概念是在二十世紀初由自然科學家提出，並開始進行深入研究的。這種研究既然產生於生物科學及醫學的領域，必然是走自然科學研究的路子，主要是把人的死亡列入到與其他生物死亡一樣的客觀物件來觀察與研究，這有助於人們較精確地掌握

死亡的過程及性質，對人們認識死亡的現象帶來很大的進展。但這也蘊含了一個容易引起偏向的問題：即人的死亡不僅僅是一個自然生命的終結，更是一個社會、文化及精神意識的問題，顯然，僅僅從自然科學的角度研究死亡問題是遠遠不夠的。

鈕則誠教授指出：「死亡學是一門於二十世紀初在法國所創始的學問，不久被引進美國，卻因為令人產生宗教聯想而長期遭到學術界忽視。直到二次世界大戰以後，受到歐陸存在主義哲學傳播流行的影響，再加上全球性的自殺防治運動興起，死亡學在美國才逐漸從對悲傷與哀慟的經驗性研究中，樹立為一門科學學科。」[13]實際上，伴隨著死亡學研究的興起，死亡教育也開始起步。鈕教授在〈從科學觀點考察生死學與應用倫理學的關聯〉一文中介紹，在五〇年代，西方一批有識之士透過撰文和著書的方式推行了一次「死亡覺醒運動」，其中最突出的主題即是「死亡焦慮」。與此同時，第一個正式的死亡教育學課程出現於美國，二十世紀六〇年代間死亡教育的實務開始擴充，至七〇年代大興而普及。一九七七年，美國又創刊了《死亡教育》雜誌，列溫頓在首期刊登的一篇文章中，將死亡教育定義為：「向社會大眾傳達適切的死亡相關知識，並因此造成人們在態度和行為上有所轉變的一種持續的過程。」

另根據傅偉勳教授的《死亡的尊嚴與生命的尊嚴》一書的介紹，美國「死亡學」研究與「死亡教育」的勃興影響到日本在七〇年代開始關注這一課題，並大量引進美國的研究成果。死亡學的研究對象及範圍都非常廣泛，諸如愛滋病、癌症、心臟病等嚴重病症者的觀念及心理問題；自殺、墮胎、安樂死、死刑等涉及死亡的種種法律、政治、道德的問題；絕症患者及其家屬的精神狀態問題；

....

13.鈕則誠，2005，〈生命與生活——中國生命學的課題（代序）〉，載《中國生命學——中華賢哲之生死智慧》，揚智文化事業股份有限公司，第2頁。

死後生命、安身立命和生命的終極解脫問題；文學藝術中表現的死亡問題；死亡的兒童心理問題；醫院設備、臨床管理、養老院或絕症患者收容所的設立等問題；世界各地不同背景的人們對於死亡所持有的看法或態度，以及歷史上人類對於死亡的看法和態度，乃至對付死亡問題的演變過程問題；集體死亡（自然災荒、核子戰爭、政治壓制等）問題。傅偉勳教授提出：「死亡學不但涉及種種極其複雜的現代人死亡問題，以及與死亡直接有關的諸般問題，也與許多學科學問的研究探討極有關聯。與歐美日等先進國家相比，我們還沒有真正開始認真進行死亡學的研究工作。我在這裏特別呼籲大家，好好關注，儘早開拓我國的死亡學研究道路出來。」[14]

由以上美國為例的西方有關死亡學研究和死亡教育的模式可知，死亡學的興起是一個相當晚近的事件。這一學科的產生直接與現代化社會中的人所遇到的死亡問題有密切關係。尤其是現代人在提升生活品質的同時，也渴望著提升死亡的品質。因此，死亡學從其誕生之日起，就與醫學結下了不解之緣，是從醫學的實踐中（臨終者的精神撫慰）引伸、催發而出的。而有關死亡的教育，又是在死亡學研究不斷拓展和深入的基礎上開始的。

社會、歷史、文化的事件很多可以與個別的人毫無關係，而唯有死亡這種事件與每個人都相關。所以，死亡學的知識應該說有著最為廣泛的受眾，而死亡教育比之其他任何方面的教育都有著更多的對象。

三、生死學的創立

在現今在臺灣的書市，已有百餘種生死學的書籍問世，可謂

14.同上註，第24頁。

洋洋大觀了。如光啓出版的《躍》，小知堂出版的《人生不可承受之輕》，中央日報出版的《病榻之聲》，圓神出版的《一起面對生死》，正中書局出版的《最後的禮物》，東大出版的《中國死亡智慧》，中國時報出版的《癌症與我》，遠流出版的《生死大事》。此外，桂冠更推出了由楊國樞先生主編的「現代生死學叢書系列」一套七本，它們是《生死的抉擇》、《今生今世》、《解構死亡》、《生死一瞬間》、《爲動物說話》、《談病說痛》、《生與死》。此外，一大批生死學的教科書及理論探討方面的專著在二十世紀九〇年代後相繼問世，已把生死學推向臺灣「顯學」的地位，如：張淑美於一九九六年出版的《死亡學與死亡教育——國中生之死亡概念、死亡態度、死亡教育態度及其相關因素之研究》（高雄：復文）；陶在樸於一九九九年出版的《理論生死學》（臺北：五南）；林綺雲等二〇〇〇年出版的《生死學》（臺北：洪葉）；尉遲淦二〇〇〇年出版的《生死學概論》（臺北：五南）；呂應鐘於二〇〇一出版的《現代生死學》（臺北：新文京）；鈕則誠、趙可式、胡文郁於二〇〇一年出版的《生死學》（臺北：空中大學）；周慶華於二〇〇二年出版的《死亡學》（臺北：五南）；余德慧、石佳儀於二〇〇三年推出的《生死學十四講》（臺北：心靈工坊）；曾煥棠於二〇〇三年出版的《生死學之實務探討》（臺北：師大書苑）、二〇〇五年出版的《認識生死學：生死有涯》（臺北：揚智）；劉作楫二〇〇三年出版的《生死學概論》（臺北：新文京）；鈕則誠於二〇〇三年出版的《醫護生死學》（臺北：華杏）、二〇〇四年出版的《生命教育——倫理與科學》（臺北：揚智）、《教育哲學——華人應用哲學取向》（臺北：揚智）、《醫學倫理學——華人應用哲學取向》（臺北：華杏）、《生命教育概論——華人應用哲學取向》（臺北：揚智）、《護理生命教育——關懷取向》（臺北：揚智）等等。

　　特別值得提出討論的是傅偉勳教授於一九九三年在正中書局出版的《死亡的尊嚴與生命的尊嚴》一書，至一九九六年已發行了五版，蟬聯各大書局暢銷書排行榜，至今仍在書市流行。傅先生以自己罹患淋巴腺癌的親身經歷為寫作動力，著出了這部既有理論深度，又不乏感人至深之魅力的書，它的出版迅速激起了臺灣學界及民眾對這一問題的關注。後來，更有影響巨大的由索甲仁波切著的《西藏生死書》的問世，它激起無數的人對死後世界的關注。為何生死學一經創立，就迅速地成為了臺灣的「顯學」呢？究其原因主要是楊國樞先生所說的三點：一者，近年來，臺灣民眾物質生活水準日益提升，多數民眾都已遠離了衣食住行等基本生活需求的桎梏，進而追求精神心理生活的改善。晉達這種生活境界的人，對人生之意義與存有之本質的理解比較認真，因而會激發探索生死問題的興趣。其二，近年來，升學主義在臺灣的影響日益嚴重，升學考試更為激烈，考上者與沒考上者壓力都很大，甚至導致了自殺率的上升，這無疑讓許多青少年關心生死問題。最後，臺灣民眾的平均壽命日益增長，已成為高齡化社會。如此多的老人和如此多的照顧老人的民眾，他們自然對生死問題非常感興趣。

　　楊先生的分析很有道理，但據筆者在臺灣的觀察，還有兩個重要的原因楊先生忽略了，即：臺灣地區是一個自然災害多發地區，僅一九九九年「九二一」大地震中便有二千多人死亡。從生死學來看，在自然災難中的死亡者屬於「突然死亡」，逝者本人的死亡痛苦較輕，因為沒有時間讓其「恐懼」；但給予親人的哀傷和痛苦卻是極深極大的，因為沒有任何心理上的準備。此外，臺灣每年死於癌症者約有兩萬五千餘人，幾乎每十個家庭就有三家會出現癌病患者。癌症者的情況與其他面對生死問題的人不一樣，癌症患者屬於一種「預知死亡」，即一當確診，便如判了「死刑」，患者處於一種毫無希望的等死狀態之中。在這段邁向死亡之途，患者

數著日子過活，承受著極大的死亡恐懼與痛苦的煎熬。非但這兩萬五千餘人如此，若以每個患者有四至五位直系親屬計算，便有十萬至十二萬五千人陷於這種死亡痛苦之中；再以每位癌患者八至十位朋友計算，便又有二十至二十五萬人每年要遇到喪友的揪心之痛。再者，臺灣一年正常死亡人口約十二萬人左右，若也按每個逝者四至五位直系親屬來計算，便有四十八至六十萬人陷入生離死別的痛苦之中；若再以每個逝者約有八至十位朋友同事計，則有九十六至一百二十萬人有死亡問題的困擾。這對只有兩千餘萬人口的臺灣來說，可不是一個小數目。如此巨大的一個要直接和間接處理死亡問題的大眾，無疑構成了臺灣目前有關生死問題受到廣泛重視的主要基礎之一。

在這樣一種大的背景下，傅偉勳教授以其在美國賓州天普大學講授「死亡與死亡過程」課程十餘年的知識背景及對中國傳統哲學的深刻理解，發展出一門嶄新的學問——生死學。傅教授是在美國現有的「死亡學」研究成果的基礎上，立足於「中國心性體認本位的生死智慧」，引伸出「現代生死學」。傅先生認為，人之「生死是一體兩面」，所以必須把死亡問題擴充為「生死問題」，這樣才能達到「死亡的尊嚴與生命的尊嚴」，從而實現現代人死亡問題的「精神超克」，並獲得生死的終極意義[15]。可見，生死學實即源於西方死亡學，並加以擴充而成。此種擴充是傅教授從中國傳統哲學心性體認本體的生死智慧發展而來，亦即不僅談死亡問題，更將生命問題涵攝在內，並視生死問題互為影響互為解決的前提，而生死學的根本任務則是在精神上「超克死亡問題」。

關於生死學研究的內容，傅教授提出：「廣義的生死學應該

15.參見傅偉勳，1996，《死亡的尊嚴與生命的尊嚴》，臺北：正中書局，第20頁。

包括以下三項：第一項是面對人類共同命運的死亡挑戰，表現愛之關懷的（我在此刻所要強調的）『共命死亡學』（destiny-shared thanalotogy）……。第二項是環繞著死後生命或死後世界奧秘探索的種種進路……。第三項是以『愛』的表現貫穿『生』與『死』的生死學探索，即從『死亡學』（亦即狹義的生死學）轉到『生命學』，面對死的挑戰，重新肯定第一單獨實存的生命尊嚴與價值意義，而以『愛』的教育幫助每一單獨實存建立健全有益的生死觀與生死智慧。」可見，在傅偉勳教授看來，生死學有狹義與廣義之分：狹義的生死學實際上即是從屬於自然科學的「死亡學」，廣義生死學則不僅研究死亡問題，更包括人之生命問題在內。傅偉勳教授之所以把「死亡學」發展為「生死學」，一個重要的原因是，傅教授一九九二年罹患淋巴腺癌，後經過兩次醫學手術，做過五十多次電療，面臨死亡將至的脅迫，用三個月時間寫成了《死亡的尊嚴與生命的尊嚴》。這本書與其說是研究死亡問題的專著，不如說是展示傅教授如何對死亡作精神超克的方法與途徑。臺灣大學的楊國樞教授在〈序言〉中說：「這是一位不平凡的人寫的一本不平凡的書。」傅教授在知識的「死亡學」內滲入了自我之生死體驗，期望從生死智慧上超克「死亡」，達到認知與「體證」的合一。因此，這本書不僅是以筆來寫，更是作者以自我之生命在書，由此矗立起了臺灣生死學研究的里程碑。

近年來，鈕則誠教授認為應該創立一門以「中國生命學」為核心的「華人生死學」，屬於古典「中國人生哲學」轉化而來的後現代「華人應用哲學」。鈕教授希望「建構本土化的生死學論述」，以成為「中華民族文化主體性的呈現」。鈕先生寫道：「就『華人生死學』而言，筆者認為以道教去消融佛教再回返道家的境界，以及透過人文主義去安頓宗教和科技再走向自然主義的道路，才是最健康的人生途徑。宗教著眼於死後世界，科技許諾要『戡天

役物』，多屬現世以外的作為，筆者對此持保留態度，轉而提倡順
天應人、自然而然的『生命情調之抉擇』。換言之，筆者認為生
死學最有意義的問題乃是：『活在當下，如何安身立命、自我實
現？』。」鈕教授從事生死學研究與教學已二十多年，是臺灣第一
家生死學研究所的首任所長，他曾經努力於將「生死學」狹義化為
「死亡學」，是希望將這門學問奠基在科學的基礎之上；而在生死
學已廣泛而深入地紮根於臺灣學界、民間之後，他認為應該提出生
死學本土化研究的目標，以構建「最能適用於當前華人的『中國
生命學』」[16]。這樣一種理論研究的努力，的確是值得關注與讚賞
的。

　　如果從學科的邏輯發展來看，死亡學重在對死亡各層面的探
討，皆以死亡為核心展開，特別研究一些與死亡相關的已經客觀化
了的問題，如自殺、安樂死、器官移植、自然災害中的死亡等等；
也研究因死亡引發的人們的精神與心理的問題，如死亡哀傷過程、
悲傷輔導、臨終關懷等等。傅教授提出並得到快速發展的生死學則
承繼死亡學的各項議題，並做了重大推進。生死學之關鍵在於：其
視死亡與生命為一體，要獲得死亡諸問題的解決，不聯繫到人類生
命是不可能的。因為死亡是人的死亡，而非一般生物的死亡，其蘊
含著極為豐富的傳統文化、社會、精神等層面的問題。比如，人的
生命是以尊嚴為其核心價值的，生死學要求人的死亡過程也必須是
尊嚴的。

　　何謂死亡尊嚴呢？死亡又何有尊嚴呢？就一般的意義而言，
死亡的尊嚴是指：面對死亡將臨者無恐懼與焦慮（臨終關懷）；他
們有被告知及選擇的權利；他們也不要在開腔剖腹、鮮血淋淋、衣

16.鈕則誠，2005，〈「華人生死學」知識建構〉，載《解讀生死》，社會科學
　文獻出版社。

裳不整的狀態下死去，而要安祥、無痛苦、潔淨、莊嚴地逝世。因此，生死學實質是從人之生命之求來規範死亡之實存，不僅視人活著時的生命過程應有尊嚴，又尤其強調人之死亡過程亦必須是充滿尊嚴的。這樣，就不能完全從自然科學及醫學倫理的角度研究死亡問題，而必須以心性本位的中國傳統哲學的觀念爲基礎，並廣泛地吸取世界各大宗教、文明傳統的看法與智慧。

十餘年過去了，臺灣的生死學研究已蔚爲大觀。幾乎在各大專院校的通識課程中都有「生死學」的選修課；中小學則有「生命教育」的課程。而在南華大學則有生死學研究所和生死學系的設置，招收大學生和研究生；臺北護理學院也成立了「生死教育與輔導研究所」，專門招收碩士研究生。現任南華大學生死研究所所長的慧開法師在〈「生死學」到底研究些什麼內容？〉一文中認爲：「生死學的主要研究物件，就是有情眾生（包括個體與群體）的『生、老、病、死』等事件與現象，以及彼等生死事件與現象所發生的時空場域及社會文化背景。因此，其研究的範疇是從『養生』到『送死』，包括個人與群體，乃至生物界與自然界，涵蓋了『生、老、病、死』之各項相關課題，分別羅列如下：1.生：包括有(1)生命、存有、存在……(2)生存、存活、生機、生殖……(3)生育、養育、幼稚教育、家庭教育……(4)成長、學習、學校教育、青少年身心問題……(5)身體、生理、血氣、筋脈、經絡……(6)心理、心識、認知……(7)心靈、靈魂、靈性、精神……(8)人格、人性、心性……(9)生活、生計、共生……(10)家庭、群體、社區、社會……(11)護生、動物保育……(12)生態、環境保護……等議題。2.老：包括有老化、老年、老朽、防老、養生、安養……等議題。3.病：包括有病痛、傷害、宿疾、絕症、怪病、醫療、護理、疾病防治、衛生、保健……等議題。4.死：包括有死亡、瀕死、臨終（愼終）、殯葬（送死）、祭祀（追遠）、死後生命、前世來生……等議題。」慧開法

師是虔誠的佛教信徒，以佛法的生死觀念進行生死學的理論與實務的研究，自然在對生死學研究內容的闡述上，將人之生、老、病、死的各個面向的問題全部都囊括無遺了。

　　從學理脈絡上看，西方從古希臘的蘇格拉底至現代的海德格就有一種深厚的死亡哲學的研究，而出現於二十世紀初的「死亡學」，應該視為是在人文性質的死亡哲學之外，強調要以科學的精神與方法來研究死亡問題，以減輕人類在遭遇死亡時所受的種種痛苦。但是死亡本身的性質——不可經驗性是與科學的方法有某種杆格的。所以，到二十世紀八○年代傅偉勳教授提出「生死學」的概念時，就是意識到生與死乃不可分離之一體兩面，所以，死亡學只是廣義的生死學探討的一部分。從其理論背後的意圖來說，是一種希望在科學性質的死亡學中加入人文性的研究努力。

　　我們應該看到，生死學脫胎於死亡學，科學分析的方法仍然是其基礎。但在研習生死學的過程中，我們尤其要注意，人之生死既然具有不同於自然界生物體生存與死亡的獨特性，就不能僅僅在死亡的層面理解人之「生命」，或僅僅從價值高低的層面理解人之「生命」，特別是不能僅僅從有機物對外界物質的攝取、吸收、消化、排泄的層面來理解人之「生命」，這樣看問題是不完整、不周延的，也是不正確的。因為人之生命與動物之生命不同，不僅僅是維繫生存，甚至也不完全局限在處理價值問題，在人之生命的成長過程中，會遇到數不清的生活問題，這些問題的求解都可最終溯源到人之生命的存亡問題之上。所以，生死學的研究和教學如果不包括人們的人生問題和生活問題在內，不把一種知識的學問與智慧的悟解相融合是不夠周延和完善的，這實際上會極大地妨礙對人之死亡問題做更深入、更細緻的探討。所以，有必要在學習生死學的同時研習生死哲學。

第五節 | 生死哲學的意義與價值

　　死亡學、死亡教育、臨終關懷與生死學的興起，主要是對臨死者及逝者家屬意義重大，可使之不同程度地免除死亡恐懼與痛苦。那麼，如何使每個活著的人、尤其是離死亡尚遠者都能從對死亡的研究中獲得教益，以提升現代人之生活與生命的品質呢？這就需要大力開展生死哲學的研究。

一、生死哲學研究的主要內容

　　如果說，死亡學是客觀地研究比較純粹的死亡諸問題，生死學則聯繫到人之生命來探討死亡問題的話，生死哲學更進一步將人之生活問題納入研究的領域，不僅強調死亡過程應該獲得尊嚴，更指出在死亡的觀照下，人們的生活如何過得更有內涵，從而使人們整個的人生過程更有意義與價值。

　　生死哲學簡言之，即是對人之「生」與「死」各個面向的問題進行哲學思考的學問，這門學問不以科學的求「真」為核心，因為，在人之生死問題上並無所謂客觀的真理。其次，生死哲學之「哲學」一詞，使用其最原初的「愛智」之義，生死哲學實質上就是生死的智慧，是對生死問題詮釋基礎上的觀念性、心理性、精神性的解析，是指導我們超越生死問題達到一個更好的生死之境的方法與途徑。

　　所以，也可以說，生死智慧本質上即是對人生的各種問題，包括死亡問題的思考及解決模式，其中重要的部分是人們對「彼岸」世界、超越性存在的種種解釋模式。生死智慧要求人們從精神上溝

通「生」與「死」，以獲得對生死的正確態度，特別是面對自我之死時的安心、甚至是安樂的心境。爲此，生死哲學強調運用人類歷史文明傳統中一切可資借鑒的智慧，而無需也不能去區分其歷史長短、價值高下、正確與錯誤。

就中國大陸學術界對生死問題的研究來說，起步相當之早，成果則是逐步豐厚起來的。根據靳鳳林先生的介紹：「直到近現代，伴隨西方文化的輸入，特別是西方學科分類方法的廣泛傳播，才有少量嚴格意義上與死亡學相關的譯著和專著陸續問世。如二十世紀二〇至三〇年代出版的《死之研究》[17]、《生與死》[18]、《生死問題》[19]、《科學的生老病死》[20]等。這些著作或從科學與哲學角度討論生與死的性質及意義，或追述歷史上的靈魂觀念，並對其進行心靈學的探討，反映出國人對死亡學的初步興趣。」[21]可見，中國二十世紀初期學者們對死亡問題的研究，大多是對西方著作的翻譯介紹，而少有獨立自主的探討，更缺乏立足於本民族的立場對中國人生死觀念、生死問題進行深入研究的成果。

進入二十世紀八〇、九〇年代，中國學術界受到社會上出現的安樂死、臨終關懷、自殺、器官移植、死刑、克隆等等生死問題的刺激，當然也有西方學界及臺灣生死學發展的影響，在生死問題的研究上可以說進入了一個大發展時期，出版了一大批有關死亡問題的著作，如上海文化出版社推出的《飄向天國的駝鈴——死亡學精華》（1990年）、《安樂死》（1988年）、《人的生死之謎》

17.H. Carrington 著，華文祺譯述，1923，商務印書館。

18.A. Dater著，蔣丙然譯述，1925，商務印書館。

19.E. Teichmann著，丁捷臣譯述，1926，商務印書館。

20.丁洸著，1936年，商務印書館。

21.靳鳳林著，2005，《死，而後生——死亡現象學視閾中的生存倫理》，人民出版社，第5頁。

（1987年）；中國人民大學出版社出版的譯著《死亡探秘——人死後的另一種境況》（1992年）；求實出版社出版的編譯著作《生死對話錄——世界名人墓誌銘》（1992年）；三聯書店出版了譯著《向死而生》（1993年）；遼寧人民出版社推出的《無畏的讚歌——死亡崇拜之解剖》（1993年）；內蒙古人民出版社出版的《生與死——佛教輪迴說》（1993年）；中央民族大學出版社一九九九年十二月出版的《窺視生死線——中國死亡文化研究》；首都師範大學出版社二〇〇二年十二月出版的《死亡的尊嚴》；科會科學文獻出版社二〇〇五年出版了《解讀生死》，等等。

靳鳳林先生又指出：「……邱仁宗先生一九八七年出版的《生命倫理學》及以後出版的系列著作對死亡問題的研究起到了巨大的推動作用。（二十世紀）八〇年代末、九〇年代初，中國死亡問題的研究基本局限於醫學界，特別是醫學倫理學方面，但隨著死亡研究的日漸深入，越來越多的人們深刻感受到必須將死亡問題的研究同其他學科結合起來，才能真正開闢死亡研究的新天地。自二十世紀九〇年代至今，國內除了各種報刊雜誌登載了為數眾多的死亡學研究文章外，還出版了大量從不同角度探討死亡問題的學術專著。如：如南昌大學鄭曉江從中國傳統文化的視角對死亡問題進行了廣泛的探討，其《中國死亡文化大觀》、《中國死亡智慧》、《生死兩安》、《善死與善終》、《穿透死亡》等著作在學術界產生了廣泛的影響。黑龍江社會科學院畢治國研究員從多個層面探討死亡問題，其《死亡哲學》、《死亡藝術》等著作為死亡學研究提供了大量的珍貴資料。武漢大學段德智教授的《死亡哲學》則全面考察了西方哲學史上著名哲學家的生死觀，特別是對馬克思主義的生死觀進行了深入細緻的剖析。郭于華教授的《死的困擾與生的執著》則從民俗學的視角探討生死問題。顏翔林先生的《死亡美學》則從美學的視角探討死亡問題。楊鴻台先生的《死亡社會學》則從社會學

的視角探討與死亡相關的各種社會問題。此外尚有黃應全先生的《死亡與解脫》和《臨界死亡》、李向平先生的《死亡與超越》、郭大東先生的《東方死亡觀》、孫利天先生的《死亡意識》、張文初先生的《死之默想》、何兆雄先生的《自殺與人生》、溫大志先生的《超越死亡——自殺行為防治》、張朝陽先生的《人類自殺史》、崔以泰先生的《臨終關懷學》等大量學術著作問世。」[22]

　　中國大陸對生死問題的研究，雖然起步較晚，但因人力資源雄厚，已有奮起直追之勢，應該說發展異常之快。出版的生死方面的著作亦有百餘種之多，發表的論文和文章數以千計，探討的問題也涉及到生死的各個層面。但總體上看還處在理論上輸入西方和港臺的成果，研究上局限在一些傳統議題上，創新性成果鮮見，學科建設上還任重而道遠，特別是還沒有成立一家正規的有關生死問題研究的專門機構，在全國的大、中、小學中的生命教育還處於起步階段。

二、研究生死問題的學科分析

　　以筆者前後四次（一九九七年、一九九八年、二〇〇三年、二〇〇五年）赴臺灣演講生死哲學問題和參加學術會議的經歷，以及在生死哲學研究及教學二十多年的積累，比較臺灣與大陸學界在死亡學、生死學及生死哲學方面的研究，可以說，臺灣的生死學研究由傅偉勳先生奠其基，引導人們從死亡學（狹義生死學）走向廣義生死學，開創了生死學研究的新天地。又因為臺灣生死學研究起始即與自殺、安樂死、臨終關懷、老齡化問題、悲傷輔導和生命教

22.靳鳳林著，2005，《死，而後生——死亡現象學視閾中的生存倫理》，人民出版社，第8頁。

育等聯繫在一起，所以，比較而言生死學研究走的是一條與生死實務、生死管理相結合的路子。而大陸生死問題的研究亦有一些專門人員，如醫學院校、科研機構中的教授在醫學倫理學、醫學哲學方面對自殺、安樂死、臨終關懷等等方面的探討，但更突出的則是一批生死問題的研究者，刻意於對死亡問題進行形上學的探究。如段德智先生和畢治國先生的《死亡哲學》、靳鳳林先生的《死，而後生》等等著述的出現。另一個生死問題探討的面向，是試圖從中國傳統文化入手，尋求卓越的生死智慧以為現代人之用，這就是筆者致力的方向。筆者為此而先後推出了《中國死亡文化大觀》、《超越死亡》、《中國死亡智慧》、《生命終點的學問》、《中國生命學》等諸書；另外如郭大東先生的《東方死亡觀》、靳鳳林先生的《窺視生死線——中國死亡文化研究》等等書籍。

這裏特別要提到的是段德智教授出版的《死亡哲學》[23]，開創了大陸學術界系統研究死亡問題的先河。段先生認為：「死亡哲學是哲學的一個分支，屬於哲學這門科學，它關涉的是對死亡的哲學思考。」作為哲學的一部分，死亡哲學不同於「死亡學」，研究的是「死亡的必然性與偶然性（亦即死亡的不可避免性與可避免性）、死亡的終極性與非終極性（亦即靈魂的可毀滅性與不可毀滅性）、人生的有限性與無限性（亦即死而不亡或死而不朽）、死亡和永生的個體性與群體性、死亡的必然性與人生的自由（如『向死而在』與『向死的自由』）、生死的排拒與融會諸如此類有關死亡的形而上的問題。」[24]段先生大力宣導的「死亡哲學」主要駐足在形上層面對死亡問題進行學術的研究；而生死學則重在對生死各議題的科學探討，是希望用死亡的科學知識來解決人類生死的具體問

23.1996年出版，湖北人民出版社。
24.《死亡哲學》，1996，湖北人民出版社，第3-4頁。

題。而筆者致力於結合兩者的努力，一方面希望人們在研習生死智慧的基礎上，擁有合理且合意之人生觀，另一方面又能具有超越生死的境界與智慧，從而更好地解決人人都要面對的種種生死難題，這樣就必須在死亡哲學與生死學的基礎上同時研習生死哲學。

因此，生死哲學主要是把對人生問題的哲學研究與對死亡問題的哲學研究緊密地聯繫在一起，視人生問題的解決必求之於對死亡問題的體認；而死亡問題的解決又必求之於人生問題的化解。在死亡學的層面，科學的分析占主導地位；而在生死學的層面，已經考慮到非理性的情感因素、民族的傳統文化、特殊的心理情境等在人類生死問題上的重要影響；至於在生死哲學的層面，則認為人類生死問題的終極求解，不能局限在科學的領域，必須也只能求助於哲學或宗教的智慧。所以，學習生死學必須與研究生死哲學相配合，因為，生死學偏重於知識的層面，是一種科學；生死哲學則偏重智慧的層面，是一種悟解和應用；生死學強調人們要知生識死，生死哲學則要人們達到安生超死；生死學對人生與死亡進行細密的分析，生死哲學則求取怎樣及如何解決人類嚴重的生死問題。

所以，生死哲學研究及學習的重點不在對生死問題進行純形而上學的思考，亦非對生死問題的實務性指導，其主要的研究內容是弄清現代人之生死問題究竟是什麼？在這一過程中，求取中國傳統及全人類文明成果中有關生死的大智慧，來解決現代人所面臨的這些生與死的問題。生死哲學也許永遠也達不到科學，因為其不以求「真」為目的，而以實現「善」為核心；亦摒棄非「此」即「彼」的二元化思維，反對「是」或「不是」、「對」或「不對」的兩相反的選擇模式。生死哲學不認為有唯一正確的生死觀，更堅決地反對以某一種或某一類生死智慧來統一全人類大腦的企圖。

為此，生死哲學基本的理論框架是：

第一，在人之生的方面，生死哲學的基本方法是：人生處於一

種「生命與生活」的緊張之中，這一人生的基本問題決定了人們其他的生死問題。生死哲學把人之生活與生命視爲人生統一體中不可分割的兩大主要部分，兩者之間的緊張構成了人生之永恆與主要的問題，並進而認爲：人生活與生命問題的解決必求之於人對「死」的觀照；人之死的問題的解決也必求之於對「生」的認識。因此，雖然人之「生」可分爲生命與生活兩大部分，但兩者卻密不可分、互爲影響。

第二，生死哲學基本的核心觀念是「生死互滲」。在一般人的觀念中，生死斷爲兩橛，生是生，死是死，二者完全不同；在生死哲學的領域，則生死相即不離，緊密相繫，互相滲透。生命誕生之日起，便是細胞、機體等的不斷「死」去又不斷再生的過程，在生命體的一生中，成長是在死亡的基礎上實現的。而人「生」一日，實爲「死」去一天，因爲每過去一分或一秒，皆爲永久的逝去，再也不可重現。且人們必在某一人生時段，突然便具備了死亡的意識，這將伴隨著生命發展的全過程，這就是人生的實相——生死互滲。現代人在人生的狀態上要遠遠高於傳統人，但由於特別關注「生」，無暇對死作深度思考，體會不到「生死互滲」的生命存在的本眞，所以，在死亡問題上產生了極大的困惑與恐懼，這就使現代人之生活品質難以眞正的提高。所以，我們不僅需要建構一種合理的人生觀，還必須擁有正確的死亡觀，以獲得某種生死的大智慧，既提升生命的品質，獲得幸福順暢快樂的人生，同時也能夠消解對死亡的心理恐懼，平抑死亡引發的悲痛與創傷，並爲人生充上永不枯竭的動力，最終超越死亡。在這一點上，我們尤其要從中國傳統生死智慧中獲得解決現代人生死問題的深厚資源。中國傳統生死智慧有兩大類型：一是可以溝通生死的智慧，如儒家「殺身成仁」、「立德、立功、立言」的生死智慧；道家「生死齊一」的智慧；中國民間百姓「陰間與陽間」的智慧，以及佛家「了生死」的

智慧。另一類型是不能溝通生死的智慧，如《列子》書中「生不知死，死不知生」的智慧。從浮面上看，人之「生」與「死」的確完全不同，判然兩別；但深入一步去思索，則會發現，「死」並非出現於人生命的終點，處於人生過程的最末尾，而是滲透於人生的整個過程之中的。也就是說，「生」包蘊著「死」，「死」則意味著「新生」，所以，「死」也可說蘊藉著「生」，這即所謂的「生死互滲」。一個文化素養不高者，通常可以從民間的「陰間」與「陽間」的死亡觀念中去汲取智慧，從而達到「生死互滲」的體認；一個有極高道德境界者，可以從儒家「立德、立功、立言」的「三不朽」中獲得「生死互滲」的智慧；一個有高超人生藝術者可以從中國古代道家生死「一體」的智慧走到「生死互滲」觀；一個有宗教情操者可以從佛家「了生死」的智慧中獲得「生死互滲」的觀念，等等，他們因此而不同程度地透悟到生死的本質，獲得了生死的大智慧，可以坦然而平靜地走向死亡。而不能溝通生死的智慧則會使我們生前縱情於聲色，不知為何而活；一旦面對死神，就會感受到特別巨大的焦慮、恐懼和痛苦。可是，在科學上，人之生與死往往被視為截然不同的兩個領域；而立於生死哲學的基點，則視生和死是密切聯繫在一起無法分割的有機組成。人類生死的大智慧應該是：人在生的過程中有死之因素，而人之死則意味著某種新生。如此智慧地去對待「生」與「死」，將使我們現代人受用無窮。比如，人們可以從海德格的「由死觀生」之原理來達到對生命存在價值的珍惜；從「生死互滲」觀達到對死後生命永存的追求，以及對現實生活中更有價值的事務，如人倫親情、世俗友情、人間愛情的體認，以及不懈地追求。

　　第三，生死哲學所欲達到的目標是「超越死亡」，從而讓人們更幸福地生活，更坦然地面對死亡。我們每一個活著的人，都應該也必須在埋首求「生」的過程中，多沉思一下死亡的問題，對有關

死亡的方方面面作一觀念上的瞭解，並從中建構出合理的生死觀與死亡智慧，同時，也可對自我進行必要的死亡教育，提升自我抵禦死亡恐懼的能力，達到超越死亡的境界。所謂「超越死亡」，並非指人肉體上永恆不朽、長生不死，這絕對不可能，它指的是：1.人們在直面人生時，能夠坦然地面對死亡，在心理上不畏懼死、不害怕死，從而享有生的歡欣和「死」的尊嚴。2.人們可以正常地深思有關生死的各類問題，為面對他人（如朋友和自己的親人），尤其是自我生命的終點作好心理與生理上的準備。3.人們可以把對死亡的認識轉化為人之生活過程與生命進程的動力，將死亡觀轉化為規劃人生的資源和促進人生發展的動力機制，從而既幸福地「生」，亦坦然地「死」，最後則能超越死亡，獲得精神生命的永生與不朽。

本章主要參考題

1. 試根據個人的人生過程，談一談現代人究竟有那些人生問題？

2. 試根據個人的觀察，談一談現代人究竟有那些死亡問題？

3. 何謂人生哲學？何謂死亡學？何謂生死學？何謂生命教育？何謂生死哲學？五者之間的不同及聯繫何在？

4. 生死學興起的背景與主要研究內容是什麼？

5. 生死哲學研究的特色是什麼？

6. 試述大陸與臺灣學術界在生死學、生命教育、生死哲學方面的研究進展。

7. 試運用生死學的知識和生死哲學的智慧來體認及解決我們面臨的生死問題。

● 本章主要閱讀書目

傅偉勳著，1996，《死亡的尊嚴與生命的尊嚴──從臨終精神醫學到現代生死學》，臺北：正中書局。

鄭曉江著，1994，《中國死亡智慧》，臺北：東大圖書公司。

段德智著，1996，《死亡哲學》，湖北人民出版社。

靳鳳林著，2005，《死，而後生──死亡現象學視閾中的生存倫理》，人民出版社。

鈕則誠、趙可式、胡文鬱著，《生死學》，2001，臺北：空中大學。

鄭曉江著，2005，《中國生命學──中華賢哲之生死智慧》，臺北：揚智。

張應杭著，2003，《人生哲學論》，浙江大學出版社。

施忠連主編，1996，《人生哲學金庫》，上海文化出版社。

張曙光著，1999，《尋求人生智慧──哲學與人生》，北京教育出版社。

宋耀垠著，1999，《科學與人生觀論戰及其回聲》，上海科學技術文獻出版社。

劉長林著，2001，《中國人生哲學的重建──陳獨秀、胡適、梁漱溟人生哲學研究》，華東師範大學出版社。

老品編，1995，《中國文化名人論人生真義》，中央編譯出版社。

海倫‧聶爾甯（美）著，張燕譯，1997，《美好人生的摯愛與告別》，正中書局。

第二章　生命本真

1. 生理性血緣生命
2. 人際性社會生命
3. 精神性超越生命

　　生命是什麼？生命的本眞是什麼？這可以說是人類的千古一問，直到今天也是難以有定論的。在討論人之生命本眞的問題時，必須聯繫到人「生」與「死」二個方面的問題才可能談清楚。一般而言，生命就是生物體孕育、出生、成長、衰老、死亡的全過程；而人生則表現爲人的生命在逐漸產生並完善化之意識（精神）的支配下存活及逝去的過程。

　　世人皆有人生，皆顯現爲生命的存活過程，可對自我生命眞正理解並能很好地把握者實在是不多。這不僅僅是因爲生命本眞異常複雜而導致的不易於認識；更源於人們對自我生命的熟識無睹，不會去深思，誠所謂「不識盧山眞面目，只緣身在此山中」。所以，人類社會出現了越來越多的輕生自殺者，也有許多面對無數生命血流成河的現實冷漠以待、無動於衷者，更有許多視生命如草芥的嗜殺成性的「屠夫」；而由於對生命抱有種種錯誤的觀念導致生活品質的低下者就更多了。爲了解決這些嚴重的生死問題，我們有必要對複雜的生命現象與性質作一番深入的探究，從而意識到，雖然每個人之人生都顯現爲生命在時間長河中的單向性的流逝，但卻內含三重性：一爲生理性血緣生命；二是人際性社會生命；三是精神性超越生命，此之謂生命本眞。人們只有眞正意識到並自覺地從生命的三重性出發安排人生，才能引伸出正確的生命意識，擁有合理的生活態度，減少人生中的痛苦而獲得幸福與快樂。

第一節　生理性血緣生命

　　《辭海》關於「生命」的辭條是這樣的：「由高分子的核酸蛋白體和其他物質組成的生物體所具有的特有現象。能利用外界的物質形成自己的身體和繁殖後代，按照遺傳的特點生長、發育、運

動，在環境變化時常表現出適應環境的能力。」[1]這種抽象的概括當然適用於所有的生命體，是對生命的生物學定義，但人的生命應該說與其他生命體既有相同之處，更有其相異的地方。也就是說，人之生命在孕育、出生、長成、終老等各個環節皆是在社會的環境，而其他的生命體都是在自然的環境中，所以，人之生理性生命就決非一般的生理性生命，而顯現為生理性血緣生命，其稟賦的是社會性的血緣關係。人之生命與其他生命體即便在生理的層面上也有不同，應該是我們研究人之生命本真的出發點與方法論原則。

一、體會人之生理性血緣生命

人之生命首先表現為生理性血緣生命。常有人認為，人之生命可分為生理生命、社會生命和精神生命。這種分類是有問題的，從根本上而言，只要是人，就沒有純粹的生理性生命，在這一個層面的生命應該以生理性血緣生命名之。因為，任一人皆出於父母的血緣關係之中，而父母又出於無限上延的複雜的血緣關係和社會關係。千百年的延續，使人們的血緣關係中滲透入濃厚的社會關係，二者融為一體，已不分彼此了。所以，我們在討論人的生命時，一定要把人之生理性生命提升為生理性血緣生命的層面來理解，也就是說，視人之生理性生命內含有社會生命，這樣才能更好地瞭解人之生命的獨特意義。

不過，我們每個人從「無」中獲得生理性的生命根本不需做出特別的努力，因為自我的生命是他人——父母——給予的，個人只是被動地受有了生命。故而，我們常可聽見發脾氣的孩子對著父母大叫：「我又沒有要你們生我！」也有些人，碰到人生的不如意、

....
1. 1999年，上海辭書出版社，第2085頁。

悲傷痛苦之事，便怨天、怨地、怨父母，極後悔出世為人，口頭語
是「我不活了」。人就是這樣，凡是很容易獲得的東西，就特別不
珍惜；而生理性血緣生命便是這樣，似乎無需自我的刻意求取，便
自然而然地得到了，人們也就常常忽視其存在和重要性。

　　另一種情況是：在現代社會，許多人在人生過程中，都以生活
的感受為最重要，跟著感覺走，對生命則有時完全不在乎。生活中
的感覺好，則覺得生命很珍貴；生活中的感覺很差，則輕賤生命，
甚至覺得生不如死。當一個人對自我的生命都抱持無所謂的態度，
則其人生一定會出大問題。

　　一般而言，人之生理性血緣生命顯現給我們的本真是——生、
老、病、死。生命是脆弱的，偶然的意外、疾病、衰老都會毀滅生
命。所以，人之生理性血緣生命方面最大的課題是什麼呢？應該是
如何更健康地成長和無痛而逝。一個人一生中皆充斥著這樣或那樣
的病痛，其人生一定毫無樂趣可言；一個人一生都弱不禁風，體質
很差，則其人生也很難獲得大的成功（當然也有個別的例外）；一
個人若在臨終時非常的痛苦，則其人生也難趨圓滿。健康的生命是
我們每個人展開自我人生之路的基礎，是我們能夠品嘗人生幸福的
前提。有一條人生的金律告訴我們：身體健康是「1」，而所有的
金錢、財富、美色、享受等都是「0」；一定要有前面的「1」，後
面的「0」才是有意義的；若無身體健康的「1」，後面一切人們渴
望的東西都不過都是一些「0」而已，對人而言是毫無意義的。

　　所以，一切人生意義與價值的獲得，都必須以血緣性生理生
命的存在為基礎；一切人生的努力與奮鬥，皆要以血緣性生理生命
的存在為前提。建樹一種好的生死觀，其前提是要對生理性生命的
存在有一種真正的珍惜態度。而要做到這一點，就必須深刻地認識
生命演化的漫長歷史，明白從個我的狹義生命來看，我們都是父母
一次偶然的交歡產生的；但從廣義的視野來看，則是宇宙地球約

三十五億年演化的結果。我們必須躍出個我生命的範圍，去想像一下那從無機物到有機物演化的漫長年代，那從低等動物進化到高等動物的艱難歷程；特別是，從靈長類動物到人類誕生的曲折困頓。

二、生命的萌生

　　長期以來，人類對生命的起源問題弄不明白，於是，在世界各大宗教中關於「創世」的教義都是最吸引人的部分之一。若從科學的角度來看，我們可以提出這樣一個問題：在地球上及宇宙中，充斥著無數的無生命的無機物，他們是如何演變為有生命的有機體呢？根據科學的研究，這一過程是漫長的、艱難的、充滿了無數的曲折與無情的淘汰。

　　早在一九五三年，美國一位年輕的科學家斯唐萊·米勒受到另兩位科學家尤利和奧巴林提出的還原原始大氣設想的啓發，經過精心設計，他開始了一次具有深遠意義的模擬實驗，出乎所有人的意外，竟然從無機物中獲得了氨基酸等一些重要的構成生命基礎物質的有機小分子。

　　透過這個人工環境下的實驗結果，我們已可以想像生命誕生的大致過程：約在三十五億年前（亦有稱在三十八億年前），地球只是一個毫無生氣的物質體，但地震、火山頻繁暴發，大量的氣體被釋放出來，其中包括水汽、甲烷（沼氣）、氨氣、氫氣、二氧化碳等。經過一個漫長的時期，這些氣體逐漸在地球的周圍聚集，最後形成了一層原始大氣。無數年代過去了，原始的大氣層受到太陽的紫外線、閃電的電離輻射、火山噴射的高溫高壓，以及宇宙放射線等大量能源的共同作用，漸漸地融合成有機小分子——生命終於從「無」到「有」地在地球上開始出現了。原始的生命誕生之後，還不能在任何環境下生存，必須有特殊的「溫床」——海洋。仿佛有

一隻冥冥中的「手」，爲生命的創生提供了所有的必要條件。

還是在洪荒的時代，地球表面逐漸冷卻，大量飄浮在空中的水蒸汽冷凝成水，從天而降；無數的歲月過去了，地球的低窪處開始形成了湖泊河流。水流不斷地從高處往下流，終於彙聚成了原始的海洋。這時，大量有機分子隨著水流的沖刷進入其中，又經過漫長的演變，漸漸地形成了更複雜的有機分子，如蛋白質、核酸等生命基礎物質。不過，現在也有一些生命科學家否認原始生命的有機物是地球自身演化出來的，他們認爲，地球上的生命物質源於星際空間的「天外來客」──隕石。因爲在對隕石的深入研究中，發現其中包含著氨基酸等有機分子。

二種地球生命起源說也許還要共存一段時間，難有定論；可是有機分子必須要在海洋中生存並演化則是肯定的。人們常說「水是生命之源」，在原始海洋中有適合生命存在的環境，又可提供維持生命發育所必需的碳、氧及多種鹽類，特別是海水中還有大量的膠體性的「軟體顆粒」，可以吸附各種有機物質，從而提供了一種使之接觸產生反應並結合在一起的機會。海水在生命演化中的另一重要作用是：擋住了大量的紫外線及海底放射性對有機物質的破壞。另外，我們都知道，水在生物體中幾乎占到了65-90%，是其中最重要也是最主要的構成部分，有機物在海水中成長，可以說有取之不竭、用之不盡的水分。

當然，最原始的生命是無法自給自養的，必須依賴溶解在茫茫大海中的豐富物質以維持生存。又是漫長的年代過去了，最簡單的生命細胞漸漸地在進化，形成了「界膜」，內外結構都在進行複雜的分化，最後演變成原始的活細胞。起初，這些原始的活細胞是一種厭氧異養體，隨著環境的變化，其中有一部分逐漸成功地變化爲「自養的生物」──單細胞藻（藍藻）。到了這個階段的生命體，已經可以製造出有機物質，釋放出氧氣；另外一部分則演變成靠自

養來存活的異養生物。這樣，生命體產生了「自養」和「異養」的分野。又經過了十幾億年的演化，生命體由低等至高等，從簡單變爲複雜。在環境、氣候變遷的作用下，地殼劇烈的變動，海洋的一些部分上升成爲了陸地，於是，在海洋中誕生的生命體被迫去適應新的存在環境，最後由水生過渡到了陸生。生命的原始演化於是告一段落。

幾十億年的演化，無數條件的因緣巧合，無機物才變成了有機物。而從有機小分子到單細胞的出現，到自養的生物和異養的生物，再到成爲陸地的生物，其中又經歷了多少的難關？多少的淘汰和犧牲？在生命誕生的過程中，一定如大浪淘沙般犧牲掉了無數的生命體。

科學研究表明，大約在六千萬年前，地球上氣候酷熱，有茂密的森林，有各種開花、結果的植物。靈長目動物的一個分支──猿爲適應自然環境的變化而不斷地進化，到了約兩千五百萬年前，類人猿成功地從其他猿類動物中分離出來，其頭顱和手已經與現代人差不多了。又過了漫長的幾百萬年之後，大約在西元前八百萬年至西元前五百萬年，類人猿才最終演變成爲了人。

另據報導，英國利物浦市的約翰摩爾斯大學的佩瑟博士和澳大利亞行星聯合會的拜納博士指出：人類在歷史長河中之所以躲過了無數次來自宇宙的災難，在其他很多物種都滅絕的今天仍然能夠得以延續，並非因爲人類較之其他物種更高級，在很大程度上純屬運氣好。長期以來，研究人類進化史的科學家一直對於爲何除了人類之外的其他十四個知名的原始物種均在過去的五百萬年間滅絕感到疑惑。傳統理論認爲，原因是其他物種在進化方面不如人類先進，他們的智商及適應環境的能力均比人類差，所以才會在人類之前滅亡。兩位科學家對過去五百萬年間的宇宙撞擊事件進行了電腦類比，結論是：就在兩百萬年以前剛剛發生過小彗星撞擊地球的事

件，那顆彗星足有兩公里寬，被撞地點就位於如今智利西南部海洋附近。他們認為：「如果當初那顆彗星撞到了陸地而不是海洋上，那麼由此而引發的環境影響會更惡劣。如果這一撞擊發生的時間再提早幾個小時，那麼就將撞到非洲南部地區，那裏的物種，包括人類的祖先都將滅亡。」[2]

科學研究還說明，人從生命胚胎開始的生長過程實際上濃縮了人類進化的全過程。男人的精子和女人的卵子屬於單倍體，到了成為受精卵的那一刻，則進化為多倍體（雙倍）。人的生命在胚胎時，可以說是「小魚」，再逐漸長成「兩棲動物」，又變成「爬行動物」，最後變化成「哺乳動物」——人。從生理學上看，人是由男女（父母）交配，精子與卵子結合而孕育，經十月懷胎，再出生成人。可見，科學研究所表明的生命進化史、人類演化史，個體的孕育史，都與我們每一個人的此在生命息息相關，在每一個人的生命中，都聚集著幾十億年生命演化的成果，都含蘊著生命發展的無數艱難險阻，人的生命真的如中國古代賢哲所云：是天地之「精華」的凝聚，我們能不珍視嗎？

三、敬畏生命

從生命創生的過程中，人類應該知曉：人之生命是宇宙長期演化的結果，也是天地之「精華」，因此，人們必須對生命抱敬畏之心。應該說，人的生理性血緣生命最重要的性質是其神聖性，因為其本質是血緣性。只有從神聖性的角度看待我們的生理性生命，才能獲得對生命的正確態度。但是，現代人大多已是科學主義者，人們會把過去對生命神聖性的體認置換為對生命客觀的知識性瞭解，

2.參見新浪科技（http://www.sina.com.cn），2001年04月19日。

從而產生對生命的冷漠的態度，這是相當危險的。

　　生命具有神聖性在古代世界各民族那 幾乎都是不言而喻的眞理。遠古的人類一般都認爲人之生命源於某種神秘的過程，或者是偉大的造物主賜予的，因而其神聖性是不言而喻的，試以基督教爲例。《舊約‧創世紀》中說：萬能的上帝首先創造了天地萬物，再以地上的塵土造出一個「人」形物，並將生氣吹進「亞當」的鼻孔，亞當也就突然成了有靈的活人。然後，上帝在東方的伊甸建了一個「園子」，把亞當安置於其中，又想到亞當一個人太孤獨，便取了亞當身上的一根肋骨與「肉」合起來，就造出了夏娃，以做亞當的配偶。上帝又吩附亞當與夏娃可以在伊甸園隨意吃住，只是不能食用善惡之樹的果實。可是夏娃受到一條狡猾的蛇的誘惑，引著亞當同吃禁果，這就犯下了不可饒恕的原罪，被上帝趕出了伊甸園。從此人類必在世間受苦以贖罪：「因爲你是從土而出的，你本是塵土，仍要歸於塵土」（《聖經‧創世紀》第三章十九節）。

　　這樣一種偉大的宗教教義給予人們的是什麼觀念呢？說明了生命是無所不能無所不知的神聖「上帝」創造的。在世間，任何生命體無論是多麼高貴、多麼富有或者多麼卑微、多麼殘缺，也無論出生在何時何處，因其爲「神」一手所造，都不失其神聖的價值。「上帝創生說」使得一切試圖用世俗的眼光或金錢來衡量生命價值的做法都是不恰當的、錯誤的。若我們堅信宗教的這種教義，毫無疑問，在人生之旅中我們可以做到珍惜自我的生命，善度此生。

　　當然，現今我們許多人在科學思維方式的訓練下，已經對偉大的宗教教義及民間的傳統說法（被指爲迷信）產生了懷疑。這形成了現代人科學的迷信、知識文化上的狂妄。實際上，人生在世，體驗、直觀、悟解都是不可或缺的，人類對世界神秘性體驗的傳統是不能摒棄的。所以，我們應該從直觀的角度去體會生命的神聖性：自己的生命小而言之來自父母，大而言之則源於天地自然。人間之

男女爲何有如此奇妙的性（愛情）與生育（繁殖）的功能呢？爲何只有人才從億萬種生物中脫穎而出，其生命成爲天下之最「貴」呢？從生物學的角度而言，人類屬於有性生殖，每一個人的生命皆源於父母基因的混合與重組。在人類的生殖細胞中，含有二十三條染色體，內包含著三至五萬個不同的基因，卵子與精子結合的過程中，數萬個基因在重組，絕無重複，絕無相同。即便是同卵雙生，因其後天成長的社會環境不可能完全一樣，所以也顯示出獨特性。因此，就人類有性繁殖並生存於社會而言，每一個個體生命都是獨一無二的、不可再現的、無可替代的。對這樣的生命個體，我們難道不應該萬分珍惜嗎？

當然，如果想從科學的角度對這些問題給以完整的和精確的回答是很困難的，但人們卻可以從中直接悟出：人的生命內核應該是上接之於「天」、下接之於「地」的，是自然大化精華的凝聚。正因爲如此，人的生命才先驗性地具備了神聖性。當然，這樣一種對人之生命性質的體悟並不是人人都可做到的，相反，更多的人沒能意識到自我生命的神聖性，這就使許多人的人生陷入了誤區。

常可在生活中看到有些人對自己的生命不太在乎，甚至十分輕賤。他們也許是因爲生活極度的貧困，連維持生命的最低需要都成了問題；在這種情況下，生命的尊嚴蕩然不存，人生淪爲豬狗不如，更遑論什麼生命的神聖性了。比如，原始社會時期，在許多氏族部落裏都出現過食人現象；大災荒之年或戰爭年代也出現過人吃人的慘況，等等。因此，講生命的神聖性、體會到生命的神聖性，仍然需要建立在一定的物質基礎和文明程度之上。但在現代社會則出現了另一種情形：人們衣食不愁，生活也有相當水準，還有一定的文化程度，可他們的心理承受力不夠，對人生中的各種挫折無法抵禦，因而覺得生不如死，在這種情況下，人之生理性生命流於任意，很可能他們會突然自我了斷，結束自己的生命。此時，生命的

神聖性也蕩然無存。還有一種更爲嚴重的情況是：在人生的過程中，人們不知爲何而活，也不知道活著爲了什麼，於是，人生中怎樣都可以，什麼都行。生活中只順從肉體與生理性欲望的引導，故而他們極度地縱欲、墮落，甚至吸毒，在這種情況下，人的生理性生命也毫無神聖性可言。可見，如果人們無法體認生命的神聖性，將對自我的生命、生活和人生皆造成十分嚴重的後果。

　　爲何現代人物質的佔有與精神的豐富都已臻於相當高的程度之後，生命神聖性的體認卻越來越成問題了呢？從本質上而言，所謂神聖性，指人類對某種事物發自內心的敬畏和崇拜；生命的神聖性，當指人類對自身生命的敬畏和崇拜。回觀人類的歷史，越在遠古的時代，人類周遭的神聖之物就越多，不僅神秘的生命現象是神聖的，而且一些特別的石頭、樹、鷹、老虎、月亮、太陽，等等，皆具有神聖性，都成爲人們頂禮膜拜的對象。隨著社會的發展，人類依靠自我的理性獲得了越來越大的征服自然與改造社會的力量，於是，各種神聖之物逐漸地被「解魅」——消解附加於其上的神聖性光環，於是，人類崇拜、敬畏、服從的事物越來越少，而生命的神聖性亦在這種解魅的過程裏逐漸地消除。

　　當現代人由生物學而遺傳學而基因工程，由生殖探討而克隆（cloning，無性生殖、複製）生命時，生命的神秘性便逐漸祛魅；當生命的裏裏外外都像白紙一樣坦露在每一個人面前時，當生命似乎能像我們製造其他商品一樣可以任意設計並從工廠流水線批量地生產出來時，尤其是對一個特定的生命個體，隨時可以精確地複製出來時，人之生命的神聖性便蕩然無存了。

　　這一過程是如何完成的呢？在科學的高歌猛進中，人們發現，石頭不過是一種礦物質，植物是一種纖維體，動物是一種有機體，而曾經那麼神聖的月亮和太陽也不過就是一顆行星和一顆恒星而已。至於生命，雖然比較的複雜，但也就是一堆碳水化合物，一些

DNA罷了。宇宙自然間的一切，社會生活裏的一切，似乎都是可分析的、可理解的、可把握的、可改造的、可生產的，又有何神聖性可言？除了魅的世界眞的很乾淨，白茫茫近乎一片透明；而沒有了神聖之物的宇宙眞的好像無障礙，人們行動於其中沒有任何的阻擋，有完全的自由。長期以來，人類對生命的敬畏也隨之土崩瓦解。

於是，人類似乎進入了一個夢幻般的自由境界，可以無所不爲、無所不做，這個世界就是爲我們人而準備的，這個宇宙也盡可以讓我們人爲所欲爲。人們曾經爲這種自由而歡欣鼓舞；可是，曾幾何時，人類突然發現大自然不那麼聽話、不那麼友善了，它用「環境污染」的武器來報復人類；同時，人們也發現自己創造出來的社會也不那麼馴服、不那麼受控制了，它用「核毀滅」、「愛滋病」、「種族仇殺」、「泡沫經濟」、「社會動盪」、「文明衝突」等等讓我們陷入一種膽顫心驚的狀態之中。至於因爲生命神聖性的消解引發的人生危機就更加怵目驚心了：人們要麼作踐自我的生命——如「自殺」，要麼作踐他人的生命。許多人因無法體認自我生命的神聖性，故而過著一種人生品質極低的生活；許多人則認識不到他人生命的神聖性，而做出許多畜牲不如（殘忍之極、不可理喻的殺人）的行爲來，等等。這一切都告訴我們，雖然科學提高了我們改造世界的能力，理性提供給我們透視萬物的一些途徑，但是我們人類還是要保持對自然、宇宙，尤其是生命神聖性的體認。

所以，我們必須在理性的層面重新恢復對生命神聖性的體認，要對生命存有敬畏心、崇拜心。當然，這裏並非宣導原始人那樣的對生命現象的盲目迷信，而是在認清生命發展變化規律之後的隨順之；這亦非在生命面前頂禮膜拜什麼都不幹，或什麼都不敢幹，而是不違逆生命之性質，不破壞生命之自然成長，更不強迫生命只按自我心願地去發展。我們人雖然是生命的持有者，但也不能在對待

生命的問題上為所欲為，我們要以一種帶敬畏感的態度去看待和對待生命，比如在發展現代「克隆」、器官移植、人工受孕等技術時就要十分地慎重，在死刑的問題上更是要萬分理智。這裏的關鍵在打破理性與感性神聖之間的堅冰，使兩者融合起來；在一個十分理性的基礎上重新樹立起神聖之物的權威，從而讓我們每個人都體會到生命的神聖，意識到生命的可貴。這應該說是我們現代人獲得真正人生幸福的基礎，值得我們每個人去努力地求取。

　　在生與死的問題上，即便是在生理性血緣生命的層面，人們也可以實現某種對死亡的超越。在中國民間社會，長輩們最渴盼的人生目標有時並不在自己能實現什麼、能得到什麼，而在希望子女有「出息」，這成為牽動著父母最內在的生命關懷。有些父母為了孩子將來有出息，甘願付出金錢、時間、心血，乃至生命也在所不惜。只要孩子能學到本領，將來有遠大的前程，能讀名校，能獲得好的地位，能出人頭地，能佔據最有利的人生舞臺，等等。為此，做父母的可以放棄自我人生中的一切。從生死哲學的角度來看這種社會現象，應該說，其深層次是人們死亡超越的渴望使然，是企盼讓自己骨肉精血更好地生存下去，是人類內在生命延續性的表現。

　　所以，人生不可能擁有一切，人死也不等於什麼都沒有了。人們生兒育女，子女的生理性血緣生命就是父母的生理性血緣生命在世界上的延續，長輩的基因和形象將因此而永久地保留在代代相傳的子女身上，長輩的觀念、精神也將長久地留在晚輩們的記憶之中。這也即是對死亡的一種存在意義上的超克。當然，人首先不能沉浸在過去當中，也不能太貪戀未來，而要尊重自己當下的生活和生命，從而發揮自己最真實、最強大的生命力。

第二節　人際性社會生命

　　僅僅在生理性血緣生命的方面，人們還難以體會人之生命的特殊性；一個人若僅僅表現出生理性血緣生命的欲望，則不啻爲「行屍走肉」。實際上，動物的生命可以說是一種本能的生命，而人類的生命則是一種「類」（社會）的自覺的生命。動物依靠肉體產生的盲目的欲求而活動；人則可以自知肉體的欲望且進行一種意識的把握，從而使這些盲目的欲望成爲可控制、可規範和可改變的，人的種種行爲是一種精神與意識支配下的活動。

　　所以，人之生命之所以稱爲人的生命，其關鍵就在人生活於社會之中，與社會其他人和組織結成複雜的關係，其生命必然打上社會的烙印，這即所謂「人際性社會生命」；反之，一個完全脫離了社會的人，將不成其爲「人」。尤如所謂「狼孩」，他們也由母親十月懷胎而生，卻自嬰兒起便脫離社會，被狼叼走並哺育，其結果是：他們在生理上還是與正常的「人」無異；可其整個的生存模式卻是「狼」。這樣的例子生動地說明了「社會」是人生不可或缺的環境與基礎，人之人際性社會生命是生命性質中極重要的有機組成部分。

　　我們在上一節已經初步瞭解了生命創生的過程，這還不夠，我們還必須進一步去認識生命的本質是什麼的問題，以對人之人際性社會生命有深刻的把握。

一、生命的本質

　　在科學的層面上，生命的本質是什麼的問題，往往會有不同的

表述。比如，從熱力學的角度看生命，會視生命是一個與其環境交換物質和能量的開放系統，這種系統能夠「吃進」負熵，從而成功地使系統從無序創造出秩序。在生理學的立場，則認為生命系統是一個能夠完成攝取、消化、吸收、排泄、運動、生長、發育和對外界刺激做出反應的功能的系統。至於生物化學和分子生物學，則視生命有機體為可傳遞編碼在DNA和RNA中的遺傳訊息的系統，這些資訊可以控制蛋白質的合成，而蛋白質決定著生物的主要性狀。在進化論者的眼中，生命系統就是一個能夠透過自然選擇進化的系統。

　　李建會先生在《與真理為友——現代科學的哲學追思》[3]一書中指出：「從性質或特徵上看，地球生命具有如下一些特徵：首先，所有生命都處在與外界不斷地進行物質和能量的代謝過程中。物質代謝和能量代謝實際上是一個過程的兩個方面。生命在合成自身物質的過程中儲存能量，在分解物質的過程中釋放能量。新陳代謝的關鍵的化學過程是三羧酸循環和氧化磷酸化。新陳代謝是生命存在和活動的基礎。其次，生物在代謝過程中伴隨著生長、發育和衰老過程。單細胞在代謝過程中會不斷地長大，而多細胞生物更是具有一個生長、發育的過程。第三，生物具有自我複製、繁殖和變異的現象（或經由繁殖而來）。生物在複製和繁殖過程中表現出高度的遺傳特性，即親代的遺傳訊息和它們所決定的結構性狀被高度精確地傳給下一代；同時在複製和繁殖過程中，遺傳訊息也會發生少量的錯誤，也就是變異，使後代生物和前代生物又有一些差別。第四，生物對外界刺激都能做出一定的反應，即所謂的應激反應能力。例如植物莖尖的趨光生長，生物的免疫反應，生物的自我調節的穩態性，等等，都是生物不同的應激能力的表現。第五，生命具

....
3. 2002年，上海科技教育出版社。

有進化的能力。地球上的生命大約誕生於三十五億年前。從原始的單細胞生物開始，經過漫長的進化歷程，各生物物種輻射發生，形成了適應各種環境條件的多種多樣的生物，直至高等智慧生物人類出現。」

可見，生命體一定要與外界進行物質和能量的交換才能生存。人生在世，除了要攝取、消化、吸收、排泄物質以維持生理性血緣生命存活與成長外，還要與社會各方面的人交換資訊、意見、思想、觀念等等，以維持人際性社會生命的存活與成長。有許多人，擁有了電腦的資訊世界，以為就有了一切，沉溺於其中而不能自拔，置生理性血緣生命和人際性社會生命皆不顧，這種人生模式當然是成問題的。也有一些人，只是埋頭賺錢以維生，甚至不惜與親人、朋友、社會各界人士產生劇烈的磨擦，這是只重生理性血緣生命的品質而置人際性社會生命於不顧，也不是一種好的人生模式。再有一種人，受到中國傳統文化倫理至上觀的影響，只看重自己在社會關係中的地位及他人眼中的形象，而置自我的生存狀態於不顧，即便傷身害體也在所不惜，這是只重人際性社會生命而忘記了生理性血緣生命的重要性，所以，也不是一種好的人生模式。

此外，人之生命繁殖過程中所具有的自我複製和變異的現象也啟示我們：當我們在獲得生命遺傳以成其為人的生命的同時，我們也接受了社會文化的遺產。無論我們自願還是不自願、自覺還是不自覺，我們生於父與母的關係之中，也一定都是在既有的社會文化與文明的氛圍中成長的。而生命的變異現象在人的身上，絕不僅僅意味著子輩與父輩在生理性血緣生命上的差異性，更要求我們在繼承原有文化與文明傳統的基礎上，充分展示我們的社會創造力，為人類社會的發展、文明的進步增添一些新的東西，讓下一輩人能夠生活得更好，這即是我們每一個人所肩負的社會責任問題，也是生命進化的內在要求。有許多人，與社會格格不入，拒絕社會文化與

文明的薰陶，過一種粗野的、不文明和孤獨的生活，這種人生模式是有問題的。反之，也有一些人，只想享受現有的社會文化與文明的成果，放棄自我創新的能力，不努力地去增加一些什麼，沒有絲毫的社會責任感，這也是成問題的人生模式。

最後，科學對生命主要性質的概括啓示我們每一個人都應該立於終極意義上來看待生命、生活與人生，必須意識到：人之生命是源於天地自然的，這可以說是人類生命性質之相同的方面；但生命表現於每一個人的生活上，則又有不同的顯現，這可以說是人之生命相異的方面。這是因爲，我們每一個人出生在特定的家庭，生活在特別的區域，隸屬於某個民族與國家，承受著不同的文化與文明的傳統。所以，一定的人際性社會生命構成了我們生活的差異性。一個人如果能很好地理解這一點，一方面去努力追求生活的多姿多彩，交朋接友的多樣化，得到生活的幸福與快樂；另一方面，又要在觀念上去超越千差萬別的現實生活，努力地在生命的源頭上去與天下人之生命相溝通，克服掉生活的差異性，從而在現實人生中不去汲汲於個我一己之私的得失，不時時刻刻忙於種種的區分，也不成日裏挖空心思地去你爭我奪，這就達到了一個較好的生存狀態，顯現出了生命本源的同一性。

如果人們能從這一層再進一步，眞正從心靈上體驗到生命源頭的「一」，那麼，人們還能達到視天下國家親如一家，天下之人親如一人的所謂「大同世界」，這是中國古代賢哲所欲實現的最高的社會理念。達此境界，人的心胸一定無比寬闊，人格無比崇高，待人接物無比慈愛，這可以說進到了人之生命存在的最高層次了。但是，必須指出的是，這種境界對世間大多數人而言，都顯得高不可攀。因爲人都生活在世俗社會裏，受著當下此在的生活時空的局限，眼光多看到現在具體的東西，而根本不能或不想去領會那抽象和玄遠之物，更不願將自己的生活繫於一種似乎是虛幻的觀念之

上。所以，現實中的許多人都無法掌握生命本源的「一」，而更多的是完全地執著於生活現實中的「異」。

但是，一個人如果只知凸顯生命存在的「異」，便會刻意於世間的「分」，刻意於求自我的「多」，即使侵犯他人和社會也在所不惜。這樣一種生命觀和人生的具體操作若泛化於人間，必造成社會的無窮紛爭，形成人際間無比的緊張。所以，人們要在世間和平共處，要求得生活的和諧幸福，就必須努力地去從生活之異之個別中走向生命之同之「一」。做到這一點當然不容易，甚至是很困難的，這需要人們有較高的文化素養和較強的抽象思辨能力，尤其是要有一顆真誠而超越的心靈。雖然很難，但我們卻必須明白，做到這一點是我們每個人達至人生大幸福之所必須。

二、人際性社會生命的唯一性

活著的人皆有生命，世上的人又是如此之多，而地球上有生命之物更是多得難以盡數，這些事實往往造成許多人意識不到人際性社會生命的另一重要的性質——唯一性。立於人際性社會生命的唯一性，我們就應該活出個性來。

人際性社會生命的唯一性與生命的神聖性密切相繫，因為人之生命是唯一的，所以它是神聖的。在人類歷史上，有許多宗教和神秘文化皆認為人此生之生命的結束，意味著人來生之生命的開始，生死死生，循環往復，永不止息。但是，且不說這一看法永遠也無法證實，即使人有來生的生命，那麼，彼之生也絕非此之生，人之生命仍然是唯一的。中國古代的道教則宣稱可以透過某種操作使人之生命永存，達到所謂永生不死。且不說這種講法也無法證實，即便能夠實現人的肉體之永生，那對這個不死的「真人」而言，其生命也還是唯一的，因為「他」活多久也還只是一次生命。

　　可見，每個人的此在人際性社會生命都是唯一的，並無更多的所謂生命，這包含有二層意思：一是指「我」的生命與「他」的生命不同，故而是唯一的。生命從分子存在的水準來看也許是相同的，但人之生命不僅僅是生理性的，更是社會與文化性的。每個人生存與生活的環境和條件都有著這樣或那樣的不同，所以，其生命的表現形態和人生的存在狀況也就不一樣。許多人的生命過程雖然從浮面上看，活法和生活的內容似乎差不多，但實質上還是有很大區別的；每個人的生活內涵及其人生道路都是不同的，所以每個人之人際性社會生命必然是唯一的。

　　意識到了人際性社會生命對每個人而言皆是獨特的，那麼，人們就應該在人生中十二分的努力，因為只有努力，才能顯示出個我生命的獨特價值，成為一個「我」而不是淹沒在茫茫人海中默無聲息。為此，人們要特別去發展自己優長的方面，不應該在社會與人生的各個領域平均地使用體能和智慧，這樣才能使自己在某一領域和方面十分的出眾。當然，若能使自己成為萬眾矚目的中心那就更好了，自我生命的價值也就得到了更大的體現。

　　人之人際性社會生命唯一性的第二層意思指的是：每個人的此在生命只有一次，不會有第二次，更不會有多次。人際性社會生命是在單向的時間流中延續的，它一去便永遠不會再返回了。這一點可以讓我們每一個人都意識到要萬分珍惜自己的生命，應該利用好生命中那寶貴的分分秒秒。尤其是，我們不僅要在生命的質上達到高品質；在生命的量上我們也必須善用此生，善待生命，努力活夠天地自然賦予我們的生命時光。也許，許多人在現實的生活中倍感艱辛，人生裏痛苦太多，人之生命品質不高。人之一生不可能總是大順大利、風平浪靜，必是有坦途幸福也有坎坷痛苦，關鍵在我們以什麼樣的心態去對待，而絕不能用自我結束生命的方式來解決，而應該在生命的延續中用自我百倍的努力和奮鬥來改善生存的狀態。

　　一般而言，一個人在枯燥的日常生活中，在忙忙碌碌的求生活動裏，是很難體會到生命的神聖性和唯一性的；只有在面對人間的大痛苦、大災難和死亡時，才能刻骨銘心地體驗到生命的這兩大性質。我們必須掌握這樣一條人生的至理：我們每個人都只有「一條命」，我們每個人也只有短暫的一生，人生不過約三萬天而已。所以，我們不能沉溺在生活的長河裏不知生命之所以。為了使自己的一生更有意義和價值，讓自己的生命不至於白白浪費，應該學會去面對人生的災難、痛苦和死亡，在這些人生的負面價值中體會到生命的正面意義之所在。唯如此，我們才能萬分珍惜寶貴的生命時光，使我們的一生在即將結束時不留下過多的遺憾。

　　當然，我們也可以換一個角度來思考：我們總是在尋找生命的意義，總是困惑生命到底為了什麼？人們經常是在面對人生大痛苦時產生無奈或厭倦的時候，才突然想到死亡的結局。由死觀生，人們才驚訝地發現——生命是多麼美好，那些苦、那些痛、那些不順又算得了什麼？生命的意義僅僅在當下生活感受過程的一種內在體驗，意義只能是一種過程，而非結果。當人們有了這樣的體驗的時候，就會發現生命，無論何苦，何歡，何懼，何喜……都只是意義的呈現。世間萬物皆不「自性而假有」，都只是因緣和合，如此我們應該心無所住，又何來及何能執著？所以，生命與生活本就是那麼自然，我們何苦自尋煩惱？以平靜之思、平常之心待之、處之，豈不安然？

三、生命境界

　　人們不僅應該在生命本源存在的層面上達到生命之同的體認，還應該進一步把人之生命與宇宙間一切的有機物和無機物相溝通，從而在終極的層面上與萬物相溝通、相融合。也就是說，「我」之

生命在本源意義上的那個「一」，不僅僅指個人的生命與其他人的生命是相通的，而且意味著在存在的層面上，一切生命體皆為一體，進而還意味著一切的有生命之物和一切的無生命之物在存在的層面上也相融合為一，不分彼此。如此，我們就應該在存在的層面及生命的境界上皆達到「萬物一體」。

　　從科學對生命的研究來看，也可以得出「生命」在存在的層面皆為「一」的結論：「第一，生命組成的物質體基本相同。幾乎所有的生命體的組成元素都是碳、氫、氧、氮、磷、硫、鈣等元素。他們相互組合又構成了氨基酸、核苷酸、葡萄糖等生命小分子；這些小分子再透過特殊的方式相互結合，形成蛋白質、核酸、多聚糖和脂類等生物大分子。第二，從生命的結構來看，地球上直接表現出生命活性的生命都是由細胞構成的，一切生命都離不開細胞這一生命的基本形態。儘管細胞的形式多種多樣，但基本上都有著相同的結構，都是由半透性的膜包圍起來的與外界具有選擇性物質交換的體系。其內部構成也基本相似，都有負責生命資訊存儲和表達的核或核區，有執行各種生命功能的細胞器（像線粒體、內質網、質體、核糖體、高爾基體等）。細胞還是生命的活動賴以進行的基礎。生命的各種活動，比如代謝、生長、分裂、死亡等都是建立在細胞活動的基礎上的。所以，細胞是維持生命系統運轉的最基本的存在形式。離開了細胞，生命活動就會停止。第三，從規律上看，所有生命幾乎都遵循相同的基本規則：所有生命使用相同的遺傳密碼、遵循著相同的複製、轉錄和蛋白質合成機制以及相同的DNA修復機制。生命的代謝活動，包括各種主要的生命物質的生成、轉化，能量的獲取、利用方式等，也都有著高度的一致性。」[4]

....

4.參見李建會著，2002，《與真理為友──現代科學的哲學追思》，上海科技教育出版社。

　　既然生命在組成元素、結構、運動規律等都是同一的，那麼，我們就應該從這種科學的自然性存在培育出一種人文性的處事態度：擺脫俗世事務的羈絆，默然靜觀人間萬象、社會發展，尤其是自然大化，從心靈深處察覺「天地與我並生，萬物與我為一」的生命存在的真實。一個人若能經常以如此觀念去做人、去處世，必可心胸開闊，境界高遠，人生瀟灑；而若人類中的大多數都能如此去思、如此去行，那麼，人類必可在組織間、族群間、民族間、國家間及與自然間皆能和諧相處，共存共榮，實現大同。

　　可見，人之生命存在就意味著責任，其「生」也有責任，其「去」也有責任。如果說，人之生理性血緣生命的最大課題是健康成長，那麼，人之人際性社會生命的最大課題則是如何實現和諧幸福。一個人只有與親人、他人、組織、國家，以及宇宙自然和諧相處了，人生才能順暢，並獲得幸福的感受。反之，人們若總是與這個人有磨擦，與那個人不能相處，看不慣這，瞧不上那，則一定活得很累、活得很難，乃至活得沒有意思。我們當然要避免這樣的人生狀態，達到一個好的生命存在的模式。

第三節　精神性超越生命

　　在對生命誕生過程的理解中，我們應該培育出敬畏生命的情感；在對生命構成及本質的認識中，我們應該達到「萬物一體」的生活態度。可僅僅至此，我們還沒有獲得最高的人生智慧，因為我們對生命的第三重性——精神性超越生命還沒有深刻的認識。只有真正意識到我們每一個人皆有精神性超越生命，並主動積極地完成人生的使命——弘揚生命，才能夠獲得生命的安頓。

一、精神性超越生命的本質

抽象而言，所謂生命就是具有自我繁殖和複製能力的有機體，這種有機體能夠從自然界攝取維持這種能力所需要的養分。當然，生命還必須具備適應自然界的變化並發生變異的能力，這也許是生命體最最重要的一種性質，他使得生命體頑強地存在的同時，又有著變化與發展，而人類，就是生命體變化發展的最高產物。

當人類從動物界蛻變出來時，其生命已與原來的生命發生了質的變化：在生理性血緣生命和人際性社會生命之內，還凝聚出精神性超越生命。動物也許有某種記憶能力、某種刺激性反應，甚至可以有組合聯繫事物的能力；但人類的精神性超越生命則不同，其內核是精神、意識、思維，能對客觀事物進行價值判斷，是一種研究、分析、反省、思考事物的智慧，是一種情感、心理的綜合體，也是人類文化與文明的承載體。所以，動物是一種本能的生命，而人類則是一種自覺的生命。但必須指出的是，人的精神性超越生命是不能單獨存在的，他必須以生理性血緣生命為基礎，以人際性社會生命為背景，在這樣一種特定的環境中才能發育、成長和成熟起來。

在中國古代賢哲看來，人是「形」與「神」的合一，也就是說，人可分為肉體之「形」與心識之「神」。「形」是「神」產生之基，沒有人的肉身，那有人的精神？而「神」是「形」之顯，沒有人的精神，人之肉身便流於動物性生存了。可見，人是「形」與「神」的統一。但是，既然如此，為何每個具體的人又會表現出不同的生命特質、呈現為不一樣的人生之路呢？從人之「形」的方面是很難解釋的，恰恰是人之「神」——觀念、意識、思維方式、文化素養等等的不同造成了人與人生命存在方式和人生道路上的不一

樣。所以，精神性超越生命是人區別於動物乃至一切生命體的本質之所在，他使人類創造出生產工具、科學技術，從而大大提高了改造自然以爲己用的水準，獲得了不斷提升的生活水準。

必須看到，人之精神性超越生命同時也是一個「活體」，他有自身發展的獨特性，他在自然的世界之外或之上，創造出一個嶄新的精神世界，表現爲藝術、音樂、繪畫、文學、人文社會科學，當然還有資訊網路世界等等。正如人類創造越來越豐富的物質產品以滿足生理性生命所需一樣，人類創造的精神產品則是爲滿足人際性社會生命和精神性超越生命所需。二者的互動，使人類的生存與發展的品質得到不斷的提升。

雖然物質的世界從存在來看具有無窮性，但相對於有限的個體生命而言，則爲有限；而精神的世界無論就其整體而言還是就個體生命的擁有來看，皆是一種無限和無窮，因而表現爲一種普遍性和超越性。人之生理性生命是在單向的物理時間中流逝，永不可複返；而人之精神性超越生命則可前後左右上下，在所謂「六合」中自由往返，人之想像的空間是無限的也是無窮的。人類因有生理性血緣生命，所以，要不斷地想辦法生產大量的物質產品以爲己用；人類又有精神性超越生命，所以也要費盡心機生產出大量的文化產品以爲己用。文化的積累就是歷史，這是人類最最重要的精神產品之一。

人的精神之所以也成爲一種「生命」，是因爲其與生理性血緣生命一樣，也是一個自組織系統，亦有攝取、吸收、消化、排泄的功能。當然，與生理性血緣生命攝取物質予以加工不同，人的精神性超越生命攝取的是整個人類所創造的文化與歷史傳統等精神物，產出的則是人之精神性超越生命的固化物——思想、觀念、道德等等，並外化爲科學、藝術、文學、哲學等等精神產品。前者可以支配、控制人之生理性血緣生命；後者則直接推動整個人類和世界日

新月異的發展。所以，生理性生命往往是個我的，攝取、吸收、消化、排泄物質都是個體生命的行為，而個我佔有並消費了的物質別的個體將無法獲得。但精神性超越生命不一樣，他是在一個人際性社會生命的環境下實現的，所以，其從產生始便是普遍性的：人之精神性超越生命的創生得益於整個人類文化與文明的滋養；其內涵也是普遍性的，也就是說，人之精神性超越生命的成長亦是在對普遍性知識的學習中實現的。精神性超越生命的消費與人之生理性血緣生命消費的實現，皆只能在人際性社會生命的過程之中，三重生命相配合，讓人的身、心、靈都得到充實、滋養和成長。所以，在人之一生中，對人類社會的風俗、知識等的學習、模仿和內在固化，是其精神性超越生命成長的必須，是人之為人最重要的前提之一。由此，終生學習成為人生三重生命協調發展必不可少的基礎，也是獲致人生幸福的必備條件。

可見，如果人們僅僅局限於自我之生理性血緣生命時，容易走向個我化的生存模式；若人們從生理性血緣生命走向人際性社會生命，尤其是精神性超越生命時，便可以樹立起普遍性的生存模式，這是我們應該要走的人生之路。

二、自知「有死性」與追求不朽

人類生命的珍貴性正在其具有社會與精神性超越生命的維度。如果僅僅從人之肉身來看，其價值還真的很低。西方有科學家對這一問題進行過研究，結果意味深長：化學家對「人」進行了科學的解析，得知人體不過就是由水、氮、鈣、鹽等一些常見的化學成份組成。為瞭解人體的物質價值有多大的問題，一些化學家將人體解剖並經過精密地分析，以一個中等身材的男子為例，人體內的所有脂肪大概能做七塊肥皂；人身體內的鐵能做一枚中型的鐵釘；人體

內的糖分如果全部提煉出來的話，能夠溶進七杯咖啡，味道恰好；人體內的鈣拿出來能製成洗乾淨一個雞籠的石灰；人體內的磷提煉出來能製成二千三百根火柴；人體還能夠提煉出一勺的鎂鹽，還能夠提煉出破爆一架玩具起重機的鉀鹽，還能夠提煉出為一隻狗除虱的硫磺……這就是人體的價值，總值不到九十八美分。

這樣一種冷酷理性的對人體價值的計算，也許並不很科學；但我們難道不能從中獲得一些人生的啓迪嗎？人之生命的價值，是不能從肉身體現出來的，人成為萬物之靈，成為世界上最有價值的動物，其根本在其人際性社會生命與精神性超越生命。「社會」與「精神」才是自然界最高的產物，是宇宙大化賜給人最好的「禮物」。可見，在我們的一生中，努力使己之人際性社會生命和精神性超越生命成長是非常重要的。這就要用人類歷史上一切文明的成果來滋養我們的精神世界，努力學習各種知識，包括科學、藝術、文學、哲學、道德，等等；同時要提高自我的思維能力、學習的能力、創新的能力、交往的能力和處理複雜問題的能力。只有從這些方面入手，才能使我們的人際性社會生命和精神性超越生命不斷充實，生活不斷豐富，從而讓我們的人生品質得到極大的提升。

在人的精神性超越生命中，我們尤其要注意一種特質：人自知自我的「有死性」並追求超越死亡。凡在地球上產生的生命體，無不都在生生死死之無窮的系列之中。植物的生死處於一種無知無覺的狀態；動物之生之死雖可能有「覺」，但不能自「知」；唯人不僅自知自我的「有死性」，還特別的會採取種種保健的（醫藥、體育等）、文化的（巫術、宗教、哲學等）方式來延遲死亡的降臨或企求永生不死。有許多人刻意去不思死，放棄人類精神意識的這種最重的特性之一，這是非常錯誤的做法。其實，人類的死亡意識是社會發展的主要動力之一。人類社會發展的歷史，從某種意義上說，就是「求生抗死」的過程；在漫長的歷史中，人類經過無數的

觀念探險和無數失敗的實踐活動，的確也尋找到了一條從精神上超越死亡的途徑。

　　人無法觸摸死亡，但卻可以討論死亡。有人說：「人活著就是為了死」，人生苦短，譬如朝露，既然如此，人又為何要苦苦奮鬥呢？反正都是個「死」，何必努力！所以，從人際性社會生命與精神性超越生命的普遍性品格出發，人們無不渴盼永恆性的存在；但人的現實生理性生活卻又是有限的、有死的，而且死亡降臨得相當之快。此一人生的深刻矛盾如何化解呢？我們每一個人在自我之人生過程中，在充分地享受現代化帶來的一切舒適的同時，必須從意識上「先行到死」，從而認識到人生是短暫的，一切的物質享受也都是有限的。於是，我們就可以從埋首於現實生活中超拔出來，可以去沉思人生真正的意義與價值是什麼的問題，特別是能夠去體認人際性社會生命與精神性超越生命存在的真實含義。

　　一般而言，一個沒有超越死亡追求者，在現實生活中非常易於淪入無所事事、無所用心、俗不可耐、斤斤計較的狀態。所以，我們應該在理論上從人生哲學走向生死學和生死哲學，在現實生活中從個我化生存邁向普遍化的精神性超越生命與人際性社會生命的存在，才能最終實現超越死亡，使自我之生死品質得到提升，獲得生與死的幸福和安寧。如果說，人的生理性血緣生命所欲達到的最高目標是「健康成長」，人之人際性社會生命所應實現的是「和諧幸福」；那麼，人之精神性超越生命所應樹立的目的又是什麼呢？應該是「豐富創新」。「豐富」是指人的精神性超越生命要不斷地充實養分，學習一切人類的優秀文化，繼承一切文明的傳統，使我們的精神性超越生命無窮無盡的特質發揮得淋漓盡致。而這種精神世界的豐富化，正是為了實現人們的創新性品格。人們也只有依靠精神性超越生命生產出許許多多的創新之物，才能夠透過精神物能夠永存的特性來超越死亡而達到生命的不朽。

所以，精神性超越生命的本質就是人的本質，其表現爲：永不
止息的探索；永無滿足的創新；追求不朽的生命。

本章主要參考題

1. 生命的概念與人的生命概念的區別與聯繫何在？其與生活和人生的關係是什麼？

2. 何謂生理性血緣生命？我們如何重視與保護生理性血緣生命？

3. 何謂人際性社會生命？我們怎樣展開自我之人際性社會生命？

4. 何謂精神性超越生命？如何豐富自我的精神生命並達到對死亡的超越？

5. 試設想一下，自己與殘疾人換一個位置，或少了腿，或沒有了眼睛、或缺了手，等等，該怎樣生活？並體察生命的價值何在？

6. 試回顧個人的生命歷程，並談一談如何獲得生命的更大意義。

● 本章主要閱讀書目

《聖經》（現代中譯本），香港聖經公會出版。

何懷宏著，1994，《良心論》，上海三聯。

張君勱、丁文江著，1997，《科學與人生觀》，山東人民出版社。

錢穆著，1993，《人生十論》，東大圖書公司。

李建會著，2002，《與真理為友——現代科學的哲學追思》，上海科技
　　教育出版社。

周國平著，1997，《妞妞——一個父親的箚記》，上海人民出版社。

陸幼青著，2000，《死亡日記》，華藝出版社。

周大觀著，1997，《我還有一隻腳》，臺北：遠流出版事業股份有限公
　　司。

沈英甲，1996，《採訪死亡手記》，中國文聯出版公司。

曾煥棠著，2005，《認識生死學：生死有涯》，臺北：揚智。

賀麟著，2002，《文化與人生》，商務印書館。

錢遜著，1998，《中國古代人生哲學》，清華大學出版社。

William Blair Gould（美）著，常曉玲等譯，2000，《弗蘭克爾：意義
　　與人生》，中國輕工業出版社。

第三章 生活真諦

　　生命與生活構成了人們完整的人生，關於生命我們在上一章已做了討論，這一章將主要探討人的生活問題。人人都有生命，表現爲生活的過程；生命追求圓滿，生活尋求美滿。可是，我們常會聽到三種人生的嘆息：一是「我的人生怎麼這樣苦啊！從來就沒有舒心過」，覺得自己的一生都不順暢，吃盡了苦頭，無法認同自我的生活狀態。二是「時間怎麼過得這麼快？轉眼我就這麼大了？」生命過程留不下丁點痕跡，只有起點——懂事時的記憶，以及現時的年齡，生活的水流在人生的指掌間直泄而去，無聲無息，人們覺得時間過得太快了，生活的甜蜜還沒有品嘗夠就已然逝去——後悔莫及。三是「唉，白活了一輩子」。人們回首往事，覺得自己已經逝去的生活毫無意義與價值，無法肯定自我的人生。在生存過程中，人們必須樹立一種觀念：快樂才是「生活」，不快樂只是「活著」；我們當然要「生活」而非僅僅是「活著」。學習生死學與生死哲學，從根本上而言，就是要讓我們解決以上三問，獲得生活的眞諦，從而讓我們在活著的基礎上獲得快樂的生活，實現人生的輝煌。

第一節 生活的本質

　　生活一詞是非常難下定義的。有人說，生活是萬花筒，你每一次拍打都會呈現出不同的花樣；有人說生活是調色板，你不斷地調配不同的顏料，就會顯現出不同的色調。關鍵在於，生活既是平凡的又是多彩的，生活是簡單的也是複雜的，人人都生活在特定的自我的世界中，年齡、文化層次、生活條件、具體的環境、人生背景皆不同，對生活的理解也就不一樣，要提出一個人人都認可的定義實在是很難，幾乎是不可能。因此，對人之生活的理解，必須將其

與生命及人生聯繫起來才是可能的。

一、生活的定義

　　畢世響先生認為：「生活就是生存，具體說來就是人在他的生存範圍內，依靠一定的手段延續生命。生存範圍包括生存時間和生存空間兩個方面。那麼，生存時間、生存空間和生存手段就是生活的三要素。」[1]這種說法是有問題的，生存應該指的是人生命的存在，其與生活的層面應該是有重大區別的。在《辭海》中，生活的條目是從幾個方面來界定的：一是人的各種活動；二是人的生存，活著；三是生涯、生計；四是指工作、手藝或成品，等等[2]。應該說，生活就是人們在生存過程中的活動。從最抽象的角度而言，人生包括生命與生活兩大組成要件，人之生命是一種存在，而人之生活則是一種活動，是人這個生命體在社會中的活動過程。生命的存在表現為人之生、老、病、死的各人生時段的過程；而生活的存在則表現為人的感覺、知覺、享受、品味與經驗的過程。

　　因此，我們一方面必須從生命與生活之異中來理解生活這個概念，意識到：生命是一條時間之流，人們必須從過去、現在、未來的連續性來理解生命。因為，當你沒有過去的生命時，你不可能擁有現在的生命；若你沒有未來的生命，則你已經是一個「死人」，便談不上生命存在了。而生活是生命體存活過程中的一個「點」又一個「點」，乃至無數個「點」組構而成，是生命體對當下此在狀態的感覺。這種生活感覺轉瞬即逝，過去的感覺沒有了，這意味著

1.參見《鄉村生活的道德文化智慧──生活道德教育》，2002，吉林人民出版社，第21頁。
2.夏征農主編，2000，《辭海》，上海辭書出版社，第2085頁。

你過去的生活已然完結（當然還留有生活的記憶）；未來的感覺還沒有產生，這意味著你將來的生活還沒有開始（當然也可以有生活的憧憬）。

另一方面，我們又必須從生命與生活之同中來理解生活這個概念。人的生活感覺不可能憑空產生，必須有物質的承受體，這就是我們每一個人物質性身體中表現出的生命；而人的生理性生命作爲一種存在物，必有所顯現，生命需要透過我們每一個人日常的生活展露出來。因此，我們可以說，生活的感覺實質上即是生命的感受，生命存在的本質所在即是生活的感覺。

二、生活的欲望

從另一視角來看，生活也就是人們在本能及精神意識的支配下產生欲望及求取欲望滿足的過程。但人的欲望是無法填充的空穴，物質生活的富足若不與人之精神境界的提升相配合，則任何滿足人生欲望的行爲都將竹籃打水一場空。當然，我們也應該知曉，欲望也是釀造人生幸福的酵母，因爲人之欲望可以成爲人生動力，促人奮發有爲。人若沒有物質的獲取、感性生活的豐富，則生活索然無味，生命失卻光輝。另一方面，欲望又是人生幸福的殺手，若人之欲望永無止境，現實中的獲取永遠不夠，那麼，人的所有幸福感將被破壞，消失殆盡。

人們在嬰兒時期，生活主要受生理本能的支配，而其欲望的滿足要受到父母、家庭的制約；隨著年齡的增長，主體觀念的作用開始逐漸凸顯，在欲望滿足方面人們越來越多的受到自我意識、生存條件及社會文化的支配，顯現出生活的不同向度與內容。如有些人喜歡工作（賺錢），以爲工作就是生活的主要意義所在；有些人成日沉迷於網路，以爲網路世界就是他生活的全部天地；還有些人

愛體育，生活的時間大部分在運動場上度過；女人們愛美容與時尚，青春永駐是她們的企盼；男人愛喝酒聊天，以為交際才是生活之要務，等等等等。世上每一個人都在生活，但可以說沒有一個人的生活是與另一個人完全相同，無數的人就有無數的生活樣式，產生無數的生活感受，即便是對同一物品的接觸或品嘗，人們產生的感受、感覺等也是不一樣的。人的生活世界於是產生了無窮的豐富性、變化性和不可捉摸性。所以，我們在生活的態度上應該具備完全的開放性，要有容納不同、承認相異的肚量，絕不能強求生活樣式的統一，更不能去要求別人也與自己一樣生活。

　　一般而言，作為人生之基礎的生理性生命，可以用自然科學進行嚴格的分析。但是，人之生是血緣性生理生命基礎上的生活，與生命體不一樣，人之生活的價值是自然科學難以量度的。這不僅僅是因為生活是人的生活，人自身的價值是不能以金錢或物質這樣的東西來衡量的；還在於人之生活是一種活動，無有靜止的時刻，難以去做定量分析；更在於生活在每一個人那裏的表現都是不同的，也就無法尋找到一個統一的價值衡量標準。人之生活中的甜酸苦辣，生活中的情感、感覺、觀念及心理的活動，等等，都如人飲水，冷暖自知的——其感受的程度、體驗的深度、表現出來的反映等皆不一樣，無法統一，這就逸出了科學的定量分析之外。因此，我們必須運用人文的方法，如可以用一種構成論的方法對生活進行較為深入和細緻的把握。

　　生活雖然難以捉摸，難以定義，但生活是有結構的，透過生活紛紜複雜的現象，我們可以發現生活至少有個四方面的構成要素，即：生活的空間、時間、狀態、精神構成。每一種構成要素都給我們如何安排好自己的生活提出了特別的方向與課題。

第二節 生活的空間構成

　　每一個有生命者，皆只能生存在一定的空間範圍之內，人的生活也只是在特定的空間中展開的。雖然現代化的交通設施已經讓我們更方便地從此一空間到達彼一空間，但即便是登上了月球、火星，相對於無限的空間而言，我們所經驗到的地方也還是微不足道的。況且，我們都是普通人，只能生活在一個相對狹小的空間，我們不能只為征服更大的空間而生活，我們必須以品味生活來安排自我的人生。

一、生活角色

　　生活的空間構成使我們每一個人分出了不同的生活角色：首先，我們的血緣生命緣由父母，所以必生活在家庭這個空間中。在此生活空間，我們或為人之子，或為夫，或為妻；或為人之父母，有了自己的子女；我們也許還有兄弟姐妹，有長輩、晚輩等的親屬，這些綜合起來構成了我們的血緣生活。一般而言，人之生活首先展開於家庭之中，其生活的終結也應該是在家庭之內。血緣生活讓人親情綿綿，讓人刻骨銘心，讓人有一些可以不需刻意設防的傾述心聲的對象，讓人有一個可以得到無私幫助和精神心靈獲得撫慰的地方。

　　應該說，血緣生活是我們每一個人生活的起始點、主要的內涵和終結處。絕大多數的人，尤其是中國人，這種生活必不可少，也是貫之終生的空間場所。實際上，人生之中，在家庭內扮演好特定的角色，獲取與保持濃濃的親情，是我們每一個人在生活中都特別

值得重視的目標，也是我們感受人生幸福的基礎。我們的孕育、成長離不開親情，我們的發展也需要親情的扶持，而我們生命終結的時刻，最最需要的也還是親情的氛圍。人生中，最大的擔心也許在孤獨，而只有親情才是消解生活孤獨的最好方式。

所以，親情也許無法用準確的資料來表示其價值的大小，但可以算得上是我們生活中最大的價值之所在。因為，人的生活固然有陽光明媚、大順大利之時，但也常常遭遇風風雨雨、坎坎坷坷，我們只有保持了親情，且釀製出濃厚的親情，才會有人生溫馨的港灣，可以讓我們在生活的拼殺場中疲憊的身心有個休憩之地，使我們重新擁有人生發展的動力。特別是，親情的環繞，是我們每一個人獲得平靜、團聚、舒適感、成就感、幸福感的地方，這是我們生活中不可或缺的感覺。反之，親情的淡薄，將讓人孤苦無依，讓人煩躁不安，讓人痛苦不堪，直至讓人無法安息。

二、生活關係

在生活空間的構成上，人們除了血緣的生活之外，還生活在社會之中，與社會各色人等構成複雜的關係。如與相識者構成的熟人關係，與關係較好者構成的朋友關係，在學校中構成師生和同學的關係，在各類組織中構成同事及上下級關係，在特定地域、社區構成老鄉、居民間的關係，在國家中構成公民與公民的關係，等等。這些人際的關係，形成了我們每一個人生活的主要內容之一，其異常複雜，是為社會生活。

在具體的社會生活過程中，我們不僅時時處於緊張焦慮的奮鬥之中，陷入講求效率和打拼奮鬥的漩渦，而且總是會有不如人意之時之處。俗語云：人難做，難做人，做人難。這常常起因於社會生活的不易把握和處理。人生中生命層面的本質是連續性，而生活

的本質卻是此在性。我們習慣於按生命存在的本質去解決生活中的問題，比如說以連續性、穩定的方式去處理與朋友們的關係，卻發現難以把握其變化，常常會為突發的變化措手不及。因為，今之他已非昨之他，今之你亦非昨之你，甚至今之我也已非昨之我矣！為何今日的朋友可以轉眼變成了明天的仇敵，今天的陌路人卻成明日的好友呢？這一切都是社會生活變化的迅捷性導致的。面對這種狀態，我們有時難以理解，無法適應。又比如在處理與家人親屬的關係時因為沒有察覺時光的流逝給自己與父母、兄弟姐妹、長輩、晚輩的關係帶來的種種變化，而固守原有的人際準則，有時會對某種結果產生極大的失望，以至於我們怨天尤人，手足無措。再如，在某類組織中，我們若不很好地掌握上下級間、同事間的關係都時時在發生變化的事實，並相應地調整自我的應因方式，就會感覺到處處碰壁，人際間苦澀無比，人生之路坎坷艱難。

所以，在我們的社會生活中，必須掌握一條人生的金律：任何人與人的關係、人與組織的關係都在隨時隨地的發生著或明或暗、或速或緩、或內或外的變化，敏銳地察覺這種變化，時時調整自我在其中的地位與作為，是過好社會生活的根本。而人際關係處理好了，將使人們的生活道路順暢和寬闊，人生的成功與幸福也必隨之而來。

第三節 生活的狀態構成

生活是生命體在自然及社會中活動的過程，不僅表現為一種具體的對象化的存在，如吃喝拉撒睡性，如工作休閒交際，等等；同時也是主體人感覺基礎上的一種價值評判，即吃喝是好還是不好，睡眠是否如意，性生活是否和諧，工作是否順心，休閒是否快樂，

交際是否順利，等等。所以，人之生活的狀態往往表現爲建立在人客觀活動過程上的主觀感覺和評價，一種心理與精神的反映。

一、生活狀態的本質

　　如果我們反省自己的一生，可以發現，生活的狀態往往或苦悶或欣喜；或無奈或輕鬆；或悲哀或快樂；或坎坷或順利；或失敗或成功；或艱難或自在；或痛苦或幸福；或低潮或高潮；或粗俗或高雅，等等一系列相反的生活狀態時常相伴著出現在我們的生活之中，讓我們的生活複雜無比，難以預測，更難以把握。所謂隨心所欲的生活，所謂完全幸福美滿的生活，大概只能是一種美好的願望，世上能夠實現者應該說是寥寥無幾。

　　人之生活狀態爲何如此複雜、如此難以把握呢？因爲出現在我們人生過程中的每一種生活狀態至少取決於三方面的因素：一爲個人先天的條件，如智力水準、文化素質、家庭條件等等；二爲外在環境，如生活的具體時空位置、外在的機遇、朋友與組織的幫助力度等等；三是主觀的努力程度，包括個人的奮鬥意志、解決生活難題的能力、自我人生目標的定位等等。三者強弱、高低、深淺不同，讓我們面對的生活過程起伏不定，生活事件層出不窮，生存狀態千變萬化，總之常常使我們每一個人皆難以應對。不過，我們要明白一個道理：人之生也就是適應生活狀態的複雜多變性，去求取生活內涵之豐富和生命價值的最大化。條件是可以改變的，環境也是可以損益的，只要我們主觀上特別的努力，生活總是會朝好的方向發展的，這一點我們要堅信，要有樂觀向上的生活態度。所以，我們固然在生活，我們只能接受現有的生活，我們也許要承受許多生活的痛苦；但同時我們也在支配生活，在打造我們的生活，在努力求取我們生活的幸福。

　　生活並不是一場必須拿滿分的考試，生活根本就沒有滿分。人人都可以參加生活的考試，但絕不會也不能有確定的標準答案。人與人的生活從本質上而言，是無法比較其高低優劣的。因為生活不會有絲毫的停頓，每時每刻都在變化，誠所謂——人生百味，歲月篇章，異彩紛呈。生活這本大書，有許多人讀了一輩子還不知所以，因此，生活要交出一份合格的答卷來談何容易？況「合格」又是什麼呢？我們怎樣來理解自己的生活狀態呢？也許關鍵之一是要有自覺的人生角色意識。

　　在生活這個大舞臺上，我們首先是「主角」：人出生了，有了家庭生活；懂事了，有了情感生活；長大了，有了社會生活，等等。最後是謝幕——走向生活的終結。我們的一舉一動，我們的追求與企盼，我們的成功與失敗，我們的收穫與失落，我們的歡樂與煩惱，等等，都構成了生活這齣大戲的內容，都是我們用生命在演出，可不慎乎？另外，我們又是「配角」，是與我們有關係者之生活、相識者或不識者的生活，以及整個社會生活的配角。我們的生活努力實際上並非完全為了個我，而是關乎其他許多人是否幸福，能不努力乎？我們還是生活大舞臺的「編導」，我們要吸取前人的生活經驗，也要在生活中提煉昇華出人生智慧，一方面引導、駕馭、支配自我的生活，讓其更豐富多彩，更如人意；另一方面，我們還要扶持下一代，幫助其他人，讓他們的人生也能輝煌成功。生活的考試沒有統一的答案，卻有在生命結束時的靈魂之問：這輩子值得嗎？我們或回答「很值得」，或覺得「還過得去」，或感到「不值」，甚至「後悔莫及」，每一思及此、念及此，我們能不加倍努力嗎？

　　可見，人生活的本質在成長與發展，因此必然會有許多的不如人意、造成人生痛苦的生活狀態出現，這是人所不可抗拒的。明白這個生活中的必然，我們就應該對這些負面的東西採取冷靜承受的

生活方略，在心理上、精神中培養出某種接受挫折的勇氣，提高自身在逆境中不被擊倒的能力。其實，生活就是苦中釀蜜、煩中取樂的過程，我們只要沉著應對生活中的風浪，運用生活的智慧消解不利狀態，這之後一定會有正面的順心的生活狀態出現——這是我們要堅信的，猶如黑暗過後一定是光明一樣。

二、生活評判

　　生活過程中的許多遭遇是我們人所不可扭轉的，但對生活狀態的評判卻取決於我們主體人的觀念。意識到這一點非常重要，可以損益或改變我們許多生活的行為。一般而言，為何有一些人難以忍受生活的重壓，以至於在某種生活狀態下自尋短見呢？其實，這樣一種行為並非源於實際的生活狀態，而是源於他自己輕棄生命的觀念。生活狀態再苦、再難忍受，在我們思想意識的深處，都應該構建一種健康的評價和判斷，一來以艱難險阻終會過去來勉勵自己；另一方面則充分發揮自我的主觀努力與尋求他人或社會的幫助來克服目前的困境。最後，走出生活的陰影，迎接光明。還有一些人是所謂「身在福中不知福」，沒有感恩的心態，生活狀態非常好卻不自知，仍然天天過得味同嚼蠟，無精打采。這就必須建構一種生活中正確比較的智慧，善於與別人的生活進行橫向的比較，也要善於與自己過去的生活進行縱向的比較，由此來確立自我生活狀況的真實，以肯定生活，擁抱生活，特別是——贏得生活。

　　所以，我們應該把生活藝術化，也就是說，對生活的實然狀態進行人文的觀念轉化、加工與昇華，使之具有源於實然又高於實然的美學性。在美的創造中，在美的觀賞中，在美的享受中，我們的生活狀態無論其性質如何，都將展示給我們好的一面，都將讓我們擁有生活的幸福感。其實，生活最重要的內涵之一情感滿足就包括

藝術美的欣賞、人倫情誼的陶醉在內。在生活中，美是人對自然、社會、人生的一種關懷和欣賞。人應該常常讓自己遠離名韁利鎖，散步於青山綠水之間，立於蒼穹之下，去感悟自然與生活之美。和諧的人際關係，溫馨的親情和友情，美滿的愛情與婚姻，都是我們生活中的珍愛，生命的擁有，這構成了人生之美。

生活本來就是一條寬寬窄窄、高高低低的路，有的地方荊棘遍布，有的地方鮮花簇擁，因此，人生就是一苦澀的追求與輝煌的跋涉。我們要有平常心、樂觀心、不畏艱難險阻的心，不乞求生活的奇蹟，但做生活中的強者。我們每一個人都夢想著過一種隨心所欲的生活，亦即生活的狀態完全符合個人的主觀企盼，現實的物質生活與個人之精神意識的追求完全相符，但這可能嗎？精神是自由的，他可不受束縛、漫無邊際地做「逍遙之遊」；可我們的肉身、具體的現實生活卻受種種條件、環境的影響，只能「腳踏實地」。我們常常痛恨於現實生活的殘酷，為何把我們的夢想擊得粉碎；我們也常常措手不及，因為現實的生活狀態突然溢出了我們觀念的把握之外。

雖然我們在生活中總是覺得不能「心想事成」，常常碰到「心想事不成」、「心沒想事卻成」的狀況，可我們都得對自己的人生有一種肯定的評價。因為，生活的本質即是一種追求過程，執著的生活便是我們活著的真諦。痛苦也罷，快樂也罷，平淡也罷，輝煌也罷，都是我們的生活，都是我們唯一的生活經歷，全然接受並回味咀嚼，在痛苦中反省，去釀造更多的快樂；在平淡中積累，去爭取更大的輝煌，這才是一種好的對待生活狀態的大智慧。

生活中是痛苦還是幸福，往往源於人主觀感覺和評價。一個好的情緒可以讓我們感受生活中好的一面，可以減輕或忽略生活中的痛苦；而不好的情緒則會加劇痛苦，讓我們對幸福視若無睹、毫無察覺。人生快樂的獲取更多要靠良好的心情與感覺。要正視人生，

必得正視痛苦；沒有痛苦的參與，也就沒有人生的價值與意義，從而也凸顯不了快樂的珍貴。生活中的痛苦與快樂永遠相伴相隨，我們要堅信：生活中有多大的痛苦，則必會有多大的快樂緊隨其後。當我們面對痛苦時，想到快樂也將來臨時，則我們會有信心熬過痛苦，迎接快樂。但另一方面，我們也不要完全沉緬於快樂時光，要念念不忘痛苦可能隨時會降臨，要小心處事，避免樂極生悲。

第四節 生活的時間構成

人生活的空間構成與人生活的狀態構成，皆是在人生活的時間構成中存在並展開的。時間是我們人生脫不出的「如來佛的手掌心」，無論我們多麼富有、多麼優秀、多麼神通廣大，皆逃不出時間的控制，這就是我們生活狀態的真實所在，也是我們人生的宿命。我們應該常常捫心自問：人生的舞臺究竟有多大？能容納我的人生空間有多寬？人生的舞臺能存在多久？我們從生到死的距離為幾何？這樣的人生反省，應該貫之我們的終生。

一、「時間老人」

一個人在母腹中孕育，然後出生成為嬰兒，這時他或她的生活完全靠父母家庭的照料。再長大經過了童年、少年的階段，開始有了自我的意識，學得了更多的知識。人進入了青年時期，他或她的主要生活空間漸漸廣闊起來，在家庭之外，人們更多的要在學校、組織、社區、國家中活動，要與各種人發生各種關係。緊接著，時間老人引導我們步入壯年，又進入老年，最後迎來生命的終結。這整個的過程，便是我們生活的時間構成。不要以為人生的旅途可以

漫漫無際，跌宕的生活可以永遠持續，人的生活從來都是十分短暫和有限的。隨著我們每一個人年齡的增長，我們不僅要承受生活之重——如何實現自我的理想，體現自我的價值；同時我們還要承受生命之重——時間的流逝意味著我們離人生的終點越來越近。

時間「老人」在不知疲倦地向前行，讓我們每一個人都被動地跟著走。當然人是萬物之靈，與動物完全被動地拖著走不同，我們可以自覺到「時間老人」的步伐，去適應、配合，獲得一些時間上的主動權，取得儘可能好一些的生活狀況。因此，在不同的人生階段，我們需要樹立不同的人生課題，分別以不同的努力去實現各個人生目標。比如在人之童年及少年時期，主要的人生課題是學習人類積累的文化知識；青年、壯年時期則是努力工作獲得收入、奠定社會地位的時期；老年階段則是頤養天年，以求高壽的階段，等等。若混而不清，在童年、少年時期不去努力學習知識，而是迫不及待地要去工作；青壯年時便只想著如何享受；老年了也不知身體的極限還在拼命工作，這樣的話，人的一生將徹底搞亂，生活狀態一定很糟。人生應該不時的要有緊迫感：自己為親人、他人、社會做得太少，需要努力。這種有時顯得莫名其妙的人生惆悵可以轉化為人生的動力，即便身陷困境也能堅強而充實。只要積極的生活，人生就是美好的，活著就是幸運的。

生活中的回憶是對抗「時間老人」的一個籌碼。一者，我們要對過去人生經歷多加回味，會體察出過去身處其境時並未覺察的新意義和價值，這是對人生的豐富化。二者我們要多回憶過去甜蜜的時光、成功的時刻，這可以減輕現時人生的重負，帶來微笑、帶來陶醉和幸福感。三者我們還可以回味過去人生的失敗，吸取經驗與教訓，以利於今後人生之路的展開。善於回憶，並在回憶中獲益，無疑延長了我們生命的時光。這就需要我們用心去活，感受到每一天都是新的，生活這本人書是需要細細品讀的。這就要求我

們主動地融入生活、感受生活、體驗生活、享受生活，特別是要去品味，讓生活累積沉澱，使生活的精彩永駐心靈。一個人的回憶若是一片空白的話，那是因爲他或她沒有用心去生活，留不下什麼人生的印跡，如此，其人生一定過得特別快，轉瞬即逝。如果人們不僅在生活中用了心，而且善於回味往事，則猶如在釀造生活之酒，漸漸地製出了醇厚味美之「生活佳釀」，個中濃縮了許許多多的人生況味，增添了豐富的人生閱歷，解讀出更大、更多的人生意義與價值。讓我們用智慧、情感和美好的回憶使生活充滿詩意，這正延伸了我們的生命時間，讓我們在一輩子的物理時間內，活出了兩輩子、三輩子、四輩子乃至更多的生活時間，這也是一種「生」對「死」的超越。

二、生活時光與人生物理時間不等式

時間單向均勻的永不止息的流淌，我們的生活被其裹脅著也在流逝。生活狀態的新陳代謝與自然界一樣，都是一去不復返的，是爲人生的物理時間。可是，人生活的大智慧在於：在相同的人生物理時間內，我們能否獲得更多的生活事件、更美的生活滋味，讓我們的人生更加豐富、更加輝煌？也就是說，如何在一定的人生物理時間內，使我們品嘗到更多的生活甜蜜？如果達到了這樣的狀態，就可以說，實現了生活時光的相對延長，這就是所謂生活時光與人生物理時間不等式。這樣一個不等式的基礎是：人生時光是人生物理時間中加入了人的情感、心理與精神的因素，這樣，在人之感覺與感受的層面上，兩者的長度是不一樣的。所以，人生時光與物理時間不同，是可伸可縮的，也可前瞻和回溯；特別是，人生時光具有很強的操作性，在不同的人生努力面前，人們可以獲得完全不同的人生時光；而人生的物理時間則只能是單向前行，且幾乎沒有什

麼可操作性。

關鍵在於我們有一個什麼樣的人生態度。我們是願意過一種風平浪靜的日子，還是喜歡在人生的大風大浪中前行？我們是在人生險阻前望而卻步還是迎頭挺進？生活的辯證法就在於：當一個人生活狀態的起伏越大，則其人生的內涵就越豐富；相對於一個生活狀態穩定者，他或她就在相同的時間內獲得了更長的生活時限。所以，在人生過程中，我們不僅要去追求幸福與順境、快感與快樂，而且也要把痛苦、坎坷、悲傷等等人生的負面經歷，當作豐富人生內涵的部分坦然地承受下來，這都是我們的人生經歷與經驗，都是我們人生時光的延長，從而是我們超越人生物理時間限囿的「本錢」。

所以，人的生活時光與客觀的物理時間不是一個概念，其客觀的長度雖然一樣，其內涵卻可以大相徑庭，因之，在人之主觀感覺上的長度也就不一樣。一個生活內涵貧乏者，意味著其人生過程中無甚風浪，生活平淡如水，經歷乏善可陳，其物理的人生時間也許較長，活了八十或一百歲，但其生命的意義與價值卻較低，因為其品嘗到的生活滋味太少。而一個生活內涵豐富者，經受了無數人生風雨的洗禮，品嘗到各種各樣的人生滋味，經驗過許許多多生活的事件，那即使他或她人生的物理時間較短，只活了五十歲或更少，可其生命的意義與價值卻較大。若兩者活了相同的物理時間，後者應該說活了比前者多得多的生活時光。也即是說，生活內涵的豐富性可以延長我們人生的物理時間。我們若能善用此生，就可以讓死神更晚出現，即使出現我們也因為「活夠了」而心安瞑目。

還有一種情況是：透支生活——為了更有滋味的人生時光而縮短了人生的物理時間。有一些人，他們抱持著「過把癮就死」的生活信念，壓縮生活以增加生活的強度，試圖品嘗更烈性的生活滋味。比如去吸毒，或不惜犯罪去獲取金錢以供揮霍，等等。吸毒是

透支生命健康，毒品的滋味也許讓人飄飄欲仙了，可其人生卻因生命受損而大大縮短了，為了單位時間內更強烈的生活感受失去了整個生活世界，這是最得不償失的事情。那靠非法手段去獲取不義之財，以供個人揮金如土的生活者，可能真的得到了超出其能力與機遇的生活水準，但是，他或她的日子是在膽顫心驚中度過的，他或她極有可能被拘捕，餘下的生活就可能在監獄裏度過了。這意味著，其為了某段生活的奢侈而犧牲了另一段生活，讓另一段生活變得不堪忍受了。從本質上而，這是太重生活時光而縮短了人生的物理時間，憂鬱和沮喪必讓其生命時限減少。可見，在生活的價值取向上，「透支生活」不是一種好的生活態度，對我們的人生貽害無窮。

第五節　生活的精神構成

雖然我們可以在生活內涵上，透過追求豐富性而達到在一定的物理時間內延長生活時間；但人類的有死性，必使我們萬分不捨的感性生活終有一天會戛然而止，無論其有多麼的豐富多彩，這常常引伸出我們淡淡的哀傷和嘆息。因此，在生活的領域，一個重要的問題是解決感性生活因為人之有死性而必然會結束與每一個人都希望自己能夠永遠過幸福生活之間的緊張。

一、物質生活與精神生活

我們知道，因為人之生命可區分為血緣性生理生命與精神性超越生命，相應的，人之生活也可分為物質生活與精神生活兩大類。物質生活主要是人們對實體的物品的消費過程，而精神生活則是人

對無形的精神產品的消費。隨著社會的發展，人類科技水準的提升，人類物質性消費的量呈相對下降的趨勢，而在精神性消費方面則呈相對上升的態勢。人們在吃喝好的基礎上，又有了保健美體的需求；人們在穿暖穿好之外，美學的需求越來越高；人們在休息好的前提下，又有了釋放自己喜好的休閒之求，等等。而對新知的渴望，對創意的推崇，對新奇的狂熱，對愛、尊重、成就感、和諧等心理及精神要素的需要更是整個人類在二十一世紀的突出特點。

我們固然要關注並努力於物質性生活水準的提升，這是我們生命存在及發展的基礎；但我們更應該把精神生活置於一個更重要的位置。有許多人沉浮於肉欲的海洋，只知物質性享受，成天思念的是金錢與財富。也許他或她真的非常有錢，物質享受也達到相當水準，可是如果其精神領域荒漠一片，不求新知，不懂音樂，不讀書，不關心心靈的安頓，亦無歷史與文化的素養，貧乏的精神世界將扼殺其生活的勃勃生機，無意義感也一定會在他或她人生中的某個階段悄然冒出，而心理與精神的疾病也將會纏住其身。不過，我們也不要忽略另一種傾向，即有一些人，只要精神生活，貶抑物質性生活，認為兩者處於水火不容的兩極，物質性生活會妨礙精神生活。這一類人如苦行僧，叫做「了無生趣」。實際上，豐富的物質生活，正展示了人作為一種智慧生物的優越性，也是我們應該在生命歷程中所應該得到的。

人生快樂的基礎是物質，是外界客觀事物對我們肉體感官刺激引起的主體感受；而人生幸福則是一種快樂基礎上的精神與心理的愉悅。快樂是幸福的前提，但有些快樂並不必然產生幸福。快樂狀態必須有物質的基礎，而幸福多屬主觀境界。所以，快樂是生活之事，幸福則是生命之事。我們一定要找到物質生活與精神生活的結合點——以物質生活來培育精神生活，以精神生活來引導物質生活，既獲得快樂，更獲得幸福。使我們的身心皆獲得良好的滋養，

身心皆健康，生活與生命皆得其所，這樣，才能眞正實現人生的幸福。

　　如果從性質上而言，人之物質性生活嚴格地遵循物理時間的單向性，也就是說，人們生活的過程、內容、滋味等都在發生後便一去不返，永遠也不可再現。我們每經歷一件生活的事件，都是唯一的、不可重複的，從某種意義上說，這也是人物質性生活的「有死性」。人生過程實際上也就是人的物質性生活的不斷展開並逝去，最後累加止於「死」的過程。但是，人們的精神生活則不同，一方面人們在思維中，可以自由地沉潛於過去的回憶世界中，亦可遨遊在未來的生活世界，這是一種對有限人生的超越；另一方面，人們的精神意識可以凝聚成某類精神的產品，其刻上了自我精神意識的深刻烙印，可以超時空的存在。我們一生中創造的精神產品越多，其累加的結果是越能實現生活的永恆性，這即是精神生活的不朽對物質性生活「有死性」的超越。

　　人是生活舞臺的匆匆過客，人們常常彷徨、傷感、猶豫，因為覺得抓不住生活，日子過得太快，生命流逝不可阻擋。這時，我們必須從現實的物質性生活中超拔出來，從人之精神生活存在的永恆性出發，來實現人生的超越性。一個現實中的人如果意識到精神生活存在的普遍性才是我們人生活中眞諦的話，就不會完全埋首於現世的物質利益的獲取和現時生活的享受，而會積極地追求超越性的東西，以實現生命存在的永恆性。一切物質性的東西，如金錢、房屋、遊艇、度假等等都是可變的、易逝的、易失的，在人之生活中它們雖然不可或缺，誘惑極大，但卻無法使我們獲得生活的超越性。所以，人們應該在現實的生活過程中，去多多地進行精神性生活的創造，把自我之生命、心血凝聚成某種永恆之物，如道德文章，如豐功偉業，如某項發明與創造，等等。一當我們的生命必不可免地結束時，這些包含著我們心血的精神創造物便能夠使我們在

死後永存。

二、古代賢哲的生活智慧

我們可以從中國古代哲人的追求中體會到人們超越物質性生活的個我性達至精神生活存在普遍性的重要。宋代大儒張載曾有一句名言：「存吾順是，歿吾寧也。」「存」與「歿」恰好就是生與死。當一個人在平常的物質生活中，能夠時時有「民胞物與」的胸襟，能視天地萬物爲一體，那麼，便能夠在精神生活中的每一刻感受到「天地」雖有損益，但本質上則是永恆；「生命」雖然有生死，但其精神性存在卻是不朽。儒者的生死理想實際上就是：在人精神生活的層面溝通自我與他人、與天下之人的存在，從而獲得了生活目標與人生的終極價值追求，那就是「修身齊家治國平天下」。於是，人們就可以在日常生活中孜孜不倦地做超越個我生活之事，達到人生過程中的個我性與精神生活存在的普遍性相整合。人之精神生活普遍性的達到，就能夠實現死時之「寧」、之無所遺憾，這樣也就實現了人生之最高理想——精神生活的普遍性、超越性和人生的永恆性，此即成爲了所謂君子、賢人和「聖人」。

中國古代的道家學者又是如何達到精神生活永恆性的呢？道家學者要求人們在日常的個我化的生活中要努力於實現「不以物累形」，不以事拘心，即不去孜孜於外物的追逐，也不受到外事的拘累；再進而實現「生無所喜，死無所悲」之「生死齊一」的境界，即從身、心、靈的百般拘累中超拔出來，如此便能夠直接把個體人的肉體生活提升爲精神生活存在的普遍性，從而達至永恆性和超越性。此即所謂「眞人」、「至人」和「神人」。

所有這一切歷史文化的觀念都教導我們：在物質性生活之外和之上，我們更應該重視自己的精神性生活。一個好的人生，一定是

物質性生活與精神性生活各得其充分展開的人生。我們當然要深深品嘗物質生活的美好，但更應該去求得精神生活的豐富，這不僅僅是我們「生」之需要，更是我們超越「死」之必要，這即是人類生活的眞諦與智慧所在。

本章主要參考題

在新華網河北頻道「燈火闌珊論壇」和繽紛校園網中有以下二段關於生活是什麼的討論，仔細閱讀這段材料並回答這樣一些問題：

1. 如何理解生活這個概念？生活與生命及人生的概念的聯繫及區別何在？

2. 何為生活的空間構成？理解這一概念對我們怎樣生活有幫助嗎？

3. 何為生活的時間構成？理解這一概念對我們獲得更好的生活有何益處？

4. 何為生活的精神構成？我們怎樣才能實現生活的永恆？

5. 你對自己已經歷的生活狀態如何評價？

6. 在反省自我生活狀態時，如何構建生活的智慧並走好自我的人生之路？

材料一：《帖子主題：生活是什麼？》（新華網河北頻道「燈火闌珊論壇」，2005年8月30日）

　　夢荷（級別：新手上路；積分：10；經驗：55；文章：8；註冊：05-08-28 22:06；發表：2005-08-30 22:57:46 人氣：188）：生活是什麼？以下是我們大學同學對「生活」的描述：

　　　生活就是一大段甜蜜又淒涼的日子，叫人想想想哭，想想又想笑啊。生活，就是湊合活著唄，不用比一般

人好，也不能比一般人差，如此而已。生活是我的女友，我們在相互的撫摸中，老去。生活就是個念頭，一轉眼就變了！生活就是一場隱隱約約的受難和偶爾的甜頭。為了五分鐘的甜頭我們可以付出五十年。生活就是奮鬥，為了自己，為了家庭，為了一個一生相伴但還未出現的女人。歡迎大家繼續對這個話題發表自己看法啊：有一種感覺總在失眠時，才承認是相思；有一種緣分總在夢醒後，才相信是永恆；有一種目光總在分手時，才看見是眷戀；有一種心情總在離別時，才明白是失落。

淩雁（級別：光明使者；魅力：2；積分：2373；經驗：51320；文章：2266；註冊：05-08-29 12:02；發表：2005-08-31 09:49:34第2樓）：覺得只有最後一段有點道理。

朔裕（職務：論壇版主；級別：精靈王；積分：1034；經驗：8078；文章：990；註冊：05-03-18 14:45；發表：2005-08-31 12:21:46第4樓）：這就是生活——我願意，放棄一個人的堅守，和她在一起，好好呵護她，免她驚，免她苦，免她四下流離，免她無枝可依……

颯雪之舞（級別：新手上路；積分：5；經驗：50；文章：4；註冊：05-08-31 15:14；發表：2005-08-31 15:27:55第5樓）：生活就是一個人在這個世界的一次冒險，我們要不斷的摸清楚未知的下一刻，要不斷的打拼努力，要結交同伴，要劈荊斬棘，迎接暴風雨，

要面對大太陽，享受豔陽天，但我們卻不能放棄，如果你倒在了路上，誰還能幫助你完成屬於你自己的，前途，無論如何，應積極面對。只希望永遠的平安，快樂所有的人。

司文郎（級別：新手上路；積分：10；經驗：156；文章：10；註冊：05-08-10 16:03；發表：2005-09-01 07:39:01第7樓）：生活就是——每個人心中都會有自己的理解和答案，經歷不同，感悟不同。

有花有酒春長在，

無燭無月夜自明。

材料二：《生活是什麼？》（繽紛校園網：校園情感，2005-12-20）

上帝在高空中探視人間，看著來來往往不同表情的人，一時的心血來潮便向人間提出一個問題：生活是什麼？

庸人回答：生活就是給你的一段打發生命的時間。

偉人回答：生活是上帝給你的為人類帶來進步的機會。

消極的人回答：生活是折磨你至死的毒藥。

樂觀的人回答：生活是讓人不斷獲得快樂的興奮劑。

上帝摸摸鬍鬚，仔細聽著。

情侶回答：生活是塊讓人著迷的軟糖。

老夫妻回答：生活是根讓人相互扶持的拐杖。

寺中和尚回答：生活是種坦蕩無牽掛的心態。

上帝點點頭，用一隻手托起下巴，若有所思。

幼兒回答：生活是空中自由飛翔的小鳥。

小學生回答；生活是根在眼前晃動的香腸。

中學生回答：生活是付讓人頭疼的深度眼鏡。

大學生回答：生活是隻即將試飛的鷹。

…………

上帝搖搖頭，不再看人間，他要過他自己的生活。

● 本章主要閱讀書目

何懷宏著，2001，《生命與自由》，武漢：湖北教育出版社。

賀麟著，1988，《文化與人生》，北京：商務印書館。

黃應全著，1998，《生死之間》，北京：作家出版社。

凱西爾（德）著，甘陽譯，1985，《人論》，上海譯文出版社。

李德順著，1987，《價值論》，北京：中國人民大學出版社。

弗蘭克（奧）著，趙可式等譯，1998，《活出意義來》，三聯書店。

鄭曉江、鈕則誠主編，2005，《解讀生死》，社會科學文獻出版社。

盧風著，2002，《享樂與生存》，廣州：廣東教育出版社。

第四章　人生智慧

前二章，我們已就生命與生活各個層面的問題皆做了闡述，現在可以對人生的概念有更清晰的理解了。人生實際上即是生命體在時間延續中的存活與活動過程，是人之生命與生活的和合體。一方面，表現爲人之吃喝拉撒睡性等的生理性生命活動；另一方面則又是人之精神性的感覺、感受及價值追求的生活過程。後者實際上對前者產生了引導、調節 制約、規範等等的作用，而前者是後者的基礎與內容。在這一章，我們將從揭示人生實相入手，解答一下何爲人生幸福、何爲人生痛苦的問題，並進而提供一些有關的人生智慧，以解決我們面對的複雜的人生問題。

第一節 人生實相

人生在延續過程中的複雜性與生命內涵的豐富性，讓我們這些人生的擁有者對人生的實相常常無法把握，尤其是說不清楚。因爲人生是在社會中孕育和成長，其過程與純粹的自然環境下生存不同，充滿著種種變數，可謂是起伏不斷、曲折坎坷、前景難料。人生雖在我，可人生的過程卻不取決於主體的意志和願望。人生的狀態雖然有幸福，但也充斥著痛苦；有心想事成的時刻，也有處處碰壁的時候。回顧往事，常常會讓我們唏噓不已，感嘆萬分。人生的實相猶如變幻莫測的空中雲朵，變化迅捷，難以定形，難以述清。

一、人生之「煩」

實際上，憂、畏、煩、痛苦是人生的實相之一。人一生下來，擁有了人之生，自懂事時起，便與憂、煩、畏、痛苦與不幸結下了不解之緣。存在主義認爲，人生在世，不但總是在爲他人、他物而

煩，而且也爲個人的不斷選擇而煩。人生的基本內容就是「煩」。雖然如此，我們每一個人都應該明白，眞正好的人生即是體驗及面對「煩」，把煩視爲人生的一面鏡子，從煩中尋找人生意義，使「煩」成爲人生的原動力，從「煩」中吸取力量，在不斷選擇的過程中去創造自我的新生活。

　　臺灣嘉義大學的陳芳玲教授曾經在一個讀書會中，讓每個學員都取一根鐵絲，以人生的失落爲主題，按自己生命過程的起伏來摺，然後讓大家分享各自的經驗。一位學員手中的鐵絲開始摺得比較平緩，他說前幾年過得很平順；然後鐵絲突然摺成下凹的形狀，他說這幾年婚姻遭到重大的挫折。另一位學員摺的鐵絲一直往下凹，她說三年前她診斷出癌症，公公婆婆爲探望她雙雙在高速公路遇車禍而亡；不久，她兒子也被診出患了血癌。前一位學員聽到這樣悲慘的故事，卻發現她摺的鐵絲凹下的部分還沒有他那麼深，忙說：「我要改過來。」說著，他把鐵絲凹下的部分改平一些。「這個活動讓他的傷口得到某種程度的撫平。在分享生命中失落的故事活動中，成員可以慢慢回顧生命中那些痛，並以今日之心境看當時的失落，有時學員會表示自己似乎誇大了傷痛；有時因分享別人的傷痛故事，而逐漸減輕自己的傷痛，特別是碰到比自己更不幸的人。」然後，陳教授又讓大家把摺好的鐵絲倒過來，問大家發現了什麼。有多位學員表示：「當時的得失已很難區分，也許得失是相對存在的，沒有失無法知道得。」陳教授又問：「凹痕的最底端代表的意義是什麼？」學員的回答是：「黎明前的黑暗；再壞也是如此，沒什麼好怕；往上好轉的開始。」陳教授最後要求學員：將鐵絲恢復原狀，結果當然是不可能的，再讓大家發表意見。學員們紛紛表示：生命一路走來，凡是走過必留痕跡；生命會好，但不會『完全』（台語），傷口會好，但不會不見，必留下疤痕。他們體

驗到這就是生命的本質。」[1]可見，人生狀態的相對性存在，人生性質在比較中才能掌握，人生走過必然會留下點什麼，而無論是正面或負面的人生實存，都是我們人生中寶貴的經驗。這些可能就是我們每一個活著者人生的實相，值得我們每一個人玩味、深思、體驗和貫之以生活實踐。

二、「人生木偶」與自做主宰

在現代社會，如果想轉化「煩」的人生實相，讓我們的生活變得歡快和幸福，則必須凸顯自我生命的本眞，做人生的主宰。如果你習慣於完全按長輩的心願或社會的規定來生活、來塑造自我的人生，那很可能沒有了「自我」；特別是，若一個人完全沒有自主意識，一切的一切都受他人的意志操控，或者一個人的一生皆被動地受到自我內在生理性欲望的控制，那還是無「自我」。沒有「自我」者，便可能成爲「人生木偶」。

人若想做自我人生的主宰，就要找回自我，成就自我。要以長期經驗與學習凝聚成的文化素養爲基礎，培養自己反省人生的能力，透過自我覺醒確立主體性。人生的尊重並非源於他人的尊重，而是自作主宰式的自我尊重，這就是我們人生中的眞理。

爲此，我們要培養一種「倖存者心態」來應對世間萬象。所謂倖存者即是在大災大難、甚至死亡脅迫下躲過來、挺過來者。從狹義的角度來看，倖存者似乎只是芸芸眾生中的一小部分，但廣義來看則不然。我們每一個人都可以說是生活的倖存者，因爲人總是要死的，而死亡在何時降臨也無法準確預測；況且人生中的災難與

1.參見〈生死教育與悲慟輔導：我的教學經驗與省思〉，載《生死教育與輔導》，洪葉文化事業有限公司，2002，第27-28頁。

痛苦可以說是常常會降臨的，我們在這樣的人生實存中應該昇華出倖存者的心態。也就是說，在人生過程中，要有死亡的意識，否則我們抓不住生活，豐富不了生命。我們要以人人必死的人生實相來時時警示生活的有限性，以一個倖存者的心態來對待生活中的每一天、每一時、每一個人生的事件、每個與他人的交往時刻。這樣，人們才可能真正超越憂、煩、畏、痛苦與不幸的狀態，全身心地擁抱生活，享受生活，不僅接受人生幸福，也甘願承受人生的痛苦與挫折。一個人不執著於「生」，才會有真正的「生」；不執著於「死」，才有真正坦然的「死」。生死皆自我承擔，自做主宰，才能獲得生死皆自由的理想境地。

所以，我們要善於從生命的殘缺，甚至凋零中理解人生的圓滿。人生狀態是在比較中才能凸顯其存在之性質的，一個人僅僅局限在自我生活中難以瞭解其真實狀況。許多人為何身在福中不知福，更無「惜福」的觀念？就是缺乏比較人生的視角。如果我們同身心殘障者生活一段時間，便會知道自己四肢健全是多麼的可貴；如果我們悉心去照顧病患者，會從心底感謝這一「人生的老師」，因為他們以身示範，讓我們知曉自己的生活狀態是多麼的幸福，讓我們明白「珍惜當下」的重要與必要；如果我們還能與臨終者相處一會兒，我們會更珍惜自我之生命與生活，更懂得如何善用此生，怎樣去把握人與人相識的緣分。這即是我們從與殘缺生命的比照中得到了人生的圓滿，也在相當程度上消解了人生中的憂、煩、畏、痛苦與不幸。

第二節　尋找人生幸福

　　生活是生命的延續與活動的過程，動物只是生存，只有人才有所謂生活，因為只有人才具備了是非、美醜、好壞、優劣的價值判別，並自覺地去求是去非、求美棄醜、獲好斥壞、得優排劣，等等，整個過程便構成了人生。雖然人人都在生存與生活，但性質與感受是不一樣的，這就有了幸福和快樂與否的問題。

一、幸福生活究竟是什麼

　　人生在世無不追求幸福與順境，無不祈求美滿與快樂，但每個人如果捫心自問：直至此刻的我的人生，是幸福多還是痛苦多？是順境多還是挫折多？是快樂多還是煩惱多？大多數人皆會在回顧之後，覺得自己屬於後者而非幸福的前者。

　　在幸福與否的問題上，我們常會遇見許多不可理喻之事：有的人處境不妙、災禍多多，別人都覺得其苦不堪言，他卻自得其樂，好像很幸福的樣子；有的人似乎事事引人羨慕，大家皆覺得其幸福得不得了，可他卻苦惱萬分，一點樂趣都沒有。林妹妹身居大觀園，什麼都不缺，大家都寵愛她，可她卻成天以淚洗面，最後憂鬱而亡；阿Q窮得一無所有，吃了上頓沒下頓，卻成天樂樂哈哈，沒有多少煩心的事，最後以「老子十八年以後又一個」的豪情壯語結束了自己快樂的一生。

　　世間的事情就是如此不可思議，我們有時覺得追求到了某些東西就會很幸福，可是一當到了手，又覺得不過如此；處於同一種生活的狀態，有些人覺得幸福得難以消受，另一些人則感到痛苦萬

分。

　　於是，我們不禁要問：幸福生活究竟是什麼？是由什麼來決定的？是由客觀的物質生活條件來決定，還是由主觀的感受所確定？也就是說，幸福生活是一種物質生活資料擁有的多，還是一種精神上的感受與體驗？究竟如何才能獲得生活的幸福？

　　西元前六世紀，傳說中的古希臘「七賢」之一的雅典人梭倫在旅行途中見著了呂底亞國王克洛伊索斯，他非常自負，也非常滿足，急於想在客人面前炫耀自己的財富與幸福，可梭倫所舉出的幾個幸福者把他完全排除在外，國王很不高興，梭倫講出了自己的幸福觀：「我認爲你極富有並且統治著許多人，然而，你所提的問題，只有在我聽到你幸福地結束了你的一生時，才能夠給你回答。毫無疑問，縱然是富豪，也不能說他比僅能維持當日生活的普通人更幸福。因爲許多有錢人並不幸福，而許多只有中等財產的人卻是幸福的。沒有一個人是十全十美的，他總是有某種東西卻又缺少另一種東西。擁有最多的東西，把他們保持到臨終的那一天，然後又安樂地死去的人，我看才能給他加上幸福的頭銜。」

　　智者梭倫所認定的幸福生活是什麼呢？第一，幸福不等於財富多、權力大，財富加德行才是幸福。第二，幸福是善始善終的生活。富豪雖然擁有巨額財產，但世事難料，除非能把這些財富充分地享受，直至人生的終點站，否則不如一個窮人。第三，一個人擁有中等程度的財富是幸福的最好保證。極富有和極貧困都易遭受災難，中等財產的擁有者比較穩定，較少遭到災禍，並可以更多地關注自己的身體健康、生活的安定和家庭的和睦。

　　另一位智者赫拉克里特認爲，人生的目的就是追求理想的幸福生活，而人的精神快樂高於肉體快樂，他說：「如果幸福在於肉體的快感，那麼就應當說，牛找到草料吃的時候是幸福的。」聖哲蘇格拉底認爲只有良好的道德品行者才能獲得幸福。柏拉圖先生則

把快樂與幸福區分開來，認為快樂屬於人之感性的領域，是一種情欲，是人的感官享受，可是，如果沒有人之心靈、思想、觀念的參與，快樂也許就是虛幻的，人們不可能獲得真正的幸福。所以，幸福是什麼呢？就是人們克制自己的情欲和享受的欲望，用智慧與德性追求美德和至善。於是，這引出了所謂柏拉圖式的愛情：一種超越肉欲和情欲的純精神的男女感情，一種純精神性的愛情。

但是，古希臘的另一些智者則認為，人的物質生活的享受，感官上的需求應該得到滿足，德謨克利特說：「一生沒有宴飲，就像一條長路沒有旅店一樣。」伊比鳩魯先生則認為：人的快樂是幸福生活的開始和目的。而快樂是什麼呢？快樂就是「身體的無痛苦和靈魂的無紛擾」。

古希臘的先賢先哲，雖然在何謂幸福、如何才能獲得幸福等問題上有分歧，但一致認為：幸福生活不僅僅是物質的，它與人之德性密切相繫，離開人的理性、離開人之精神世界，人們是不可能獲得真正的幸福的。

近代英國倫理學家邊沁宣導功利主義幸福觀，他說：「功利原則指的就是：當我們對任何一種行為予以贊成或不贊成的時候，我們是看該行為是增多還是減少當事者的幸福；換句話說，就是看該行為增進或者違反當事者的幸福為準。」這種功利主義的幸福觀是伴隨著商品經濟發展而出現的，對人類社會產生了深遠的歷史影響。

與西方哲人總是糾纏幸福的定義不同，中國古代的賢哲對幸福的看法頗為直截了當，《尚書‧洪範》中云：「九、五福：一曰壽，二曰富，三曰康寧，四曰攸好德，五曰考終命。六極：一曰凶、短、折，二曰疾，三曰憂，四曰貧，五曰惡，六曰弱。」[2]韓

2.周秉鈞注譯，2002，《尚書》，岳麓書社，第129頁。

非子更說：「全壽富貴之謂德。」「壽」者，長命之謂也；「富」者，財產多之謂也；「康寧」指人之身體健康無病；「攸好德」，意爲人們的品行端正；「考終命」，說的是人們去世時無痛苦、無遺憾。而六種不幸則是：早夭、疾病、憂愁、貧困、邪惡和不健康。可見，人們要達到這全壽富貴還眞是不容易，在中國歷史上，大概只有唐代的郭子儀近似。他是唐代的中興之臣，活到了八十五歲的高齡，俸祿豐厚，積財無數，八子七婿皆顯貴於政壇，子孫多到幾乎無法認全，史載，他對前來問安者，「但頷之而已」。

在中國歷史上影響最大的幸福觀當然還數儒家的幸福觀。孔子曾經讚揚他的高足顏回說：他這個人吃得東西很少，喝著冷水，住在簡陋的小巷子裏，人們都非常憂愁，可他卻很快樂，眞是德行很高啊。孔子又談到自己的幸福觀，說：「吃著普普通通的飯食，喝著水，彎著胳膊當枕頭，不也樂在其中嗎？我一生都在發奮努力，以至於常常忘記了飲食；快快樂樂忘記了所有的憂愁，以至於根本不知道衰老將要降臨。」孔夫子和儒家學者皆以道德的修養與道德的實踐爲人生幸福的極致，外在的物質生活水準如何倒是可以不去考慮的，所以才有這種「孔顏樂處」的美談流傳於世，對中華民族的幸福觀產生了深遠的影響。

宗教的幸福觀就比較複雜了，佛教指現實的人的生活無論窮富，皆苦不堪言，所謂「苦海無邊，回頭是岸」，即是說，只有放棄現世的生活，皈依佛法，守戒修行念經，終則往生西方極樂，是爲幸福的極至。與佛教相反，道教求取的是現實的人生幸福，把「福、祿、壽」視爲人生最重要的目標，並試圖透過服外丹和修煉內丹達到白日飛升，成仙了道，這即是終極的人生幸福。

二、幸福公式

中國古代賢哲的幸福觀儘管也有極大的差異，但有一點是與西方哲人共通的，即人們生活的幸福絕不僅僅在物質擁有的多，感覺上的快樂，更在於德性的完善和精神上的充實。這一點是非常重要的，是我們現代人掌握正確的幸福觀，從而去求取真正幸福的關鍵所在。

我們可以用一種簡單的公式來描述幸福：幸福＝擁有的充實＋快樂的情緒＋舒適的感受。純粹的物質性的擁有並不必然導致精神上的充實，因為人之欲望無窮，擁有再多，也不可能滿足，如此，安有幸福可言？此時，人們須常常進行縱向的比較，意識到，我們比從前的擁有多了，我們比從前有了更大的發展，我們現在所擁有的一切皆為獨特的、不可替代的，因而彌足珍貴。如此，必可達到一種擁有的充實，獲得幸福的感受。

人們的快樂又由何而生呢？快樂是人們對從前與當下生活的慢慢品味和細細體驗中油然而生的。快樂緣起於一種外界刺激之後的心境，這時，人們主體性精神性的轉換非常重要。比如，生活中必不可免的災禍發生了，善於生活者，往往可以從內心中加以轉換，使之變成某種無關緊要之事，或者可以幽默一下便過去了的事情，於是，他超越了禍患，重新獲得了快樂。而缺乏生活智慧者，在逆境中固然憂愁多多，即便是可快樂之事，他也樂不起來，這就不可能有生活的幸福感了。

「舒適」又怎樣獲得呢？它是在人們平靜地享受中才能得到的。舒適是身體的完全放鬆，也是心靈的無負擔、無壓力、無鬱悶的狀態，而這必須是在人們擺脫各種繁雜的事務，安靜、安心、安定，且全身心地享受才能獲取。

　　所以，幸福的敵人是：欲望無窮，疲身心於名利場，永無止息，這使人既無樂趣，更毫無幸福感可言。或者人們被裹脅在社會飛速旋轉的車輪下，不知自持，暈頭轉向，生活的節奏太快，根本無法停下來細細地品味生活和體驗生活。或者人們的生活太喧嘩、太熱鬧、太動盪不安，以至人們毫無安靜下來的時刻，無法眞正地有滋有味地慢慢享受。這些狀態皆讓人無法獲得生活的幸福。

　　可見，何謂幸福人生？它絕非僅僅指人之生活水準高而已，更重要的是指生活的品質如何。生活品質意謂人們在富裕的物質生活基礎之上，心理上健康穩定，心靈中充滿著愉快歡樂，精神世界無比的充實。如果我們的物質生活空前豐富了，可環境更惡劣了，精神更空虛了，社會更混亂了，那又有什麼意思呢？那又談何人生幸福呢？我們要在物質性擁有越來越多的基礎之上，讓我們的精神更愉快，讓我們的心理更和諧，使我們的環境更優美，我們的社會更穩定，如此，我們的幸福度就得到了提升，我們也獲得了眞正的幸福人生。

第三節　解析人生痛苦

　　幾乎所有的人皆承認：人生中痛苦的量與質都比幸福多得多。人們生活中的痛苦可以說是無處不在，無時不有，而且難以避免。有些人在痛苦中沉淪，有些人在痛苦中無奈，更有人因無法承受痛苦而自殺，於是便造成了新的人生與社會性的痛苦。當然，也有許多人因爲有足夠的生存智慧，能夠正面地應對人生的痛苦，且化解之，並因此而超脫了痛苦而獲得了人生的幸福。可見，我們的確需要某種觀念與行爲，來避免人生的痛苦，獲得生活的幸福。畢竟我們是人，是萬物之靈，我們來到這個世界上，並不是爲了體驗痛苦

而是爲了得到人生的幸福。

一、人生痛苦之起因

我們首先必須透視一下人生痛苦的起因，然後再去尋獲消解的良方。

對人生痛苦揭示得最深刻、最全面的可能要數佛教了，其提出了人生有八苦的系統學說。何謂八苦？

一曰「生之苦」，此指人出生即是苦，成長過程也伴隨著苦，痛苦緊跟我們的一生全過程。僅以做人的難處爲例，漢朝開國元勳張良深有體會地說：「做人難，人難做，難做人。」人要在社會上立足，且求取一定的功名，必與他人與社會產生某種緊張，於是便有了各式各樣的矛盾，磨擦的結果，必是人難做啊！這其中充溢著各種的人生的痛苦。張良基於「多言人嫌少言癡，惡被人厭善被欺，富遭嫉妒貧遭賤」的人生實相，乾脆提出了這樣的應對之方：「算來自然合天機，青山不管人間事，綠水何能洗是非，子房收拾安身處，搖頭擺手說不知。」爲了免於生存中的人際磨擦，這個興漢的名臣竟然決定不說話了。這何以可能呢？只好遁入深山老林，修仙了道罷了，可悲可嘆可惜。人本來出生在世上，就是爲了作爲一個人而活著，可最後卻要躲藏到沒有人煙之地，避開人間，此豈非苦不堪言嗎？

二曰「老之苦」，此指人的生命必不可免地走向衰老所引發的苦楚。人生在世，追求的是年輕與活力、金錢與享受，可是，人們青春的時光實在是太少太少了。據說風流才子唐伯虎曾寫有一首歌詞，內感嘆道：「人生七十古來稀，我今七十不爲奇。前十年幼小，後十年衰老，中間只有五十年，一半又在睡中過，算來僅有二十五年⋯⋯」即便七十年的人生，真正有意思的生活年限也只有

二十五年而已！美國《讀者文摘》中登有一篇文章，算過更細的一筆帳，以一個人一生六十年計算，共有兩萬一千九百天左右，其中睡覺花去二十年，吃飯占掉了六年，娛樂遊玩要八年，穿衣梳洗打扮用去了五年，行路、旅遊、塞車等用掉五年，人們生病大概需要花去三年，打電話要一年，上洗手間一年，閒談七十天，擦鼻涕十天，剪手腳指甲要十天，等等，剩下多少時間呢？不算不知道，一算嚇一跳：人們可用於真正展開人生的時間大概只有十年而已。德國人更為精確，也以人生六十年為例，他們的計算結果是：睡覺要花二十年，看電視、上網要十三年，購物、娛樂等要一年半的時間，交通堵塞花掉兩年四個月，打電話聊天要一年，因為對方無人接電話再浪費六個月，賭博花去一年又八個月，參加競選、投票、遊行、年輕時打架鬥毆、成家後的家庭內吵架、孩子出生後罵罵孩子又花去了四年又三個月，找東西要一年，打官司用掉三年，上廁所用去一年的時間，等等，最後留給人們真正能用的時間是多少？只有九年又八個月！嗚呼，人生苦短啊！青春年華一過，人們漸趨衰老，齒落膚皺失眠不談，胃口也不好，疾病纏上身，真是老景淒涼，是為老苦。

三曰「病之苦」。人有身，就必有身之病；人有心，就必然有心之病。身之病會引發心之病，心之病也會牽出身之病，反正人不是身有病，就是心有病，時時都有病。有病之人不僅是肉體痛苦，更會讓人雄心壯志頓消，理想抱負化為泡影。有歌云：「病字英雄最忌畏，有力難發威。英雄何在命與作對，體弱聲氣微。」真是苦不堪言。著名學者張立文先生有一次被誤診患了癌症，住進了醫院，他一生精研學術，具有深厚的學養，但面對死亡，亦產生相當大的心靈痛苦，他寫道：「我先住在有三張病床的小房間，左右兩邊是兩個晚期胃癌和肝癌病人，醫生確定我是中期結腸癌患者，與晚期兩人住在一起，也有其道理。看他們兩人十分難受，痛得不停

地哼哼叫，我開始問候他們，已無力回答，都是其看護的家人回應的。到了夜，哼哼聲音更響了，我也無法睡覺。我左邊的是大約三十歲的青年人，痛得更厲害些，因此哼的聲音更大，右邊是一個六十多歲的人，哼的聲音小一些，已是有氣無力。如果說死已是對人的一種懲罰，為什麼死之前還要給人以種種不可忍耐的痛苦呢？假如說死是對生命的超越，痛苦的解脫，那麼就應該愉悅地含笑離開人世。本來我在住院前的連續檢查中，思想已有所準備，既來之，則安之；不怨天，不尤人；聽命運，任自然。然而面對當前兩人的情境，禁不住思想上又掀起種種波瀾。」[3]疾病首先造成人們身體上的疼痛，然後又轉化為精神上的悲哀和心理上的沉重負擔，二者交融匯合成病之苦。

四曰「死之苦」。人最怕死，可卻人人都必死。人在生活中，各種狀態皆可透過努力改變之，惟一只有死是不可改變的。死對人而言，意味著生前的一切全部化為烏有，你的擁有，你的關係，你的心血，等等等等；此外，死後你還很難確定你究竟往那兒去，等待著你的到底是什麼，前者使你痛苦，後者讓你恐懼。有一首詞是這樣吟詠的：「臨死掉淚珠，萬有化成無，拋情千里外，此別終千古。氣奄奄，了陽也，一道孤魂走陰司，思鄉相隔一層紙，瞅望故園草木孤。」道盡了人們面對死的痛苦與臨終前放不下導致的精神性悲傷。

五曰「求不得苦」。人在生存與生活的過程中，所求多多，所欲多多，所獲當然也很多。但是，人們無論所獲多少，皆覺得不夠，皆產生一種求不得所導致的苦楚。特別是，人生在世，總也難順情遂意，人們想的常常是無法得到，而人們所唯恐避之不及的災

---

3. 〈序：生死邊緣的沉思〉，載《尋求人生的真諦》，百花洲文藝出版社，2002，第2頁。

禍卻偏偏要降臨，這就是人生的吊詭之處，也是人生痛苦的根源之一。

六為「愛別離苦」。人生在世，隨著年齡的增大，逐漸地建構出一個關係的網路，最內核的當然是親屬，然後一個人際圈是朋友，再大一圈是同事，最外的一圈是陌生者。一個正常的人，幾乎一刻也不能與所有的關係隔絕開來，其內在的心靈需要時時以濃郁的親情、友情、人情來滋潤，否則其人生無法展開，而其心靈也會完全乾枯。放眼前後左右，世間的一個「情」字，傾倒了多少人？又有誰能免得了一個「情」字？少得了一個「情」字？可是，在現實的生活中，人們往往發現，最親愛者往往不是「生離」就是「死別」，所謂「樹欲靜而風不止，子欲養而親不待」；「生離異地相思苦，死別尤是碎肝腑」，充分表達了生離死別帶給眾生的深深的痛苦。

七是「怨憎會苦」。與愛別離苦相反，人們在生活中，常可發現，「冤家路窄」，我們最不希望見的人，我們最想遠遠離開者，卻總是會突然碰面，湊在一起，聚在一塊，引發我們無盡的痛苦。所謂「仇人見面分外眼紅」，相憎者同在一處，有時避都避不開，讓人無奈，使人痛苦。

八曰「五蘊盛苦」。佛教中的「五蘊」，指色、受、想、行、識。「色」是五色紛紜的世界萬物，「色」引發人們的「受」；「受」即是人的感覺、知覺，有「受」必有「想」；「想」即人們的欲求；有「想」必有「行」；「行」是人們求之於物的活動，有「行」必有「識」；「識」是人們對各種事物的分辨區分。人生在世，對任何的事與物皆忙忙碌碌於區分，總要使你的、我的、他的一清二楚，非但如此，「我」不僅要求我的就是我的，「我」還想把你的、他的也納入我的口袋中，這必將因為各種各樣的人際的與社會的磨擦而遭致無數的挫折和煩惱，產生無數的苦悶與痛苦。

人生有此「八苦」，當然就是「苦海無邊」了。

怎麼辦呢？佛法自有解脫痛苦的法門。人們因有內在的貪、嗔、癡「三毒」，故而有外在的各種所欲與所求。人們必須意識到，我們眼中的這個似乎是實有的世界萬物都處於一種永恆的變動之中，永無自性，故而是「虛」；這個世界的任何事物也都是因緣和合而成，亦非實體，故而是「空」。既「虛」又「空」，我們人又何所求？進一步說，又何能求？若一無所求，那麼，便窒滅了人之外在的欲求，進而消彌了一切的人生痛苦，再精進修習佛法，終則透過涅槃超脫了「六道輪迴」，往生「西方極樂世界」，獲得人生命的永恆幸福。

西方的基督教與佛教不同，它把人生的痛苦歸之於人自出生後就帶有的「原罪」。《聖經‧創世紀》中講道，人類的始祖亞當、夏娃在伊甸園中過著幸福的生活，可是，首先是夏娃然後是亞當受到一條狡猾的蛇的引誘，偷吃了上帝不允許他吃的智慧果，上帝大怒，指著夏娃說：「我必多多加增你的懷胎的苦楚，你生產兒女必多受苦楚。你必戀慕你丈夫，你丈夫必管轄你。」又指著亞當說：「你既聽從妻子的話，吃了我吩咐你不可吃的那樹的果子。她必為你的緣故受到詛咒，你必終身勞苦，才能從地裏得吃的。地必給你長出荊棘和蒺藜來，你也要吃田間的菜蔬。你必汗流滿面才得糊口，直到你歸了土。因為你是從土而出的，你本是塵土，仍要歸於塵土。」逐出伊甸園的人類始祖於是便在地球上艱難地生活，並給他們的子孫們帶來了永不可磨滅的原罪，而人世間一切的罪惡、痛苦、疾病、饑餓、戰爭等等，皆是因為人一降生就帶著原罪而引出來的。

二、免於人生痛苦之良方

在人生痛苦的起因問題上，佛教講的是痛苦源於眾生主觀上的貪、嗔、癡，基督教則講人間的痛苦出自於先驗的原罪。這樣一些解釋的模式可以促使我們深思，讓我們獲得觀察痛苦的某種視野。但如果從現實普通人的生活而言，人生痛苦與否取決於三大因素：一是人的身體的健康程度，二為人們生存生活的條件；三是自我的精神境界。

從人之身體來看，要免於人生痛苦，我們必須樹立一種觀念：身體始終是我們生命與生活之「本」，此「本」不立、不固，其他一切皆為虛幻。沒有一個健康的身體，即便有甲天下之財富，又那能享受分毫？既便有天下的美色，亦無法消受，與己無關；即使有九五之尊又有何用呢？所以，健康的身體是消解人生痛苦並獲得人生幸福的基礎。

人們生存與生活的條件有先天與後天之分。許多人有智慧的大腦、富裕的家境，或有著天生的麗人的胚子，或長有一副金嗓子，以及巨人般的身材，等等，他或她就在人生的道路上可以比沒有這些先天條件者要更容易獲得成功，這是不言而喻的。但是，從根本上而言，人生中先天的條件固然有其作用，但更為重要的還是人們後天的努力的程度如何。我們常可看到一些人，他們把自己人生中的挫折與痛苦歸結為沒有好爹媽，命不好，機遇不行，等等，這是很錯誤的。這樣一些想法與做法，會消融掉人們改變人生命運的努力，讓人沉淪、放棄、麻木，終必飽嘗許許多多的人生痛苦的滋味。實際上，生存與生活中的條件是變動性相當大的，人們可對其損之或益之，以改變自我人生的命運軌跡，從而避免人生的痛苦，獲致幸福。這才是人們所應該樹立的正確的人生態度。

精神境界高低在人們生存與生活過程中遭遇痛苦與否具有舉足輕重的作用。人的精神境界主要由文化素養、胸襟、智慧、人生經驗、思維方式、價值觀念等等組成。有著較高精神境界者，可以高瞻遠矚，預見人生未來的發展狀態，從而採取某些措施避免人生災難的發生，減少生活中的痛苦。此外，在人生痛苦必不可免地降臨時，又能夠用高超的智慧解析之，用廣闊的胸襟包容之，以非凡的氣度化解之。這樣，一則免於人生的痛苦，另一方面又能夠化解人生的痛苦，如此必可擁有人生的順暢和幸福。

人生的過程雖然免不了有痛苦，甚至痛苦多多，但人出生於世，絕非是為了忍受痛苦，而是為了獲得幸福生活。這就需要我們提高消解人生痛苦的能力，凝聚化解生活災禍的智慧，終則使我們的生存更為順暢，我們生活更為幸福，我們的人生更燦爛輝煌。

第四節　釀造人生智慧

人生是複雜的，人生是甜蜜的，人生也是嚴酷的。要真正獲得幸福的人生，避免人生痛苦，我們不僅要有關於人生的知識，更要釀造出各種關於人生的智慧。

一、品嘗人生與重視人生過程

首先，人們要努力地、有意識地去品嘗自我的人生。我們是人生的主人，而人生的重要組成部分生活是一種感覺，所以，我們要盡情地品嘗生活的甜蜜，切記不要這山望著那山高，以至於因為失望而把當下的生活幸福一筆勾消了。有許多人缺乏生活智慧，在好的生活狀態中往往不自知、不自足，他們想的追求的永遠都是超

越目前所已經得到的，於是，終其一生亦難獲得滿足，而好的生活狀態也在不知不覺中可惜地逝去了。猶如豬八戒吃人參果，拿來便囫圇吞棗般咽了下去，然後望著慢慢咀嚼品嘗的孫悟空，大咽其口水。人啊人，常常是吃著碗裏的，望著鍋內的，在眼巴巴的盼望中，自己碗內東西的滋味也沒有留住。可以說，永無止境的生活欲望將使我們的生活充滿了抱怨和後悔，或肆無忌憚的放縱。生活是需要細細品嘗的，來之不易的生活幸福更是不要放過。觀念中的未來的幸福都不是真幸福，只有品味到了才是生活中的真幸福。所以，人在擁有時應該好好地珍惜，細細品味。因為既然是擁有就必然會喪失，人們只有珍惜過、品味過，才不枉擁有過，特別是在失去時不至於萬分痛惜。如生與死的問題，生命要好好珍惜，生活要慢慢品嘗，這些人生的擁有一定都會失去——死。所以，我們如果珍惜了生命與生活，得到了人生的大快樂，則在死亡降臨時，痛苦與恐懼會降低至最小的程度。

其次，我們要重視人生的過程而對人生的結果不要太在意。現代的功利主義、實利主義皆求結果而不顧過程。剛入大學的新生便想拿著畢業證走人；戀愛者直奔的是「性主題」；求職者只想著高收入；剛踏入社會者便想著成為某「星」。人們渴望的是：一切過程最好都不要，只需給結果就行了。但實際上，人生的過程比結果更重要、更實在。古希臘神話中西西弗斯推巨石上山，每次推上山頂石頭便又滾下去，西西弗斯再重頭開始。在此，結果已完全不重要，人生更真實的存在就是過程，這正是人生的意義與價值所在。一個人只重結果未必有好結果；一個人重過程才可能得到好結果，這就是人生的辯證法。

二、人生之憂患意識與「減擔」

我們還要有人生中的憂患意識。一個聰明的人，往往在好的人生狀態中擁有超越性思維，預感那不久也許就會降臨的厄運，從而在順境時就採取適當的步驟去預防其出現，讓自己的生活儘可能長久地保持在良好的狀態之中。人生中的負面情形是必然會出現的，我們若有憂患意識，可以達到減少人生中的厄運，但卻絕對不可能讓其完全不出現。所以，我們一方面要有憂患意識，另一方面又要有承擔精神，勇敢地面對人生的坎坷，把痛苦當作我們人生經歷中必不可少的組成部分，特別是讓其轉化為避免人生災難的經驗和智慧。

我們還要學會在人生中「減擔」，即減少人生中的邊邊角角，避免過多地偏離生活的主航道，放下生活中這樣或那樣的不必要的活動和負擔。人生多事，人生多求，人生中無過於知道自己真正需要的是什麼東西。人生中做「加法」是一種本領，是一種追求；但若又善於做「減法」的話，則人生才更快樂。我們不能在順利的人生狀態中便得意忘形了，以至試圖獲得人生中所有的「好」。人生中可發展的領域可謂無限之多，可追求的目標無窮之雜，以人之有限的壽命和有限的精力，是難以窮盡無窮之生活的。所以，我們的體能與智慧必須放在可望又可即的人生領域，去求取可以並應該得到的東西，而不要浪費寶貴的人生時間與精力於無窮亦無益的對象上。我們有時對生活過於苛刻了，取之太多了，辜負了生活的給予，可以說是愧對生活。所以要在生活中「減擔」，不僅是對自我的人生道路與入世方式的規範，更是我們能夠真正享受生活、品味生活、創造良好生活狀態的基礎。

人生中的「減擔」並不相等於一般所說的「知足長樂」。「知

足長樂」是要讓人們無論在何種生存狀態下，皆要「知足」，然後達到「長樂」。這也許並不是一種好的生活智慧，因爲其消減人生的銳氣，把生活的奮鬥扼殺於心理與精神的調適之中。生活中的「減擔」則是要求人們將有限的人生時間與精力投注在人們最可能取得成功的領域，不要平均地使用我們寶貴的生命資源，也不要試圖擁有整個世界。所以，「生活減擔」不是消解人生的奮鬥精神，而是要求人們在最適合自己的獨特的人生之路上奮發有爲，獲得成功，成爲生活中的強者，更成爲人生的幸運兒。

本章主要參考題

1. 根據個人的生活感受，解答何為人生實相？

2. 根據個人的生命歷程，解答何為人生痛苦？如何消減人生的痛苦？

3. 根據個人的人生經驗，解答何為人生幸福？怎樣才能獲得人生的幸福？

4. 試將自己人生過程中參得的人生智慧加以總結，並形成文章與他人參詳、交流。

● 本章主要閱讀書目

列夫・托爾斯泰（俄）著，許海燕譯，1999，《人生論——人生真理的
　　探索》，四川人民出版社。

唐君毅著，2005，《人生之體驗》，廣西師範大學出版社。

唐君毅著，2005，《人生之體驗續編》，廣西師範大學出版社。

鮑吾剛（德）著，嚴蓓雯等譯，2004，《中國人的幸福觀》，江蘇人民
　　出版社。

周國平主編，1999，《人生圓桌》，廣東人民出版社。

張君勱等著，1997，《科學與人生觀》，濟南：山東人民出版社。

鄭曉江、程林輝著，1998，《中國人生精神》，廣西人民出版社。

鄭曉江、詹世友著，1997，《西方人生精神》，廣西人民出版社。

謝扶雅著，1986，《人生哲學》，正中書局。

馮友蘭著，2005，《人生哲學》，廣西師範大學出版社。

第五章　死亡意義

　　在第二、第三及第四章，我們已經討論了生命、生活與人生的問題，這一章將進入到對死亡與人生問題的論述。一般而言，人們習慣於將生與死截然兩分，視爲完全不同的兩種狀態，而實際上，死亡諸方面的問題皆必須與「生」相繫，才是可以討論及被理解的。這正如生命與生活必須置於人生的大背景下才比較清晰地展示其奧秘一樣，死亡亦必須在「生」的觀照下才是說得清楚的。這是因爲，我們是「活著的人」來討論死的諸問題，而不是「死的人」來談死的問題，這就必然會打上「活著者」的深刻烙印。這一章將主要討論以下問題：以「生」來視「死」，研究死亡的標準或定義對「生人」的影響；進而弄明白死亡對「生人」的意義與價值，並分析死亡給「生人」造成的種種痛苦。所有這些探討實際上是一種「學習死亡」的過程；不過，僅此還不夠，我們的目標是「學會死亡」，亦即怎樣將死亡的必至性轉化爲生命與生活中的動力與規劃人生的資源，怎樣化解死亡的哀傷與恐懼，怎樣解決死亡引發的諸痛苦問題，又怎樣能夠坦然地步入人生的終點站，等等。也就是說，學習死亡主要在「由生觀死」的過程中對死亡諸問題的知識性把握；而學會死亡則是在「由死觀生」的過程中對死亡的智慧性超越。

　　在研習這一章的過程中，我們始終要把握的是「生死互滲」之原則，以在死亡各問題展開討論的過程中，得到如何更好地「生」之觀念與智慧，而這同時也就是死亡諸問題的解決方法和途徑。

第一節　生與死的邊界

　　死亡是人之「無所逃於天地間」的必然，人類由此產生了深刻的反省：我們該如何「自處」和「自適」？死亡實質上又是人生最

後一次經歷與體驗，與人生中其他體驗可以言說、可以與人分享不同，這一次的經歷是不可言說、不能分享的。因之，究竟「生」與「死」的邊界在那裏？對人類而言，實在是無法精確區分的；這也就使我們難以對死亡下一個確定的定義，可同時卻讓我們在生死的問題上有著幾乎無限的論域和實際操作的方式。

一、死亡標準與生死之界

　　關於死亡標準的問題，猶如死亡的定義一樣是不易確定的。但是，現代社會不僅醫學界，乃至整個社會大眾皆急於尋獲一種確定性，如果從生死哲學的角度來看，這是永遠做不到的。首先，死亡標準一定是歷史的與文化的。中國古代長期將「斷氣」視爲死亡的標準，所以判別某人是否死亡，常會以羽毛或棉花纖維置於人之口鼻間，看是否會有搖擺，以此確定生死之界。現代意義上的醫學，則長期把人的呼吸和心跳停止作爲死亡的標準，其實質是將心肺功能當作人生命最本質的特徵，當心肺功能停止之後，也即可斷定此人已死。

　　到了二十世紀四〇年代以後，現代醫學借助飛速發展的科學技術，使病人的心跳、呼吸、血壓和體溫等基本生命體徵可以透過藥物和先進的設備加以人工維持，而且可以持續相當長的時間。但如果病人發生腦功能損害的話，則難以恢復，不能救活。可見，以前確定的心肺功能衰竭即死亡的標準是有問題的。自二十世紀六〇年代以來，醫學已有了另一個重要的判定死亡的標準——腦死亡。一九六八年，美國哈佛醫學院率先公布了腦死亡標準，這是一個從腦幹或腦幹以上中樞神經系統永久性地喪失功能來確定一個人是否死亡的標準。一九八四年，瑞典醫學委員會提出了一個較爲簡潔的定義：「當腦的全部功能完全而不可逆地喪失時，就意味著一個人

的死亡」。一般認為，腦死亡至少包括三個層面的內容：一是大腦皮層死亡；二為腦幹死亡；最後是全腦死亡。比較精確的做法是：「在排除病人處於低溫或中樞神經系統抑制藥物的影響的前提下，自主呼吸停止，經醫院搶救觀察至少一小時（應用人工呼吸者，停用呼吸器後三分鐘）仍無自主呼吸，沒有自動或繼發於疼痛刺激的活動，雙側瞳孔擴大、固定，無任何神經反射活動，腦電圖顯示腦電波消失或呈水平線，所有上述狀況在二十四小時內無變化，雖然心臟在跳動，就可宣布死亡。」一九八一年，美國通過了「腦死亡法」，許多國家與地區也相繼通過了類似的法律。

腦死亡標準的提出和廣泛的臨床運用，是對傳統的心臟及呼吸停止的死亡標準的超越。死亡標準在歷史上的不斷改變，對人類社會而言，一方面是讓許多瀕死者有了被搶救過來的可能性；另一方面，卻必然出現許多未死者被當做已死者而「處理」掉了。我們還可以推論，腦死亡標準絕非人類死亡的最後標準，應該意識到人類死亡標準是沒有終極的、最後的確定標準的，它必然是發展變化的，這也就意味著，在今後漫長的歷史過程中，還會有許多人在「未死」的狀態下就被列為「死者」而處理掉。

這樣一種生死之界的模糊性，的確讓人有些不寒而慄。但人類既然已經享受了所有的「生」之歡欣，那麼就必得承受生死邊界無法完全區別開來所帶來的痛苦。在千百年中，無數的人去世了，其中有多少未死者被當作已逝者處理了，也許永遠無法統計。而這種悲劇性命運可以說是人類終極的人生悲劇，是人類永遠擺脫不了的宿命。人類也即是在這種悲劇性命運控制下，代代綿延傳承，生生不息，以「生」來抗「死」。

這種悲劇性命運背後的問題是：人類死亡的標準無論是呼吸停止或心臟停止跳動，或者腦死亡，其確立者皆是外在於死亡的活著的人；由一個沒有體驗死亡的個人或群體來訂立死亡的標準，又

如何能夠真正客觀與科學呢？畢竟死亡只有死亡者自己知道，可他或她又無法言說。所以，反對腦死亡標準者，認爲之所以醫學界有如此多的關於支持腦死亡標準的聲音，背後有著進行器官移植方便的考量，或節省醫藥資源的企圖，而人之生命的價值又豈能如此處置？這種批評意見不可忽視。不過，我們完全可以預料，在死亡標準不斷改變的過程中，各種相反的意見將針鋒相對，反覆出現，無有統一之時。原因就在於：對於人類而言，永遠也沒有一清二楚的生與死的邊界存在！

　　不管如何說，人類既然有思維與精神，在科學的主導下，還是會繼續努力於生死之界的釐定，在這一過程中，我們只能企望越來越科學的死亡標準的確立，可以挽救越來越多瀕死的生命。但如果人們基於這一點，便想像在某一天我們能夠找到生與死確切的邊界，一勞永逸地解決這個問題，恐怕是永遠做不到的。我們既然生爲「人」，創造出如此美好的物質世界與精神世界，把生物體的生存提升至生活，享受了人生；那麼，我們必得承擔生死邊界模糊不清的本眞性的實存。這種自我承擔是一種永恆的生死抗爭，人類也永不會心甘情願，但又終究必以失敗而結束——由「生」而「死」。正因爲人類有這種對悲慘結局的大承擔，才能有大勇氣、大智慧去求解死亡痛苦的精神性超越與消解。

　　也許，我們可以換一個角度來看這個問題：人類生死邊界的模糊也是一種「福」，唯人類才能享有。平時，我們常可聽見這樣三句話：「快活死了」；「欲仙欲死」；「睡死過去了」。人生中最大的快感、最舒適的狀態讓我們進入的竟然是一種「活入死去」又「死去活來」的快樂境界，透出的是一股「死」的氣息！因爲，此時人們往往大腦意識一片空白，飄飄然，薰薰然，不知身在何處、在做什麼。原來，死亡也是可以被享受的！一切其他的生物都不可能達到這種體驗，唯人才有這樣的「福氣」。這正是人類對生死邊

界的穿透，是人這種智慧生物的「生死特權」，也是人之爲人的本
質所在。

　　當人們眞正能夠享受「死亡」了，那便「學會死亡」了。其
實，每個人對死亡的恐懼皆起因於我們對死亡的陌生。如果你感覺
到了「生死互滲」，生時每時每刻都在經歷「生」與「死」，那
麼，死亡也沒什麼，不過就是生命存在的一種狀態而已。

二、生活之止與生命永存

　　人類之死亡與動物之死是完全不同的，死對動物而言既是生存
的結束也是生命的終結；而人不一樣，死意味著人之生理生命與生
活的終止，卻並不意味著生命的完全結束，人爲萬物之「靈」者，
就在其能透過某種途徑和方法在生命存在面超越死亡。

　　爲了討論的方便，我們還是可以對死亡下一個一般的定義：
從最廣泛的意義而言，人之死當然是指人的生命機體活動和新陳代
謝的終止。這包括因生理性衰老而導致的生理死亡（也稱自然死
亡）；也包括由於各種疾病造成的病理死亡；還有一種類型是因爲
人的生命機體受到外界機械的、化學的或其他因素導致的非正常死
亡。

　　如果從時間上來分，醫學上區分出瀕死期（臨終期）、臨床
死亡和生物學死亡三個階段。所謂瀕死期，是指人們的生命機體還
有生命的活動，但卻已經進入到逐漸衰竭的狀態之中。所謂臨床死
亡，是人在生物學死亡前的一個暫短階段，這時人們的心跳、呼吸
完全停止，機體的反射作用也完全消失，不過，人們有些重要的機
體還有一些微弱的代謝活動。在醫學上，雖然將「此人」稱爲臨床
死亡者，卻必須進行積極的復甦搶救。所謂生物學死亡則是指人們
整個生命機體的重要生理功能不可逆轉地停止，且不能恢復。這

時，在醫學上一般就可以放棄積極的搶救活動了。可見，我們平常所說的死亡，也即是指生物學上的死亡。

面對死亡，人第一反應必是害怕。但究竟怕的是什麼呢？怕死亡帶來的喪失，包括物質性（財富）喪失、精神性（知識等）喪失、關係性（社會）喪失。而這種喪失又是一種徹底的喪失，完完全全的喪失。人們赤條條來，又赤條條去，宇宙之大，已沒有自己任何一點位置，豈不大悲大哀？此外，生命與生活是人生中的變態，起伏很大，變化迅捷，無有止息；而死亡卻是人生中的常態，死爲確然、永恆、不可逆轉，豈不痛哉惜哉？但是，我們必須看到，人與其他動物不同，不僅僅有生理生命，更有血緣、人際的社會生命，還有精神的超越生命。就人類之外的所有生物而言，其生物學死亡即意味著生命的全部終止；而人則完全不同，生物學死亡並非意味著生命的完全終止，因爲人之生死可以別爲三種：一是生物學生命的生死，二是血緣、人際的社會生命的生死，三是精神生命的生死，而後兩種「死」皆包含著「生」之因素在內。故此，完全從生物學或病理學的意義來理解人之生死是不完整不周延的。

第一，人之血緣、人際的社會生命的生死與生理性生命的生死並非同步。一方面，在人們生理性生命終止之前，人們的血緣、人際性生命可能提前死亡。這意味著這個人沒有後代，所以，沒有血緣生命的延續；亦意味著他或她因爲衰老或疾病等而與社會隔絕，人際關係的生命也停止了。另一方面，我們必須意識到，從大多數人生存的實況來看，人們一般都會有後代，所以，逝者已矣，但卻因其有綿綿不絕的後代，而使其血緣生命在生理性生命終止之後仍然存在。而且，人們在社會中生活數十上百年，人際關係的建構非常複雜、非常豐富，即便其死後，仍可能有眾多的人記得他或她，這樣，其生理性生命雖然終止了，可其人際的社會生命應該還在延續。這就是中國古代賢哲常常說的「天地有好生之德」的本意，主

宰宇宙萬物的「生生之德」使萬事萬物永不止息地創生與成長。為配此「天德」，中國古人特別重視血脈的繁延、對逝者的喪葬和祭祀，這都是為了讓逝去者的血緣生命與人際社會的生命能夠永存。可見，人們若能躍出一己生理性生命的限圍，意識到生命的複雜多重構成，必可尋找到超越死亡的途徑，那就是：在自我生理性生命存在期，努力合符大自然的巧妙安排，成家立業，生兒育女，讓自我的血緣生命能長存。另外，還應該多多地與人交往，誠以待人、寬以待人，釀出濃濃的親情、友情、愛情、人情等等，這樣，就可以不僅是讓親人、亦讓自己的朋友與熟人在自己逝後，還能念念不忘自己，永久地銘記在心，保持一種「陽間」與「陰間」的溝通，是為血緣的人際社會生命的永存。

第二，人之精神生命的生死與生理性生命的死亡亦非同步。當然，也許一個患了嚴重疾病者，在生理生命終止之前，如果其已無任何的精神活動和意識的反應，且他也沒有在生前創造出一些永恆性的精神產品，那麼，可以說其精神生命早於生理生命而終止了。還有一些人，他們的生理生命正常，但卻因為人生重大的失敗與挫折——比如遭遇「白髮人送黑髮人」的慘況——而心如死灰，對周遭喧囂的花花世界一點都沒有興趣，心靈完全閉鎖，形如「活死人」，此人的精神生命也可以視為已終止了。不過，這樣一種狀況是可以改變的，透過悲傷輔導的工作，人們可能會逐漸地治癒人生之痛，恢復意識與精神的活動，這時其精神生命就復活了。也有許多人，生前創造了一些永恆性的精神產品，如音樂、繪畫、文學的創作，如自然科學、社會科學和人文科學等的發明創造，如道德人格榜樣的矗立，如世間豐功偉業的建立，等等，那麼，雖然其生理生命已完結，可因其「立德、立功、立言」了，則其精神生命永存於世。也就是說，在生理生命終止之後，其精神生命還在延續，這也即是對死亡的一種超越。由此可見，我們生前發揮自我的獨特

性，努力於精神產品的創造，特別是具備一種創新性，孜孜以求生存的意義與價值，必可獲得超越死亡的途徑。

從以上二點來看，我們都要堅信：死亡是人生理生命與生活的結束，而非生命的終結。生活是人們當下此在的感覺，若人們已然逝去，當然已無任何的感覺，生活可以說因為死亡而完完全全地喪失掉、中絕了。但這並不意味著人之生命也終止和中絕了。生命是過去、現在與未來的一條流，死亡可以讓人們過去與現在的生命終止，卻不能完全終止人們未來的生命，這是因為人們的後代還在延續，也因為人們創造的精神價值還永恆存在。所以，「死亡是生命的終止，一切的一切都已經喪失」的習見是錯誤的，因為生理生命的死亡並非意味著人們一切生命的結束。此外，「在人生中我們是大有作為的，而面對死亡則只能束手待斃，毫無辦法」的觀念也是不對的，因為我們生前的努力其實就是面對死亡的作為，人生前的奮鬥和成功可以讓我們在逝後血緣、人際的社會與精神的生命中獲得永存。所以，我們不能視死亡是人生的異質性存在，是對人生命與生活的徹底破壞。生與死是連續的、互為基礎、互為轉換的。死亡並非生命中一種外在的徹底侵害，而是成就生命超越性的仲介。我們追求了生悟死，正是為了走好自己的人生之路；這樣，「生」便滲透於「死」之後，而「死」亦轉變為促進生命存在與發展之基礎了。

第二節　死亡的痛苦與意義

死亡帶著詭秘飄浮在我們每一個人的周遭，無法估測，看不見，摸不著，卻無時不在無處不有，讓人頓現透心之涼。也許死神會在人最最預料不到的時間、地點突然降臨了，於是，帶走人的生

命,帶走了人的一切。我們害怕與痛苦,畢竟人人都沒有死過,畢竟人人都只能死一次!書聖王羲之千古名篇〈蘭亭集序〉中有言曰:「向之所欣,俯仰之間,已爲陳跡,猶不能不以之興懷;況修短隨化,終其於盡!古人云:『死生亦大矣,豈不痛哉!』每覽昔人興感之由,若合一契,未嘗不臨文嗟悼,不能喻之於懷。固知一死生爲虛誕,齊彭殤爲妄作。後之視今,亦猶今之視昔,悲夫!」[1]古人的這種詠歎,說明了死即生的斷滅,其引發的恐懼、痛苦與失落是何等之大、之深,這種痛苦還透過文化與觀念代代相傳,成爲人類永恆之痛楚。

一、科技的發展難以解決人類的生死問題

一般而言,生物只有存與亡,唯人才有生與死。但是,我們必須明白一個道理:死亡並不會也不可能給已死者帶來任何痛苦,死亡是人之生理生命的終止與生活的喪失,其只能給「生人」帶來許許多多的痛苦。因爲一個人能知覺與感覺到痛苦,必還是個活著的人,那怕臨終前的一刻,那也是「生者」。所以,以「死」觀「死」是無法解決死亡痛苦的,唯從「生」的層面才能夠消解死之痛苦。

長期以來,人們皆樂觀地認爲,隨著科學技術的發展和制度的改進,人類的生死問題也可以得到相應的解決,但實際上則不然。如今,科技有了突飛猛進的發展,人們的生活水準也大幅度提高,但死亡問題並沒有減少更沒有減輕,現代人的死亡的品質並沒有得到與社會發展同步的提升。

1.劉世南、唐滿先譯注,1991,《譯注古文觀止》,百花洲文藝出版社,第426頁。

　　人別於萬物的特質有無限之多，但最基本的還在於人有精神、意識和理性。中國古人有二句名言：「人為萬物之靈」、「人是天地之心」。所謂「萬物之靈」說的是，人的精神世界可以明事理，能夠區分萬物，在此基礎上，人類可以馭使萬物以為己用。所謂「天地之心」是說，人類雖然是天地自然所生，但卻成為了天地自然的一種靈明：萬物是沒有精神意識的，是不能自明的，只有人類才有思想、意識與觀念，才能認識萬物、分辨萬物，是為「天地之心」。所以，無論從發生學、生物學的角度來看，還是從人類歷史發展來觀察，精神、意識、理性始終是人類最基本的特徵，也是人類之所以別於其他動植物的根本所在。

　　千百年來，人類就是運用自身的精神、意識和理性，去認識世界、去改造世界，並使自然界屈從己意，獲得了難以估量的物質財富；同時，人類也不斷地改造社會、創設制度，運用精神的能力去創造音樂、繪畫、文學等等的藝術天地，從而在自然的世界之外營造出一個無比豐富的精神世界。時至今日，應該說，人類已經極大地提高了生活的水準，獲得了較高的物質及精神的滿足。

　　可是，人類應該進一步深思，捫心自問：我們為何要勤勤奮奮？我們為什麼要如此大規模地改造大自然、如此深刻地變革社會制度？我們為何要創造出如此豐富的物質產品和精神產品？不都是為了使我們的人生更好、更精彩嗎？不過，我們不要忘記了：人生並不僅僅指生活與生命，更包括死亡在內。死亡並非是人生的異質性存在，並非是人生之後的狀態，「死」實質上正是人之「生」的一體兩面，就涵括在人「生」之內。在二十一世紀及其以後，死亡品質的提升已經成為人類面臨的重大挑戰，若死亡品質不能迅速地、較大幅度地提高，勢必拖住人類提升生活水準的後腿，從而讓人類全面改善人生品質的努力落空。

　　一般而言，科技可以幫助人類去征服自然，提高生產率，獲得

越來越多的物質產品，大幅度提升生活的水準，但卻難以解答人類之死及死後世界究竟是什麼的問題。原因很簡單，科技所由產生的基礎是人類的理性，而理性又主要生發於人之經驗。「死」卻是人類經驗無法到達的領域，「死」存在於「彼岸」世界，是活著的感性的人難以經驗的存在。所以，這些問題的解決也許只能求助於生死的智慧。

二、死亡之痛

死亡首先表現為人生理生命的終止，而這一過程往往伴隨著肉體上這樣或那樣的疼痛，這是每一個未亡者的所怕。就一個還沒有面臨死亡脅迫、還活得很好的人而言，臨終前的病痛往往成為其恐懼死亡的第一原因。而對已經處於死亡邊緣者，病痛也讓其精疲力竭、痛苦不堪。有一個形容詞叫做「痛不欲生」，表達的正是人們怕痛勝於懼死的心理。當然，這種痛有生理之痛也有心理之痛，兩者互為影響，互為滲透，加重了臨終者的整體痛苦與悲傷。

幾乎所有的人都將病痛視為是脫出生命常態的一種狀況，人們享受生活的前提是生命存在的健康無痛。可是，大多數臨終者在病痛的折磨下輾轉於病榻，而現代醫學的許多治療措施更加重了臨終者的疼痛，這些都讓生者痛惜且不寒而慄。在想像這種痛徹心肺的狀態中，我們每一個生者都平添了深重的死亡恐懼。

其次，死亡也同時終止了個體人的血緣生命與人際的生命的進一步展開，令人悲哀，也使人畏懼。但死亡並不可怕，可怕的是我們臨終時的想法：我在這個世界走一趟，擁有過嗎？有意義地生活過嗎？人們一想到死亡將使自己徹底告別人生中的摯愛——妻或夫、父與母、兄弟和姐妹、兒子或女兒，以及其他親屬、朋友、同事，等等，便會五臟俱焚，痛苦不堪。大多數的臨終者常常表現出

默默不語、徹夜不眠的狀況，實則就是放不下自己的血緣生命與人際生命中的一切擁有。與死亡疼痛不同，這造成的是一種心靈之痛，也許還要更甚於肉體之痛。而一個生者，只是在腦海中想像一下與親人朋友等永別的死亡，便會引發出無窮大的心靈之痛了。

再次，死亡讓人們世間的生活完完全全地喪失，帶來一種強烈的虛無感，這也是造成死亡痛苦的重要原因。生活是什麼？生活是感覺，生活是活動，生活是快樂，生活是起伏，生活是幸福，生活是擁有，生活是瀟灑，生活也是成功與成就；當然，生活也是失意，生活也是挫折，生活也是痛苦，生活也是坎坷，生活也是低潮，一句話，生活就是生命中的滋味。無論這種滋味怎樣，都是我們的擁有，都是我們的享受，都是我們的一切。可是，死亡讓這一切全部隱去，全都不能再現，怎不讓人無比的惋惜、無比的痛心。對一個臨終者而言，無論生活的性質如何，每一思及自己的生活將一去不返，都會帶來心靈的痛苦。而一個生者，正在享受生活，若也設想一下美好的生活因死亡將永不再現，其形成的心理重創一定非常之大。

但是，死亡痛苦雖然可以說是人類最大、最深重的，可在生死面前，發生的情況則異常複雜，有些人還真的不顧死亡之痛而毅然赴死。有些人選擇死、放棄生，如自殺者，他們並不是不懼怕死，而是對生命的性質與生活的狀態無法忍受。自殺者將生活的感受置於生命存在之上，感覺不好就去死，決然放棄生命的存在，這是一種生活感覺高於生命存在的人生觀所導致的。也有許多絕症患者千方百計地尋求安樂死的方式，則是忍受不了徹骨透髓的疼痛，這是生命的無奈，本質上卻是一種求「生」（無痛的狀態）的本能。可見，患者尋求死的解脫，並非在生命中無所依戀，而是堅決的想終止這種生存的痛苦狀態；心如死灰者（如自殺身亡者），亦非厭棄生命，而是厭棄生命的這種存在方式。說到底，人們求死，是對生

命的悲觀，卻是對優質生活的肯定與嚮往，是以「死」而求「生」
——放棄痛苦的生命，獲得一個無痛苦的「死」，此即是死者心目
中的「生」。在此，生與死在人們求無痛苦的企盼中融爲一體，相
互滲透，不分彼此了。很顯然，要讓病患者放棄安樂死的追求，必
須讓他們獲得一個好的、無痛的生存狀態；而讓心如死灰者放棄自
殺的念頭，也必須使他們感覺到活著還是有意義與價值的。

　　至於因死亡恐懼產生的痛苦，則與我們的文化與文明有密切
的關係。一般而言，人類的恐懼感是隨著對象的不確定性而逐漸加
大的，越不確定的事物和狀況，人的恐懼感就越大。死是最不確定
的狀態，所以引發的恐懼就最大。此外，我們生存在特定的文明之
中，傳承著歷史積澱而成的文化傳統。幾乎所有的現代文化與文明
皆將死亡指爲人生之外的東西，是生命存在的異質化，是生活的喪
失、生命的失敗、人生的斷滅。人類社會文化推崇的價值是：健
康、青春、活力、光明，而死亡則與此恰恰相反，這樣便使死亡的
恐懼沉積爲人類最大最深的痛苦。但是，我們若能夠將死亡不當作
生命的異質性存在，明白一個生死至理：生與死實爲一體，密不可
分，是一連續性的過程。人一直到死時，生命皆在成長之中；甚至
人在逝後，其生命還可能在繼續成長。比如，有許多人在生前所做
出的一些發明與創造，並不爲同時代的人所理解，反而是經過漫長
的年代之後，人們才發現其巨大的價值所在，於是，其名字重新被
提起，其貢獻得到社會廣泛的承認，等等，這可以說「逝者」的生
命仍在成長之中。

　　所以，面對死神，人們並非被動地喪失一切，而是得到了一
生中最大的成長機會之一。如此去思，如此去行，則會相當程度地
減輕因死亡恐懼導致的人生痛苦。所以，我們要以「人生如寄，死
之必至，多憂何益」的觀念來寬慰自己，逐漸地走出死亡陰影的控
制，化解心中的生死困頓，由透悟死亡來達到更好地「生」。

三、死亡的意義與價值

死亡的痛苦雖然無比的深重，但一切其他的生物體，只會有死亡前的肉體之痛，卻絕無心靈與精神之痛；所以，死亡之痛也是人類的「專利」，只有人類才能「享有」。而死亡之痛的消解也只能救助於我們靈魂與精神的世界。死亡雖然讓我們世間的一切徹底的一無所有了，但是，其仍具極大的意義與價值，這是我們每個有死者都應該努力去探究和學習的。

第一，死亡的價值之一在於，能讓人們更珍惜自我的生命；從而死亡能讓我們的人生更延長，讓我們的生命更豐富，讓我們的生活層面更擴張。這個世界上幾乎人人恐懼於死，卻沒有多少人意願談這件事。其實，人們恐懼死亡，才能珍惜生命；一個人如果連死都不怕了，他對生命的態度就可能會出問題。所以，即便是我們有些人不好意思說出口的「怕死」亦有其意義所在。當我們每一個人在想像中感受一下死神的腳步時，我們會倍感生命的可貴。因為，死是生的反面，死意味著我們「生」的斷滅，我們又怎能不抓緊生命中的每一分一秒，努力去有所作為呢？我們要儘量讓生活有內涵、有起伏、有變化，越豐富越好。

真正的人生展開，一定是從思考死亡開始的；而人們對生命時光的珍惜，也一定是在有死性的體認下才會真正做到的。有一些人，在活著時，任由生命的時光白白流逝，毫無察覺，可以認為「他或她」是「死的」；而在「他或她」即將死去時，突然間發現了生命之可貴，於是抓緊去做一些有意義的事，此時，「他或她」才開始真正地「活著」。所以，在死亡的映照下，我們才能真正感受生命之美、生活之好、人生之不易，從而珍惜生命。

第二，死亡的最大意義在於時刻提醒我們要善用此生，獲得

更好的生活，更有價值的人生。人在一生中，往往在有許許多多的追求目標，有的目標是人們主觀去選擇的，有些卻是客觀的必然性走向。人生客觀的終極目標是什麼呢？是「死」。生活只是過程，死亡才是目的。沒有人願意死，但人生的終點站就是死，這是人生自然且必然的目的所在，雖然不是我們的選擇，卻不能改變之。所以，從根本上而言，人是為「死」而活，向「死」而在的，這就是人生的實理。許多人在這種客觀的必然性面前，在死亡這種徹底虛無的前景下，或悲觀失望，倍感無意義與價值；或以無度的縱情聲色來忘卻一切。但是，我們完全可以換一個角度來看待人的必死性。實際上，在死神腳步日漸臨近中，我們才能奮發努力。如果沒有死，如果生命沒有限度，我們是很難獲得人生的衝力與動力的。設想一下，如果有朝一日人人都無死了，那人類一定陷入到完全的懶惰之中，人們也展現不了任何的生命之璀璨與輝煌。

所以，死亡的存在與近逼，讓我們每一個人都得嚴肅地思索這樣一個大問題：在生命這一有限的長河中，我們生活的浪花要如何拍打呢？有許多人在生死關頭時，回顧往事，常常感嘆：我這一輩子都沒有真正活過！這是為何呢？因為生命過程一片空白，生活也像一頁白紙。所以，我們要時刻掌握生存的法則：生命的底線是我們需扮演好每個人生時段的特定角色，做好人之子或女，當好父與母，做好長輩，坦然面對人生的終點站——這是血緣生命對我們的要求。生命的高要求是：我們要與各種人誠實交往，形成複雜的人際關係，讓孤獨與寂寞遠離我們的生活，也讓我們更好地立足於社會，獲得成功與輝煌——這是人際社會生命對我們的要求。最後，我們要去豐富我們的精神世界，努力學習人類一切文明與文化的傳統，提升我們的文化素養與道德的水準，充分發揮人精神世界的創新性，去努力地創造物質的與精神的產品，既貢獻給社會，亦讓自己獲得社會與他人的尊重，佔據社會舞臺的有利位置，若能成為耀

眼的社會之「星」，成爲歷史中的偉大人物，那便是善用了此生，爆發出了生命中的高能量。所以，人們由死觀生的結果一定是：人生中最大的價值是創造，是友情、人情和愛情。但我們絕不能到臨終那一刻才明白這一點，要在生前活得很好、很健康、很順利時就知曉這個人生的至理，從而在人生過程中去積極地創造物質與精神的產品，去擁有個人的事業，珍惜人際間的友誼，重視家庭的價值，尋獲知心朋友。如此，當我們的生命結束時，就不會爲面對的死亡而沮喪，因爲在生活中我已努力了，完成了人所應該承擔的責任，也獲得了人生莫大的成功，親人們記得我，社會忘不了我，歷史留下了我，我何不安心瞑目呢？實際上，這個世界爲何如此豐富多彩？就是因爲無數的先輩們努力地在這個世界上留下了許多許多，現在輪到我們加倍的努力了。所以，人們自「生」觀「生」是得不到「生」的，只有以「死」觀「生」才能「生」，亦即可以充上無窮無盡的人生動力，生命不息則奮鬥不止，這樣必使我們的人生更有價值，生命與生活也更有意義，這也可稱之爲「自死而得生」。

　　第三，死亡還能讓我們走向豁達、寬宏大量、逍遙自得。常可見社會上的許多人，這也要求，那也要取；這也捨棄不了，那也放不下；活得累，活得煩，活得苦，活得沒有自我、沒有尊嚴。這是人們囿於「生」而忘記了人人必死的實存造成的。每一個人都應該想一想：人生時兩手緊握，似乎要抓住什麼，但絕對從生之前帶不來什麼；人死時兩手鬆開，象徵著世間的一切又那能帶走分毫？既然生帶不來，死又帶不走，我們又何必事事計較、物物執著呢？既然死將帶走我們的一切，而我們每一個人都必然會死，那生前的種種失去又有何痛惜之有？縱有廣廈千間，我們也只能夜宿一床；縱有無數美味，我們也只有一飽而已。中國古代大哲莊子告誡世人：要「物物而不物於物」，意思是說人生之中，不要爲外物所累所拘，使自己的一生入不了逍遙之境。人們要做到這一點，囿於生活

本身是做不到的，非得有生死智慧的幫助才行。

　　「生」，我們無法自主選擇；「死」，亦不以我們的意志爲轉移。我們所能自做主宰的只是人生中的一段「活」的過程。只有死亡才告訴人們生命的有限，生活的享受也是有限的。所以，生命中最最重要的不是物質的財富而是人際的關係與精神的追求。死亡昭示我們：人之生不僅僅是個我的、感性的、當下的，而是具有普遍性，如：人生中任何事件都只能是你碰上他碰不上，唯有死是每一個人都要遭遇的，這就是人生的普遍性；人在邁向生命歸途時，是人生最爲脆弱的階段，他或她需要生理的、心理的、社會性的救助，臨終病人無不渴盼著親人在旁，這也昭示著生命存在的普遍性。可見，親情、友情、愛情、人情等人間之情感是可以長存的，精神的創造物是可以永恆的，一切的物質享受卻是過眼雲煙的。我們固然不要放棄適當的物質享受，否則生活將了無樂趣，生理生命也無法生存；但我們更應該去努力於世間之情的釀造，努力發揮精神生命的創造性。而要做到這一點，必須在活得很好時，在觀念意識上先行到「死」，由「死」觀「生」，這樣，我們就可以在生活中，在與人相處的過程，不斤斤計較，不執著不放，名利心淡薄一些，生命從容一點，交往純潔一些，生活也要簡單一些。這樣，當人們死之後，可以把思想留在世上，把情誼留在世上，把精神的產品留在世上。這就把「死」轉變成了「生」的動力和求取的內容，尋獲到了生死的意義與價值。如此，在臨終前，我們回首往事，若覺得沒有虛度，那便可以笑離人世了。這即是死亡給我們每一個生者的教益。

　　第四，死亡是新生命創生成長之基。任一生物有「生」必有「死」，我們一成形爲「人」，也就必須接受「死亡」的必至。我們絕不能把死亡視爲生命的失敗，更不能認爲死亡是生命的全部毀滅。實際上，有「死」才有「生」，正如有「生」才有「死」一

樣。死亡的生物學意義在於：一者，生命的自然選擇需要基因的重組，否則生命將無法適應大自然的環境變化。而生物的生生死死正是實現這種基因重組的最好方式。其二，死亡是讓生命體保持在大自然資源允許範圍內的一種手段。生物具有無限繁殖的本能，以宇宙地球有限的資源是無法承受的，所以，自然進化選擇了「死亡」來做為生命體與資源達到相對平衡的方式。生物一代接一代出生，必須伴隨著一代接著一代的死亡，這就是生命體不可移易的規律。我們人若從根本上明白了這一點，坦然地接受死亡的悲劇性命運，實際上就是要知曉：我們既然生了，過了一輩子，如今走向死亡，正是以一種犧牲精神讓出位置與資源給下一代。不要去追求肉體的無限存在，那做不到，也不符合生命倫理。我們每個活著者的全部問題在如何「活」，而絕不在如何逃避「死」。明瞭這個生命存在的至理，我們的心胸可以更寬廣，眼光可以更深遠，做自己該做之事，行自己該行之道，努力於生前，不必悲哀必死的終點，方不枉在世間走這麼一遭、方不枉堂堂正正地做人一場。

實際上，死亡不但是「生」的一切結束，也是一切「生」的開始。人類害怕血緣中絕，所以繁殖了難以計數的後代——這不就是「死」後之「生」嗎？在生命的長河中，人的基因可以不死，其遺傳編碼匯入整個人類生命代代延續之中，永恆長久。人類在世間的一切努力，孜孜不倦地發展生產，推動社會文化與文明的進步，創造出日新月異的科學技術，為的是什麼？為的只是「求生抗死」，若無死的脅迫，人類將懶惰無比。死亡是催生人類活力和進步的「助產婆」，這也是一種自「死」而得「生」，死亡的意義不可謂不大。因此，在另一種意義上說，「死」是生命的另一種形式，只要我們不囿於個我之生命，我們就一定能體會到：每個人承自父母之精血的生命，實為傳承了成千上萬的逝者之血脈，是社會文化與文明的綜合體現。從死的那一刻始，我們又進入到無數逝者的行列

中，成為下一代生命創生的基礎。所以，在認識死亡的意義與價值的問題上，具備家庭家族的血緣意識，具備社會及宇宙的宏大視野是非常必要的。

從宇宙的視野來看，生命就是一無限無窮之流，每一個生命都是其中的一份子、生命長鏈中的一個環節，生命就是這樣前仆後繼，生生不息。從這一意義上來看，每一個人的生命都是永恆的。

第五，死亡是一種安息安寧，是永恆的甜蜜夢鄉。死亡是超驗之存在，人們活著時，不知死；人死後，則無法言說。所以，死亡是不可知之物。死是一種最個我化的體驗，俗話說：人是一樣「生」百樣「死」，意思是，人人出生的方式皆是父母婚配、十月懷胎，產下的新生兒；但每個人死亡的時空和方式都不一樣，死亡是要每一個人自我擔當的，畢竟無法請人替代，也無法討價還價。死亡又是最最普遍化的存在，每一個人活得都不一樣，唯死這一結局是相同的。我們來自宇宙的永恆，將必回到永恆之中。據統計，自人類誕生至今，已有六百億生命逝去了。人出生了，是一種偶然，不為什麼，也沒什麼特別的含義；然後經過一段稱為「生活」的過程，再必然性地死了，如此而已。

生命死亡的這些性質可以讓我們產生無限的暇思，最好的想法是：我們可以也應該把死亡視為一種永恆的夢鄉。人們在世間萬分勞累，生活中吃盡了苦頭，身疲心倦，於是，透過「死」而進入到無爭鬥、無痛苦、無煩惱、無悲哀之境，那是一種永久的安息，永恆的甜睡，豈非也是一種歸宿，也是一種幸福？中國古人把人生視為「旅途」中漂泊之「寄」，而把死者稱為「歸人」——回歸大地之母的懷抱，融入到人類大生命的永恆之中，從而永不受人間風刀雪霜之苦，這是有其道理的。

實際上，我們人在生前，總想去獲得永恆性，也許終其一生亦難得到。唯有死才賦予我們每一個人永恆。逝者的時空永遠定格

在死的那一刻，年齡再也不會令人擔心地不斷增長，逝者也永遠沒有了苦惱、痛苦和悲傷，不會受到肉體與心靈的傷害。此外，在人世間，我們許多人最大的不滿是——不公平。充眼望去，人與人有貧富的區別，有貴賤的高低，有機會機遇的不同，有生在此國還是他國之別，等等等等，這都讓我們躁動不安、心生憤懣。而且，世上的不公幾乎是不可消除的現象，無論你多麼努力地去爭取平等的權利，也常常會面對生存境況感慨萬千：上蒼何其不公！與人之「生」無法達到不公完全不同，「死」是最大的公平。一者，任何人都必死；二者，任何人死後皆是回歸大地，沒有例外，也不會有其他的出路。死神是真正鐵面無私的「法官」，讓世俗的每一個人皆享受到完全同等的待遇。這不也是死亡的意義與價值嗎？死亡讓我們實現了人生中不可實現的追求。

可見，一個人僅僅關注「生」，未必能很好地「生」；只有透悟了「死」，並能立於「死」的視角觀察「生」者，才能更好地「生」。這就叫立於生命的「終點」來看人生的「中點」，自「死」而得「生」。這樣，便可以在我們短暫一生中創造出更大、更多的意義與價值，讓人生更輝煌。

總之，死亡的意義簡言之就在於：讓我們更加珍惜生命；使我們在人生中有緊迫感；引領我們尋找到生活的意義所在；也讓這個世界萬物處於動態的平衡之中；甚至可以讓我們能夠——享受死亡。明白了這些道理，也即可以在學習「死亡」的過程中，獲得面對死神將至的坦然與心安。

第三節　學會死亡

瞭解死亡的意義與價值後，還要學習死亡；而要學會死亡，

則必須要能夠悟解並運用哲學及宗教的生死智慧。人類社會發展至今，已創造出相當完備的學習系統，但多是針對「生」的種種問題而設；而在人人必經受的「死」之方面，則教導甚少，這不能不說是現代社會教育體系的重大缺陷。所謂「學會死亡」，實則是在瞭解生死各方面知識的基礎上，如何面對我們一定會相遇的「死亡」；透過哪些觀念及智慧來消解生死的困惑與痛苦，並最終超越死亡。死是生之反面，它使我們無時不處於一個生活可能突然中斷的危險之中，它引發了我們最大的心理不安，最深的生理上的悲傷，以及最強烈的精神上的焦慮、痛苦和恐懼。因此，世間之人在埋首孜孜為利之時，千萬不要忘記要解決好人生問題，就需要去關注死亡的問題。只有將人之死亡問題解決好了，人生的問題才可能得到最終的解決。

一、體悟「生死互滲」的觀念

人人在世間都會遭遇上許許多多的痛苦、災難和困境，但要指出人生最悲慘之事為何，人們大概都會同意是死亡。由此，我們就可以深刻地體會到學會死亡的重要性及必要性。我們的一生中，要麼會遇見陌生人之死，要麼經受親人亡故之痛，更令人不寒而慄的當然是──自我之死。我們怎麼辦？如何能夠保持在「死」之面前的尊嚴？這就需要學會死亡。

人們要學會死亡，不僅要求之於科學觀念，更要求之於哲學的智慧、宗教的學說，以及更重要的東西──人們對死亡的深思、靜思、沉思，在此基礎上才能達到對生死問題的悟解，並最終消解死亡問題。人人皆啼哭著來到這個世界上，因為那時我們天真純樸，無思想、無觀念、無看法；可我們每個人皆不希望自己也哭著離開這個世界，因為這時的我們不僅有了豐富的社會人生的閱歷，還有

了文化與知識，形成了思想、觀念和看法，擁有了理智與信念。為達到對死亡的安然態度，我們必須去透視死亡、悟解死亡，為死亡的降臨做好必要的生理與心理的準備。在那一刻終於到來時，我們就一定能坦然地、甚至欣然地投入它的懷抱，獲得永久的安息。如此，我們便學會了死亡，獲得了生死的高品質，實現了人類生死兩安的最佳境界。達此境界的主要方法是體悟生死互滲之原理。

　　一般而言，世上的人皆喜生厭死，根本原因是將生與死截然兩分。但實質上，「生」與「死」是一體兩面，無法將它們截然分開。因為人在剛剛出生之後就在走向死亡，死是蘊含在生命之內的，而宇宙間的有生之物無不都如此。大凡有生命者，都會經過孕育期，然後則出生、成長，再進入衰老期，最後便會死去。生與死雖然判然有別，但「生」的瞬間就含蘊著死的因素，兩者是互滲而混然一體的。比如，人生之中，細胞、肌肉、頭髮等肌體時時刻刻都在新陳代謝，這是生中有「死」的表現之一；人每活一年、一天、一小時，過去的便永遠地過去了，不可再現了，亦相當於「死去」了一年、一天、一小時；而人們在某個時候擁有了死亡意識之後，將伴之終生，且隨著年齡的增加，死亡意識將日趨強烈，這是精神意識中包含有「死」之因素。既然如此，「死」就不是人「生」的異質性存在，對每時每刻都相伴於我們一生的「死」又有何怕之有？關鍵在於，世人一般都體認不到「生死互滲」的原理，誰都只願永遠地活下去，誰都害怕死亡的降臨。因為，在人們的眼中，「生」盈滿著生機，充溢著溫暖、活力、光明、擁有；而死則是生機頓失，是冰冷、枯竭、黑暗、喪失，人們怎不求生畏死呢？但是，人是一種生物，必然逃不脫死亡的命運，無論是接受還是不接受，死亡都會在某時某刻來臨。既然如此，人們就必須正視死亡，活著時不要迴避死亡的問題，因為即使你想迴避也是迴避不了的。有了這樣的深層次之知，可以相當程度地減輕死亡的焦慮、恐

懼、害怕和擔心。

二、立於宇宙發展和自然大化的角度看生死

　　要學會死亡，人們還應該立於自然大化的角度來看待生死。要意識到有生者必有死是宇宙的不移不變的法則，這是一種自然的過程，故而也是一種必然的結果。人們雖然都盼高壽，希望能活得越長越好，但是必須意識到自我的生命總是有限的，無論壽命的長短，人終有一天要面對死神。對這一刻的到來，我們當然都希望越遲越好，但當它來臨之際，我們就不必害怕去面對它。因為，死亡的降臨不會因為你的心不安和不甘而隱去或退去，它在要來時就必會來到。既然如此，我們就應該儘量地把不安心轉變為安心，把不甘心轉換成甘心，這就叫對生死的達觀。

　　《莊子》云：「父母於子，東西南北，唯命是從。陰陽於人，不翅於父母。彼近吾死而我不聽，我則悍矣，彼何罪焉？夫大塊載我以形，勞我以生，佚我以老，息我以死。故善吾生者，乃所以善吾死也。」[2]自然大化對於人而言，猶如生我養我之父母一樣，我們人必須完全的服從。自然給我生命，讓我勞作而生活，又使我老而臨近於死，這一切無不是自然造化的巧妙安排，我們怎能強悍而不從呢？怎麼能不安於死亡降臨的命運呢？由此，我們便能獲得了面對死亡的心安，尋找到了解決死亡問題的途徑，並因此提升了自我的死亡品質。

　　此外，我們應該放棄只求生命長短的數量觀，置換成刻意提升生命內涵的品質觀，意識到一個人的生命價值不在活得是長還是短，而是由其生活是否豐富、人生是否有創造性等生命的內涵所決

2.張耿光譯注，1991，《莊子・大宗師》，貴州人民出版社。

定的。因此，我們每個人不必盯著壽限不放，一味地追求高壽，低品質甚至無品質地活著又有何意義呢？它不過是增加了自我的痛苦和家庭與社會的負擔而已。所以，人們固然要去關注自我的壽命長短，可更應該操心的還是生命過程中的體驗是否豐富和創造是否眾多，有了這些，我們便可面對死亡而安然放心，無論死亡來臨的時間是在後（壽長）還是靠前（壽短）。

三、學習生物衰老的科學

　　要學會死亡，避免強烈的死亡悲傷，需要從生物衰老的科學中獲得解決的方法。從生物學來說，任一生命的機體都猶如一架不停運轉的機器一樣，時時刻刻在磨損著。人的生理性器官從形成之日始便處於運動之中，它們當然要被損耗。一旦經過長時間的運轉，人的生理性器官便走向不可復原性的衰竭之中，人們就必不可免地步入死亡。雖然這時人們的外在表現是患了這樣或那樣的病，可在本質上卻是因為人的機體在不斷地老化。此時，從外在的方面來說，人們當然還是應該積極地求助於醫學科技，儘量地去醫治自我的疾病；可從內心而言，則應該明白自己的身體正在走「下坡路」，而這是一條一去不返之路，它一直要把我們帶往死亡之域。意識到這一點非常重要，只有在思想上有如此的觀念準備，我們才能擁有一種正常死亡的意識，以使我們能夠接受死亡降臨的實存，不把人之死皆歸為非正常的現象。

　　如果我們還能進一步把即便是因疾病而亡也能視為一種正常，畢竟人會患病是一種自然且必然的現象，那麼我們就更能擺脫許多死亡問題的困擾，大大減輕自我的死亡悲傷。舍溫醫師說：一個人只有「接受了壽命有限數的觀點，就能體會到生命有對稱的美。生活的網路中，既有快樂與成就，也有痛苦。那些想超越壽命活下去

的人，會失去對年輕人的正當觀感，並對年輕人主事感到不悅。正因爲我們的一生只能在有限的時間內去做值得做的事，才有了做事情的迫切感。否則，我們就會滯留在因循之中。」這位醫生還引法國偉大的思想家、文學家蒙田的話說：「你的死亡是宇宙秩序的一部分，是世界生命的一部分……是讓你誕生的一個條件。研究哲學就是要明白死亡。把地方騰給別人，就像別人把地方騰給了你。」[3]這樣一些看法，無疑都說明了，人由生而之死是一既合理又合情的事情，所以，我們不要迴避死，相反，應該將其視爲遲早要到來的一正常的生命結局。如果能達到這種境界，死亡的悲傷就相當程度上得到了緩解。

四、改變人生觀

要學會死亡，還必須解決人們執著於「擁有」而產生的死亡痛苦問題，這需要極大地改變人生觀。現代社會及經濟的運作，皆以凸顯個人爲核心：爲激發人最大的體能和智慧，必須將個人擁有物的不可侵犯性儘可能地用法律和制度嚴格地規定下來。由這一經濟社會狀況所決定，人們也就十分習慣於將你的、我的、他的分得一清二楚，要儘量保持自己已有的，也要儘量將已有的數量和品質不斷地增加，這成爲了人們幾乎全部的生活宗旨。這樣一種經濟生活與社會生活的現狀無疑形成了最爲典型的「個我主義」人生觀。

也許人們在現實的人生過程中，會覺得這種人生觀確實很好很妙，不僅有大用，而且享受無窮。但是，若人們換一角度，不是由「生」觀「生」，而是由「死」來觀「生」的話，便可立即發現

3.《我們怎樣死——關於人生最後一章的思考》，1996，世界知識出版社，第80頁。

這種個我主義的人生觀有著重大的缺陷。因為這種人生觀導致人們產生無窮的攫取欲：人們生前無論擁有的是多還是少，皆覺得不夠多、不夠好。於是，人人疲身心於名利場中，陷入無窮盡的拼鬥，而自我之人生便永遠處在焦躁不安與無可奈何之中。一當人們面對死神時，會發現問題一下子全部都顛倒過來了：人們無論擁有的是多還是少，都會覺得擁有的很多很多，只是無法消受它們，而且將永遠不能消受，這又造成了人們臨終前極大的死亡痛苦。可見，個我主義的人生觀既不能讓我們的生活過得幸福，又使我們在走向臨終時痛苦萬分，實在是應該置於放棄之列。

那麼，我們要想解決因喪失而導致的死亡痛苦，應該擁有哪種人生觀才最好呢？關鍵在於，我們不能從經濟的運作方式中抽象出安排人生的原則，而應該建構一個「由死觀生」的方式，也就是說，我們要在活著時從觀念上和意識上「先行到死」，立於死後的基點來觀照自我的人生。這樣，我們便可立即發現：我們生前無論擁有的是多還是少、是優還是劣，我們都擁有得很多很多，因為相比較於死時的完全喪失，我們現在那怕只有「一文錢」，那也是很「富有」的；如此，我們又何會有人生中總是「一無所的」的感覺？也就不會產生焦躁不安與無可奈何的負面的心理狀態。而人們也可以不斤斤計較於你的、我的和他的之區分，非常樂於在現實生活中對他人援之以手，用己之所有盡可能地幫助別人。因為我們每個人都必死，都必會喪失所有的世間之物，那我們為何還要死死地執著於己物與他物之分呢？又有何物不能捨棄以助人呢？有了這樣一種人生觀，人們那種臨終前因對擁有的一切難以割捨造成的死亡痛苦也會自然地消失殆盡，因為，持有如此人生觀者，根本就沒有無法割捨的東西。所以，學會死亡的前提在於：要習慣捨棄自己熟悉的東西，讓自我成為一種不被他人、社會、他物所限圍的獨立存在。如此，我們才能在接受虛無之「死」的降臨時不焦慮，也不痛苦。

可見，當代人要樹立一個健康的人生觀，非得從「死亡觀」出發；而「死亡」問題的最終解決，又必依賴於人們擁有一個好的「人生觀」。只有那些善於將「生」與「死」溝通的人，才有可能較好地解決各種人生問題與死亡問題，達到生死品質皆理想的境界。

五、運用生死哲學的智慧

要學會死亡，還必須消解當代人因對死亡的形貌、死亡的歸宿和死亡的處理方式等引發的死亡恐懼，這就需要理解並運用生死哲學的智慧。

偉大的古希臘哲學家柏拉圖說：「哲學是死亡的學習」，「真哲學家，總是專心致志於從事死亡，因此，他們在一切人中最不驚惶失措」。可見，學習哲學，可以最大限度地消解死亡的恐懼，從而對死抱有一種平靜接受的態度。爲何學習哲學能達如此功用呢？柏拉圖的老師蘇格拉底認爲：「死的境界二者必居其一：或是全空，死者毫無知覺；或是，如世俗所云，靈魂由此界遷居彼界。」[4] 如果是前者，既然我們死後一點知覺都沒有，我們又何必恐懼死的形貌、死後的歸宿、死亡的處理方式呢？實際上，此時的人根本就不可能去害怕，因爲恐懼與害怕皆是活人的一種感覺與知覺；人既然死了，也就不可能有感覺與知覺去害怕了。如果是後者，人之死意味著靈魂遷居另一個「世界」，那死亡更不可怕了；相反，臨終者會因爲自己的生命將有一個新的發展而充滿著無限的憧憬，蘇格拉底就想到自己可能在死後，靈魂將與那些偉人相會而欣喜不已。

4.見柏拉圖，1983，《遊敘弗倫，蘇格拉底的申辯，克力同》，商務印書館，第78頁。

如此的話，人又何會去恐懼於死呢？所以，另一位哲人伊比鳩魯指出：「一切惡中最可怕的——死——對於我們是無足輕重的，因爲當我們存在時，死亡對於我們還沒有來，而當死亡時，我們已經不存在了。因此死對於生者和死者都不相干；因爲對於生者說，死是不存在的，而死者本身就不存在了。」[5]當我們存在時，死亡還未到來；而當我們死時，我們又不能感覺到它。所以，死對生者而言不存在，死對死者而言也不存在。這個人在世間最最恐懼的對象——死——原來對於我們「是無足輕重的」，所以，根本不必去害怕。

　　中國古代的思想家往往傾向於提倡一種死亡的價值論來消解人們的死亡恐懼。先秦時期的大思想家孟子云：「生，亦我所欲也，義，亦我所欲也；二者不可得兼，捨生而取義者也。生亦我所欲，所欲有甚於生者，故不爲苟得也；死亦我所惡，所惡有甚於死者，故患有所不辟也。」[6]儒家的創立者孔子則說：「志士仁人，無求生以害仁，有殺身以成仁。」[7]在中國古代賢哲看來，活著固然是人們之「所欲」，但人間之道德的價值「義」則超過了人對「生」之「所欲」，因此，在二者不可同時兼得的情況下，作爲人就應該勇於赴死。死亡雖然是世間人人所「惡者」，但是，人間還有比死亡更爲所惡的東西，所以，在特定的情況下，人們是不應該逃避死亡的。這樣一種生死的智慧，明顯不同於以上西方哲人從感覺論出發消解人之死亡恐懼的智慧，而是從人生價值的角度將道德置於比生死更高的位置，讓人們在思想觀念上認識到生不足惜、死不足畏，只要是爲了崇高之道德價值的實現，每個人都應該也必須「殺身成仁」。立於如此境界，人們不僅能夠不怕死，且能面帶微笑而就

5.參見《古希臘羅馬哲學》，1982，商務印書館，第366頁。

6.朱熹，1983，《四書章句集注・孟子・告子章句下》，北京：中華書局。

7.楊伯峻編著，1963，《論語譯注・衛靈公》，中華書局。

死，又何會去恐懼於死呢？

　　古今中外的哲人們對死亡有許多的論述，人們只要細心地去領會，必可獲取高妙的生死智慧，學會死亡，以有效地對付我們必不可免地人生結局——死亡的降臨，從而消解死亡的恐懼，提升我們的生死品質。

本章主要參考題

仔細閱讀以下二段資料，並回答下列問題：

1. 我們能從死亡的標準中獲得死亡的定義嗎？

2. 如何理解生死的邊界？

3. 按你自己的理解，列出死亡有那些意義與價值？

4. 學習死亡與學會死亡二者間有何聯繫與區別？

5. 如何從科學的知識與哲學和宗教的生死智慧中學會死亡？

6. 怎樣才能享受死亡？

7. 試為自己撰寫一份「墓誌銘」。

8. 試設想自己只有一個月生命的情況下，如何度過自己的餘生？試列出一份你必須要做的事情的清單。

9. 試根據學到的生死學與生死哲學的知識，分析一下有關安樂死、自殺、死刑、墮胎、器官移植、災難中的死亡、克隆（cloning）、老齡社會等等方面的問題。

材料一：蘇格拉底論死亡

　　人們如果從另一角度來思考死亡，就會發覺有絕大理由相信死亡是件好事。死亡可能是以下兩種情形其中之一：或者完全沒有知覺的虛無狀態；或是大家常說的一套，靈魂經歷變化，由這個世界移居到另一世界。倘若你認為死後並無知覺，死亡猶如無夢相擾的安眠，那麼死亡真是無可形容的得益了。如果某人要把安恬無夢的一夜跟一生中的其他日子相比，看有多少日子比這一夜更美妙愉快，我想他說不出有多少天。不要

說是平民，就是顯赫的帝王也如此。如果這就是死亡的本質，那麼死亡真是一種得益，因為這樣看來，永恆不過是一夜。

倘若死亡一如大家常說的那樣，只是遷移到另一世界，那聚居了所有死去的人，那麼，我的諸位朋友、法官，還有什麼事情比這樣來得更美妙呢？假若這遊歷者到達地下世界時，擺脫了塵世的判官，卻在這裏碰見真純正直的法官邁諾、拉達門塞斯，阿克斯、特立普托里瑪斯，以及一生公正的諸神兒子，那麼這歷程就確實有意義了。如果可以跟俄耳甫斯、繆薩尤斯、赫西阿德、荷馬相互交談，誰不願意捨棄一切？要是死亡真是這樣，我願意不斷受死。

我很希望碰見帕拉默底斯、蒂拉蒙的兒子埃傑克斯以及受不公平審判而死的古代英雄，和他們一起交談。我相信互相比較我們所受的苦難會是件痛快的事情。更重要的是，我可以像在這世界一樣，在那新世界裏繼續探求事物的真偽。我可以認清誰是真正的才智之士，誰只是假裝聰明。法官們啊，誰不願捨棄一切，以換取機會研究遠征特洛伊的領袖、奧德修斯、西昔法斯和無數其他的男男女女！跟他們交談，向他們請教，將是無窮快樂的事情！在那世界裏，絕不會有人因發問而獲死罪！如果傳說屬實，住在那裏的人除了比我們快樂之外，還會永生不死。

法官們啊，不必為死亡而感喪氣。要知道善良的人無論生前死後都不會遭逢惡果，他和家人不會為諸神拋棄。快要降臨在我身上的結局絕非偶然。我清楚知道現在對我來說，死亡比在世為佳。我可以擺脫一切煩惱，因此未有神諭顯現。為了同樣的理由，我不怨恨起訴者或是將我判罪的人。他們雖對我不

懷好意，卻未令我受害。不過，我可要稍稍責怪他們的不懷好
意。可是我仍然要請你們為我做一件事情。諸位朋友，我的幾
個兒子成年後，請為我教導他們。如果他們把財富或其他事物
看得比品德為重，請像我煩勸你們那樣煩勸他們。如果他們自
命不凡，那麼，請像我譴責你們那樣譴責他們，因為他們忽視
了該看重的事物，本屬藐小而自命不凡。你們倘能這樣做，我
和我的兒子便會自你們手中得到公義。

　　分手的時候到了，我去死，你們去活，誰的路更好，只有
神知道。

材料二：《生，抑或死？——生命的意義，死亡的意義》（作者：吳今，梁辰譯）

按：作者吳今是北京大學生物系八十七級生物物理及生理學專
業的學生，在一九八九年四月和同學去野山坡春遊時，她想獨
自去看一處風景，不幸墜崖身亡。此前不久，她寫了這篇英語
作文，有人把這篇文章翻譯成中文，刊登在北京大學的校報
上。

To Be or Not to Be
The Meaning of Life, the Meaning of Death
By Wu Jing
生，抑或死？
——生命的意義，死亡的意義
Every one who knows Shakespere must know his most well-
known tragedy: Hamlet and that famous line: To be or not to

be, that's a question. As for Hamlet, to be or not to be is quite a dilemma: he was doomed to be a tragedy, whether to live or to die. Perhaps everyone will confront the similar choice to Hamlet in his life sooner or later. To survive or to die, to fight or to surrender, to win or to lose. He must make the decision himself. Fortunately, I haven't come to that crucial point yet. Up till now, my life is like a smooth sailing. Sometimes I ask myself: do I find the real meaning of life and death? Though I am going to be a biologist, I have no definite answer to that. But still I believe that I did find something in life.

　　任何熟稔莎士比亞的人都必知曉莎翁最有名的悲劇之作《哈姆雷特》，以及那句名言：「生，抑或死，這是一個問題。」對於哈姆雷特而言，生，抑或死，確然是一個兩難的窘境：無論活著還是死去，他都已經被註定了要成為悲劇。或許，任何人都會於其一生之中，或遲或早，遭遇與哈姆雷特相彷彿的選擇。生或死，戰或降，贏或輸，他必須自己定奪。幸運的是，我個人尚未臨至那個關鍵的時刻點。迄今為止我的人生有如一程風平浪靜的航行。有時，我會問自己：我是否找到了生與死的真義？雖然我有心成為一名生物學家，我仍對此一問題無法確答。不過，儘管如此，我相信我仍然在生命中發現了某些東西。

　　When I ramble along in the peaceful field, hearing the twittering of birds, drifting in the fragrance of wild flowers, I will always praise the beauty of life and feel really happy that I'm still alive. When I learned the mysterious nature and the evolution of life, I was filled with admiration by the greatness of nature. Life is a bestowing of nature, we have no right to smother, it's a part of universe. I remember one day, when I felt so frustrated by those misfortunes in life, it seemed that I had done everything wrong and there was no remedy at all. I left home, wandering along the street, feeling sad and hopeless. It was then when I caught sight of the sunset. The sun was like a huge burning ball, flaring and shinning, it was so glorious and so brilliant. Soon the whole sky was flaming, the sun gathered its last energy burning thoroughly, like the solemn end of a tragedy. It sunk slowly under the horizon, soon darkness fell around me. I stood there unawaring of where I was. Tears ran down my face. A voice cried out in my heart: "I will wait, till the sun rises again, till the first sunshine on my shoulder." Perhaps that's the meaning of life. Everyone has his own sun and his own dream, and everyone has own brilliant moment when his sun shines gloriously. We'll struggle and suffer in order to reach that brilliant moment. Nothing can stop us, no matter how hard, no matter how many times we fail. That dream, deeply rooted in our heart, is worthy of devoting our whole life to. All of us want to see the sun shines again and want to catch that glorious moment to appreciate the real beauty of life.

　　當我閒步於平靜的郊野，聽到鳥語之啁啾，隨著野花的芬芳流蕩布散，我總是不期然地感恩於生命之美好，為自己的存在活著而由衷快樂。當我瞭解到生命的神秘本質和生命的進化後，我開始對造物的無上偉力滿懷崇敬之情。生命是自然的

賜予，我們無權將其窒息，生命是宇宙的一部分。我記得有一日，我曾因生活中的若干不幸而深感沮喪，似乎我已經做錯了每一件事，而且九州鑄鐵，悔無可補。我離開了家，徘徊於街市之上，傷心又無助。就在那時，我的視線一下觸到了夕照。那太陽如同一隻碩大無朋的火球，燃燒著、閃亮著，它如此之雄美，如此之燦爛。不頃刻間，整個天空都燃燒起來，夕陽凝匯了它最後的能量，盡情付之一燒，彷彿一齣悲劇的莊嚴尾聲。它緩緩地墜入地平線下，很快，黑暗籠罩住了我。我怔怔站立在原地，不知自我為伊誰。淚水潛然而下。一個聲音從我的心中呼之而出：「我要等，等到太陽重新升起，等到第一縷陽光照在我的肩頭。」也許，那就是生命的意義。每一個人，都擁有他自己的太陽和自己的夢想，每一個人，都會在他的陽光照耀下擁有他自己的璀璨時光。我們奮鬥，我們承受，都是為了抵達那一刻璀璨時光。沒有任何事物可以使我們停滯不前，無論過程多麼艱難，無論我們敗北多少次。那一夢想——那一根植於我們深心的夢想，值得我們為之奉獻此生。

我們所有的人都想要看到明日的朝陽，想要把握住那個璀璨時刻，從而銘恩於生命之美。

Life is like a long river, it will end someday and somehow. No one can escape from that eternal end, when that day comes, we'll say goodbye to this colored world. A man's life is a man's song. Whether it's sad or happy, fierce or quiet, it's his own song. A song written in his own way with his soul, with his life. A man lived, did what he should do, found what he want, fulfilled his dream. He then died calmly. Because he knew that there was nothing to regret.

He had seen evil and good, ugly and beautiful. Now it was all over, it was time for his play to close and gave the stage to newcomer. His song was going to end, but it would never diminish, it would become a tiny part of the chorus of the universe, and that will sing forever. Another man lived, struggled, but never reached his dream, for him, life was a perpetual nightmare, then he saw the twilight, they glimmered far in the distance, though he had no time and he would never got there, his heart was quiet, for he knew he had tried his best. His song might only be a faint cry but he knew it was just the prelude to the grand movement of that chorus. He died happily, hearing the song were sung continueously.

　　生命有如一條長河，有朝一日，它會以某種方式流至它的盡頭。無人可以逃逸於那個終極的盡頭，當那一天來臨的時候，我們將與這個斑爛的世界永訣。一個人的生命，就是他唱出的一首歌。無論悲傷還是歡喜，無論激越還是和緩，終歸是他自己的歌，一首以其獨特的魂魄和生命寫就的歌。一個人生存過，為其所應為，尋其所欲尋，實現了他的夢想。然後他可以平靜地死去了。因為他知道，他將無悔於心。他已經歷見過惡與善，醜與美。如今一切都已掀過，在他的劇終，就是讓出舞臺給新來者的時刻。他的歌聲行將收尾，但永不湮沒，那歌聲將會成為這個宇宙的整個合唱的微小部分，而且將唱至永恆。另外的一個人，也曾生存過，奮鬥過，但永未曾抵達他的夢想，對他來說，生命就如一場永遠的夢魘，然後他看到曙光在遠處閃爍，但他已經沒有時間，也永遠不能抵達彼處，他的心靜下來，因為他知道，他已經竭盡過全力。他的歌聲也許

不過是一聲微弱的叫喊，但他已知道，這聲音不過是那大合唱的雄壯時刻的序曲而已。他快樂地死去，聽著那歌被繼續傳唱

——

The world is beautiful, because of warm sunshine and also because of its rain and storm. Only a man who has been drenched with tears can understand the real meaning of happy. Once a famous writer said in one of his novel: there is no real happy in life, but just one situation compared with another. The whole meaning of life lies in two words "hope and wait".

這個世界是美麗的，因為它既有煦暖的陽光，也有風雨和冰雪。只有被淚水浸透泡透的人才能了然快樂的真正意義。一位著名作家嘗於其小說中有言：生命中並無真正的幸福，不過是一種情形相比照於另一種情形而已。生命的全部意義基於兩個詞：「希望」和「等待」。

To be or not to be, it's all depends on a man's own attitude to life, on whether he appreciates the morning sunshine, whether he want to explore the beauty of nature. If the thunderstorms come, it all depends on whether he still firmly believes that the sun will rise again. Yes, the sun is going to shine, and it will shine even more brilliant. Do not cry, just wait and hope and fight.

生，抑或死，全然取決於一個人自身對生命的態度，取決於他是否感恩於清晨的朝陽，是否願去探求自然的美好。當雷電咆哮臨至，那就完全取決於他是否相信，明天的太陽將依然升起。是的，太陽將繼續閃亮，且將閃亮得更為璀璨。不要哭泣，只需等待，希望，和奮鬥。

Life and death and the sunshine make the world. As they go round generation by generation, day by day, the world go round. Let's sing out our own song lauding life, lauding world.

生命，死亡，以及陽光構成了這個世界。當它們世世代代、日復一日地周行不已，世界遂正行於其履。讓我們以我們自己的歌來詠讚生命，詠讚世界吧！

（材料來源：原創文學·死亡的意義〔論壇〕，http://bbs.hbvhbv.com/index.asp）

● 本章主要閱讀書目

吳仁興、陳蓉霞編著，2004，《死亡學》，北京：中國社會出版社。

舍勒（德）著，孫周興譯，2003，《死・上帝・永生》，中國人民大學
　　出版社。

翟曉梅著，2002，《死亡的尊嚴》，首都師範大學出版社。

列維・布留爾著，丁由譯，1981，《原始思維》，北京：商務印書館。

迪爾凱姆著，2001，《自殺論》，北京：商務印書館。

巴斯卡著，何兆武譯，1985，《思想錄》，北京：商務印書館。

沙特著，陳宣良等譯，1987，《存在與虛無》，北京：三聯書店。

叔本華著，陳曉楠譯，1986，《愛與生的苦惱》，北京：中國和平出版
　　社。

海德格著，陳嘉映、王慶節譯，1999，《存在與時間》，北京：三聯書
　　店。

陳俊輝著，1995，《海德格論存有與死亡》，臺北：臺灣學生書局。

王曉朝譯，2002，《柏拉圖全集》，北京：人民出版社。

索甲仁波切著，鄭振煌譯，1997，《西藏生死書》，臺北：張老師文化
　　事業有限公司。

蓮華生著，徐進夫譯，2005，《西藏度亡經》，宗教文化出版社。

高柳和江（日）著，王原等譯，1999，《面對死亡》，中國青年出版
　　社。

陳兵著，1994，《生與死——佛教輪迴說》，內蒙古人民出版社。

謬菡源居士編，1999，《了生脫死》（修訂本），諾那華藏精舍金剛贈
　　經會印。

張三夕著，1996，《死亡之思》，臺北：洪葉文化事業有限公司。

孟憲武著，2000，《人類死亡學論綱》，陝西人民教育出版社。

肯內斯·克拉瑪著，方蕙玲譯，1997，《宗教的死亡藝術——世界各宗教如何理解死亡》，臺北：東大圖書股份有限公司。

馬堅譯，1981，《可蘭經》，中國社會科學出版社。

李霞著，2004，《生死智慧——道家生命觀研究》，人民出版社。

第六章　臨終關懷

　　當人們的生理機能不可復原地走向衰竭，也就開始了臨終的過程，一直持續到生命的終點——死亡。與動物的死亡過程不同，人的去世不僅僅是逝者個體之事，一開始便關係到親屬與社會，臨終的精神撫慰與親屬的精神撫慰是這一過程最重的事情。應該看到，死亡是人生最後的成長機會，人生這個最後的「句號」是不能隨便劃下的。此外，在親人過世的狀態下，遺屬們往往撕心裂肺，肝腸寸斷，痛不欲生，極大地破壞了心靈的平衡狀態，引發一系列的心理與精神的痛苦，甚至導致嚴重的生理性疾病，這就需要進行精神撫慰的工作。在前幾章，我們已瞭解到生命、生活、人生和死亡的相關議題，但對一個包含了生與死在內的人生全過程而言，臨終這個階段是特別重要的。因為，如果一個人一生都比較順利、比較幸福，可在他走向死亡的過程中若非常痛苦、非常恐懼、非常哀傷的話，那麼，臨終的低品質將把他一生的幸福都一筆勾銷了；而同時如何讓遺屬們儘快地從哀傷中超拔出來，重新展開正常的人生之路也是非常重要的，這兩方面都可涵括在臨終關懷這個範疇之內。所以，臨終關懷本質上就是死亡教育。學習生死學和生死哲學，必須把對生死的探討落實在臨終及遺屬的精神撫慰的問題上。一般而言，人們學習死亡的過程，主要即是接受生死學與生死哲學知識的過程；而在學會死亡的過程中，最好是習得宗教的生死智慧。本章將從臨終者及遺屬們面對的諸問題和生死企盼入手，重點討論宗教的生死智慧，及精神撫慰的問題，畢竟我們每一個人都會面對親人的過世，而且我們每一個人都必然要走向臨終。

第一節　臨終者的生死企盼與遺屬的精神撫慰

　　據有關資料顯示，僅就中國大陸而言，目前的死亡率大約為千

分之六，也就是說，中國一年死亡人數約達八百二十萬之巨[1]。一般而言，一個面臨死亡者，他的家人必不可免地會陷入巨大的悲痛之中；而同時與死者有關的朋友、同事等也會產生哀傷之情。這樣，僅中國大陸每年的臨終者和受死亡問題的困擾者就有九千萬人左右（以每個逝者十個左右的親屬和朋友計算）。如此巨大的面對死亡痛苦及喪親悲傷的人數，還不值得我們高度重視嗎？在學習生死學和生死哲學的過程中，我們必須積極地去尋求解決的方式與途徑。

一、臨終者與遺屬之心願

中華民族自古就是一個特別重視養生送死的民族，一般而言，一個面對死亡的中國人皆渴望著「善死」與「善終」。所謂「善死」，即人們不是遭受到水、火、刀、兵而死，其死是一種正常且自然的壽盡而亡；所謂「善終」，是指人們臨近死亡時，能安臥在熟悉的老屋子裏，親朋好友環侍在旁，臨終者可以從容不迫地交待完各種心事，再安然瞑目。人們若能實現這種「善死」與「善終」，便達到了理想的高品質的死亡。一人去世，必產生數個甚至數十個遺屬，作為遺屬的最大的心願又是什麼呢？當然一是希望逝者「一路走好」，在「陰間」的生活能更好；二是如何讓已失去親人之後的生活儘快上正軌，在今後的人生之路上不要太孤獨；三是怎樣逐漸消解自我的哀傷之情，保持一種健康的狀態。所以，死亡並不是人生最後的謝幕、最大的悲劇；真正的悲劇在人們臨終時被冷落、被遺棄，得不到生理性照顧和精神性撫慰，尤其是無微不至的愛的援助。

不過，時至今日，情況已有所變化，若從今日社會中的人而

1.按中國《第五次全國人口普查公報（第一號）》，全國人口為129,533萬。

言，臨終者所企盼的死亡的高品質包括兩個層面，第一，必須是尊嚴死。這可區分出三個方面：首先，尊嚴死指人們在死亡的過程中較少地受到生理性疼痛的折磨。現代社會，當死亡降臨時，人們多由於患了某種嚴重的疾病，會產生令人難以忍受的痛楚。如果人們是在鑽心之痛的過程中死去，一定是非常的不安，喪失了一切人的自尊與自信，那是談不上有任何尊嚴的。其次，尊嚴之死指的是這樣一種死法，人們能把所要交待的心事對有關的親人和朋友傾述完，再安然瞑目，否則，帶著悔恨、愧疚、自責、滿腹心事走向死亡，一定是很不安的。最後，尊嚴死還是一種個性化之死，也就是說，社會和有關人員能夠尊重臨終者的人格獨立與自身的基本權利，讓其能按自己的心願、自我的意識去迎接死亡。彌留者往往處於一個最最軟弱的狀態，常常喪失了或無法表達自我的主張與意識，這時外人最容易忽視乃至無視臨終者的需要和願望。如果完全違背臨終者意願採取某種引發極大痛苦的醫療措施時，臨終者是不可能獲得尊嚴之死的。第二、必須是安詳死。有關研究表明，臨終者往往會出現一些負面的情緒和心理狀態，如：否認、憤怒、矛盾、悲傷、孤獨、失落、悔恨、恐懼、不捨、絕望等等，如何採取某些措施，讓臨終者在精神上、心理上、靈性上無牽掛、無恐懼、無害怕、無焦慮，這即是安詳死。臨終者的「不捨」之情，實際上也是對遺屬們的一種強烈關注，畢竟逝者的心願是自己還在世的親人可以過上正常的幸福生活，不要因為自己的離世而傷身害體。不過，這一逝者的心願恐怕是逝者本人難以完成的，需要社會專業的人員與部門來幫助，對遺屬們進行全面而有效的悲傷輔導。

臨終者的生死企盼，實質上是對現代社會、現代醫學提出的新問題。人類應該調動一切物質的與精神文化的資源來滿足這些希望。當人們在對自己生命期限的預期中遠沒有意識到自己很快便會告別人世，而現實的惡疾卻把自己突然推到了死亡的邊緣，此時人

們如何能安心和甘心呢？否認、拒絕、憤怒、失望、自責及他責等心理表現當是情理中的事情。為此，現代社會應該也必須使臨終者實現安詳死，即人們在臨終前不至於陷入孤獨、憂鬱、絕望、痛苦、恐懼、擔心等負面的精神狀態中。

二、臨終關懷的本質

要實現尊嚴死，我們可能必須借助於高度發達的醫療科技；而要實現安詳死及對遺屬們進行良好的精神撫慰，則必須充分運用心理學、宗教學及哲學的智慧。只有這兩方面的完滿結合，才能夠使臨終者和遺屬們達到生死兩安的理想境地，並因此使人類在生與死的方面皆能實現高品質。在這一方面，宗教的生死智慧可謂具有獨特的意義及價值。一般而言，宗教中關於人生意義與價值的觀念，關於人之死亡的性質和趨向的思想，構成了宗教的生死智慧。

近些年來在世界各國發展十分迅速的安寧照顧（hospice care，亦譯為臨終關懷）的醫學模式，便是宗教學、死亡學的研究與醫學科學相結合而在人類實際生活中的應用。「安寧照顧」首先是一種嶄新的醫學治療模式。以往的醫學治療皆以治癒病人為目的，並沒有考慮到人總是要走向生命終點的，當物理性、化學性的治療毫無作用的情況下，醫生往往會對病人家屬說：「抬回去吧，讓他（她）吃點好的，四處走走看看。」這不僅是醫學的失敗，更是對病患和家屬的不負責。而「安寧照顧」則是以收治臨終者為主要對象，但又不以治癒為目的，以緩解其各種末期的症狀，尤其是生理性疼痛作為主要的醫療內容，以使臨終者也能有一個良好的生存狀態。其次，「安寧照顧」更是一種人文醫學的全面照顧的模式。以往的醫學一般將人視為生理人，對其進行各種物理及化學的治療；而「安寧照顧」則把人視為身、心、靈、社會四個層面的合和體，

所以，要由醫師、護士、營養師、物理治療師、藥師等來照顧病患「身」的方面；要由心理師、社工師等來照顧病患「心」和「社會」的方面；還要有宗教關懷師來照顧其「靈」的方面。所有這些照顧，目的都是要讓死亡的主體——患者——建樹起合理的死亡觀和死亡態度，以對即將來臨的死亡抱著坦然、無懼的心態，這是安寧照顧最主要的工作之一。再次，「安寧照顧」還是一種社會性延伸的照顧模式。以往醫學只關注病患，一切醫學人員的安排及治療方式皆以病患為對象和範圍；但一人生病，尤其是病人進入到不可逆的生命終結過程時，病患的全家都會陷入悲雲慘霧之中難以自拔。所以，「安寧照顧」將病人家屬也納入醫學的照顧範圍之內，用愛心及專業知識來關懷病家所遭遇的心理的、社會的和人際的各種問題，特別是進行悲傷輔導的工作。一般而言，親屬哀傷的程度與逝者的血緣親密程度成正比，越親近者的去世，親屬的哀傷就越強烈。如何使患者親屬保持平緩的心態，積極配合安寧療護小組對病人的治療；又如何在患者去世之後，使親屬們能夠把哀傷情緒控制在一定程度和範圍之內，使之不至於傷身害體；最後，如何使親屬儘快從喪親慘痛中超拔出來，步入正常的人生軌道，這三方面的問題都是安寧照顧要解決的。

在安寧照顧的過程中，特別重要的是：必須幫助臨終者尋找到超越死亡的方法和途徑。在觀念上可以提供二點：一是每個人之人生的意義與價值並不是由生命時限的長短決定的，而是取決於人生的內蘊是否豐富。人終必一死，或遲或早，這也許就是「命」，以人力是無法違拗的；所以人們只能在生前努力地奮鬥，品嘗各種人生的滋味，到死時也就應該安然瞑目了。古人把此叫做「盡人事，以俟天命」，每個人必須盡人事，即使患了絕症，也要努力。不僅醫護人員要努力，家屬要努力，病者本人更要努力，一切的事都已做完，那就要順從「命」，面帶微笑，邁向生命的終點。其次，人

生不可能擁有一切，人死也不等於什麼都沒有了。人們生兒育女，子女的生命是父母生命在世界上的延續，自己的形象將因此而永久地保留在子女的記憶之中。人們的社會生命與精神生命也可以永恆地存在。所以，人們必須從觀念上溝通「生」與「死」，意識到無「生」安有「死」，可無「死」也沒有「生」，故而要坦然地面對生死的各種問題。所謂生死智慧，就是要從精神上溝通「生」與「死」，以獲得對生死的正確態度，特別是面對自我之死時的安心、甚至是安樂的心境。如果人們生前十二分地努力，無一時一刻喘息的機會，就能夠去憧憬「死」，發出「大哉，死乎」的感慨，並體會到死作為甜蜜的永恆之鄉的巨大價值，從而消解死亡的恐懼與焦慮。

　　這樣，「安寧照顧」的本質是：在科學性質的醫學基礎上，融入人文的、社會的，特別是哲學智慧與宗教的知識與操作。既然人人必死，或壽盡而死，或遭病惹災而夭折，每一個人都必然會品嘗到或深或淺、或重或輕之臨終前的病痛。由此可見，臨終關懷就不僅僅是對絕症患者最後時光的醫療照護，其本質上應該是廣義的對大眾的死亡教育。實際上，無論是對臨終者進行的關懷，還是對遺屬們進行的悲傷輔導，都是對臨終者和遺屬之「靈」與心理的層面進行全方位的精神撫慰，心理和靈性照顧在對臨終者及遺屬關懷的實踐中佔有核心的地位，正是在這一點上，宗教的生死智慧及生死操作具有廣泛的應用性和不可替代性。

第二節　佛教生死智慧對臨終者的撫慰

　　從前人們常認為，佛教是出世的宗教，孰不知佛法是以出世的因緣做入世的功德。佛教最核心的精神之一是的「慈悲喜捨」，

其中即蘊含著強烈的人間性和社會性。「慈悲」實爲菩薩精神，亦即己已能成佛卻不成佛，發願要在人間廣渡眾生，以至於只要還有一人未成佛，自己就不西去「極樂」，這就叫「給人信心，給人歡喜，給人希望，給人方便」的菩薩行；「喜捨」則是「貧窮者教以大施，病瘦者給予醫療，無護者爲作護者，無所歸者爲受其歸，無救者爲作救者」之「捨身飼虎」的佛陀精神，二者共同構建了佛教的人間情懷。

所以，大乘佛法的精義要求人們不要自顧自地修習、自顧自地成佛，而要慈悲爲懷，要關心天下蒼生，要救渡溺於生老病死之苦海中的芸芸眾生，這可以說也就是人間佛教的眞精神所在。在中國佛學史上，禪宗六祖惠能曾云：「佛法在世間，不離世間覺，離世覓菩提，恰如求兔角。」說明佛法是世間人所學，也是覺世間之人的，若離開世間之人之事，又到何處去尋覓「菩提」呢？近代中國著名高僧太虛法師（1889-1947）以「人間佛教」的精神開展了佛教革新的運動，他說：「人間佛教，是表明並非教人離開人類去做神做鬼、或者皆出家到寺院山林裏去做和尚的佛教，乃是以佛教的道理來改良社會，使人類進步，把世界改善的佛教。」[2]強調佛教要服務社會，促使人類進步，凸顯了佛教的社會性。當代佛光山星雲大師亦大力宣導人間佛教，其云：「追本溯源，人間佛教就是佛陀之教，是佛陀專爲人而說法的宗教，人間佛教重在對整個世間的教化。」[3]他又在「如何建設人間佛教」的演講中，提出建設人間佛教的六點綱要：第一，建設生活樂趣的人間佛教；第二，建設財富豐足的人間佛教；第三，建設慈悲道德的人間佛教；第四，建設眷屬和敬的人間佛教；第五，建設大乘普濟的人間佛教；第六，建設

2.參見《怎樣來建設人間佛教》。

3.〈人間佛教的藍圖〉，文載《普門學報》第五期。

佛國淨土的人間佛教。這是把佛法的人間性眞正落實在佛教的社會性、公益性、人類性上，而佛教在臨終者及親屬們精神撫慰中的運用恰恰是其人間性的最好體現途徑與方式之一。

佛教在長期的發展中，不僅積累了豐富的有關臨終關懷的精神性資源，而且也有著許多具體的臨終關懷的操作。

一、破「我執」的智慧

根據有關研究，臨終者最最揪心的問題是：「爲何我此時此刻就要死？」而臨終者家屬最痛心的疑問也是：「親人爲何現在要離世？」關於這一點，佛教從破「我執」入手。佛法告訴人們，世間一切法都是因緣和合，人之生是由「四大」（地、水、火、風）和合與「五蘊」（色、受、想、行、識）彙聚而成，生命本就無常。所以，人之生、老、病、死不過是生命一種自然的流程而已，人們何必恐懼於此呢？世間萬物無不流遷，人之生命機體的「四大」亦無不變化，當人的四大生命構成要素失衡時，人之生命機能就會不協調，人必不可免地會生各種病，終則死亡。另一方面，人之生是五蘊聚合，五蘊離則人死亡。「五蘊」自身是無定性，刹那遷流的，所以人的生命也必是無常的。《中阿含經》云：「命終無常，死喪散盡，壽盡破壞，命根閉塞，是名爲死。」若以佛教這種生死本質觀教導人，讓臨終者及遺屬們透悟生死，獲得關於死亡的佛法智慧，從而視死爲自然且正常之事，就能達到不恐懼、不怨恨，身心兩安。

二、「六道輪迴」與「涅槃」的智慧

讓臨終者最不心安的還有「我死之後，到那裏去了」的問題，

而遺屬們也通常有「我的至親死後去何處」的疑問。佛法言人生苦海無邊，生老病死是芸芸眾生的實相。所以，生是「本有」，臨終的剎那間是「死有」，死後則為「中有」，再回復到初生剎那的「生有」。此四有輪迴不已，於是，「死」便不是人之全部的毀滅，而是「往生」。佛法中這個「往生」的觀念非常重要，世俗之人死前最不安心和恐懼的便是「死」後什麼都沒有了，以及死後墮入了「地獄」。佛法對於臨終者的意義就在於安撫人們的靈魂，使臨終者達到精神的平安。對於追求世俗生活的芸芸百姓而言，佛教提供給大眾的生死智慧即是「六道輪迴」。這一觀念可以轉變為人們一種由「死」觀「生」、又由「死」定「生」的智慧。即生存於世間的人、孜孜求生者，一定要明白「生」與「死」是互通的，一定要樹立自己死後將如何生存的觀念。是死後在「陰曹冥府」打個轉再投胎為「人」呢？還是往生「天」上、「阿修羅」中享福？抑或墮入「地獄」、變為「餓鬼」、成為「畜生」而受苦受難呢？活著的人如此去思，就可由「死」之觀念派生出一種人生的追求，並努力去實現之，這就是由「死」而定「生」，達到了以「死」後的性質來規範生前行為的目的。所以，佛教中的「六道輪迴」觀可使普通人具備某種對「死」不懼怕、不厭惡的心理。因為人「死」之後並非如「燈滅」，一了百了，還有「來生」，還可以「轉世」。所以，人們會想：焉知「我」來世的狀況不會更好？也許「我」此生的受苦在「來生」就可得到全部的回報。一般而言，大多數人在現世的生活過程，皆痛苦多多，企盼來世更幸福是人們共同的心願，而佛法的「六道輪迴」觀恰恰就提供了這種可能。這給必死之人、即亡之人以極大的心理安慰，不僅使人免於死亡的恐懼與焦慮，甚至在某些情景下，還會讓人急迫地擁抱「死」，因為他們急於擺脫現世的苦難，急於想獲得來世的幸福。這就是佛法的大功用之所在，也是佛法「了生死」之智慧的精髓所在，當然也是運用於

現代安寧照顧事業中的基本方法。不過，真正的生死解脫還在由佛法的正信而達到「涅槃」的境界。

《中論・觀涅槃品》云：「涅槃與世間，無有少分別，世間與涅槃亦無少分別。涅槃之實際，及與世間際，如是二際者，無毫釐差別。」這是說「涅槃」與世間相即不二，人們絕不應在世間之外、之上去尋求涅槃，「涅槃」實即在眾生的心中，是謂「一切眾生有如來藏」，「如來即在眾生身內」，「泥洹（涅槃）不滅，佛有真我；一切眾生，皆有佛性」。人們如果能夠去除無明，消解污染，熄滅思慮，拋棄煩惱，必可讓真如顯現，終則成就「涅槃」。在大乘佛教，「涅槃」本就是一種超越生死、超越緣起的絕對存在，具有「常、樂、我、淨」四種性質：一曰「常德」，因為「涅槃」是永恆不變，沒有生滅，故名為「常」。二曰「樂德」，因為「涅槃」後，生命寂滅永安，離卻一切苦，故名為「樂」。三曰「我德」，意謂「涅槃」是真實不虛的，故名為「我」。四曰「淨德」，是說「涅槃」超越一切垢染，故名為「淨」。大乘佛教的「涅槃」之說，本質在把世間與涅槃完全合一，大大縮短了世間之人與「佛」的距離。這就使佛法堅定的修行者可以免於對死後何之的焦慮與恐懼，因為對他（她）們而言，此生之「死」意味著進入佛國的「新生」，意味著永恆、快樂地生活於「極樂世界」，如此，「死」又算什麼呢？他們甚至還能欣喜於「死」的降臨，這就是為什麼得道高僧多能坦然而欣喜地面對「死」，並具備無所畏懼、勇於赴死的信念與實踐。

三、「因緣生法，是名空相」的智慧

臨終者最痛心疾首的是：「我將什麼都喪失了！」也就是說，臨終者經常焦心的是：「死」讓他（或她）喪失了世間的一切——

財富、關係、權勢、金錢、美色，直至自我的身體，等等。關於這一點，佛法有「因緣生法，是名空相」（《大智度論第六》）的觀念。人們在世間所經歷和擁有的一切——財富、地位、情愛、關係，以及身體等等，都只是因緣和合，皆為轉瞬即逝，猶如過眼雲煙，人們絕不應該執著不捨。一者，人們無法堅執不捨；再者則由此徒生無窮煩惱。故而人之生命過程中的擁有與人之「身體」皆不值得也不能貪戀。人的生命存在和富貴享樂本來就是偶然的因緣和合而成，虛幻不實，又何必執著呢？又何能執著呢？而「我」所有世間的喪失，直至生命的死亡又有什麼好恐懼的呢？臨終者若能在這樣的佛法智慧的啓迪下來對待自己世間的所失，以至生命的喪失，則不會焦慮不安。

《法句譬喻經》記載，釋迦牟尼佛弘法至拘薩羅國首都舍衛城，有四位比丘坐著談世間何為最苦的問題。一比丘說：「世間之苦無過淫欲」；一比丘說：「世間之苦無過饑渴」；一比丘說：「世間之苦無過瞋恚」；一比丘說：「天下之苦莫過恐怖。」四人各持己見，爭論不休。佛陀開口說：「汝等所論，不究苦義。天下之苦，莫過有身。饑、渴、寒、熱、瞋、恐怖、色欲、怨禍，皆由於身。夫身者，眾苦之本，患禍之器。勞心極慮，憂畏萬端；三界蠕動，更相殘賊，吾我縛著，生死不息，皆由身興。欲離世苦，當求寂滅。」以「有身」為眾苦之源，以「無身」為世間解脫，臨終者真正明白這一深刻而切近的佛法真理，則何會執著於世間的一切？何會執著於「身」這個「臭皮囊」？由此，則絕不會對面對死導致的喪失而憂心如焚。

臺灣高雄師範大學張淑美博士運用佛法觀念極有智慧地指出：「不管是有形的人、事、物不見了、失去了；抑或無形的、情感的消失了、中斷了，個人認為其終極的原因應是源於吾人對『本來』或『應該』擁有的財物與私愛的某些物件（例如，寵物或所愛的

人），乃至健康年輕的身軀而愛戀不捨。因此，一旦這些擁有變成空無了，乃至死去了，總難免令人痛苦難堪、悲慟欲絕。濃烈的情愛、迫切的想望、篤定的預期，一旦消退冷卻了、希望成空、回報全無時，同樣令人肝腸寸斷、捶胸頓足、心如死灰。透視失落與悲傷的本質，了然清楚於萬事萬物，包括自己的肉身生命以及人我關係等等，都是因緣假合而已，都會隨因緣變化而終至消失，則該去的就會失去；同樣的，如有因緣，仍然會有新生與希望，則會來的也終會出現。如是平常看待，則失去了也不是失落；悲傷也毋需太過。」[4]在世間人眼中，我們的生活有所得也有所失，生命有存也有亡。故而芸芸眾生皆執著於此「有」與躲避其彼「無」；在得到時喜不自勝，而在失去時則悲悲切切。人之存與亡亦如此，當然，其引發眾生悲傷的程度則是最深的。可在佛法看來，世間的一切所謂實有，皆是因緣和合而成，沒有自性；所以，人之「失」與「得」亦爲因緣相湊而已，生命的獲得與其失去一樣皆自然而然，人們是無法執有不放的。一個人真正從內心明白了這一點，則何會去因得而喜、因失而悲？也不會因他人或自己所將必然面對的死亡而悲傷、痛苦、恐懼和焦慮。這不就是對接近臨終之人最好的精神安慰嗎？同時，它也是對逝者家屬最大的心理撫慰。

四、超越死亡的智慧

更重要的是，佛法不僅爲芸芸眾生提供了超越死亡的方便之門，也爲世人提供了獲得來世幸福的簡易之途，從而能讓臨終者，特別是遺屬們保持一種永恆的企盼，在步入死途時和面對逝者時亦能達到安寧。在佛法中，「人道」是三善道之一，比「天道」低一

4.參見〈失落與悲傷的面對與超克〉，文載《生死學研究通訊》第三期。

層。人生在世，當修行成佛。人人皆有佛性，那怕在世間作惡多端，若突然了悟佛理，真如立現，則亦可往生極樂，是謂「放下屠刀，立地成佛」。佛法（淨土宗）非常強調口頌佛號，那怕臨終者因病重無法開口，亦可讓親友或法師助念，也可往生。佛教這些關於臨終助念的觀念及操作一般都能給病人及家屬極大的安慰。一方面，病人覺得「死」並非一種人間最大的痛苦，而是擺脫世間之生老病死之諸苦，「往生極樂」的仲介和橋樑，這樣他或她便能面對死亡無所恐懼，安心而去。另一方面，對病人家屬而言，親人的逝去也並非煙消雲散，什麼都喪失了，此死是親人們脫離了苦海，往生至更幸福的彼岸世界，這又有何不好呢？由此他們也獲得了接受親人去世的精神力量，免於喪親的極大痛苦及不安。

五、「西方極樂」的智慧

臨終者有時還會有「死後我生往何處？將生活得如何？」的疑問，而遺屬們也熱切地渴盼逝者能在另一個世界幸福地生活。佛教關於淨土極樂的美妙構想和具體描繪，能給予臨終者及遺屬十分重要的精神上的寄託。在佛教中，來世的幸福非人間可比，「西方極樂世界」是寶樹滿地，美屋玉瓦，人人生活安逸，有壽無量。《無量壽經》云：「眾生所願樂，一切能滿足，是故願生彼，阿彌陀佛國。」而且，人們往生西方極樂並不困難，關鍵在必須堅信佛國的存在，發下往生的誓願，口念「阿彌陀佛」，臨終時就能由阿彌陀佛接引去西方極樂。這些操作給了臨終者以極大的心理與精神上的安慰。世人恐懼之極的死也因此不再那麼可怕了。當臨終者的「靈」獲得終極的歸屬時，也就消解了孤獨、無助的不安感。《無量壽經》中載有，眾生有三種途徑進入極樂世界：一是出家做沙門，念無量壽佛，誦「阿彌陀佛」名號，專修各種功德，從而轉生

淨土；二是不必出家做沙門，亦念無量壽佛，平日興修功德，如建
塔造像、施捨濟生，也能順利地往生淨土；三是既不做沙門，也不
修功德，只要專心一意念誦無量壽佛，也可以在生命終結後轉生極
樂世界。

　　總之，佛法「了生死」的智慧在現代的安寧照顧中有著極大
且不可替代的作用。這種生死智慧可謂博大精深，它首先要求人們
重視生死問題，不要因為自己生活時限還很長，生活的享受似乎很
甜蜜，就渾渾噩噩地過日子。其實，正如《四十二章經》中所言：
佛問：「人命在幾間？」對曰：「在數日間。」佛言：「子未能為
道。」復問一沙門：「人命在幾間？」對曰：「在飯食間。」佛
言：「子未能為道。」復問一沙門：「人命在幾間？」對曰：「呼
吸之間。」佛言：「善哉，子可謂為道者矣！」所以，「人命」只
在「呼吸之間」，轉眼即逝，「生」與「死」如薄紙，一捅即破，
人們必須「生」時即念「死」、沉思「死」，重視生死之道的悟
解，從而積極地去了斷「生」與「死」。

　　佛法「了生死」智慧核心的宗旨即是從了斷「生」來了斷
「死」。人人都有生命，都在生活，但細想起來，人求生命延續，
人求生活幸福，不都因為人有「身體」與「意念」之故嗎？人有
「身」之欲望，故有「物執」；人有「意念」之追求，故有「我
執」。執著「物我」必使人陷入生老病死、愛別離、怨憎會等等諸
苦之中不能自拔，人生過程猶如茫茫苦海，那有個完，那有個盡？
所以，人們必須由「四諦」之方法去發現原來世間萬事萬物皆因緣
和合，毫無實相，故是「虛」、是「空」，人們是無從執著的。既
然如此，人又何必去執著？窒滅了「物執」與「我執」，便了斷了
「生」，便可入佛門修行，以「戒、定、慧」三學為途徑，最後達
到「涅槃」，是為「新生」，也就是說，人們可以進入那不死不生
之「西方極樂世界」，此即了斷了「死」。

第三節 宗教生死智慧對臨終者及遺屬的精神撫慰

我們要學會死亡，必須求助於古老的宗教觀念。具有科學思維者，常常只能相信經驗範圍內的事，那麼，他們可以停留在「此岸」而不必達至「彼岸」，對死及死後之事不去知曉，做一種存而不論的處理，這也許能避免產生死亡的焦慮問題。但是，對大多數人而言，他們或者不具備科學性思維，或者在科學性思維之外，仍具有一些神秘性思維，或者本來便文化素養不高，等等。這樣，這部分人還是會希望知道死是怎麼回事，死之後又會發生什麼，究竟自己面對死亡時應該做些什麼，諸如此類的問題困擾著許許多多的人。可以肯定，這部分人的數量要遠遠大於那些具有完全的科學思維者。對於這大多數人而言，具備宗教的生死智慧也許是一種最好的選擇之一。

這裏所說的宗教的生死智慧，除上述佛法的生死觀之外，主要指道教（道家）、基督教和回教關於「生」與「死」的看法，尤其是這三大宗教在生死問題上的卓識，它們能讓人們對「生」與「死」有一種深刻地體認，並由此化生出健康及合理的「生」之準則和「死」之態度。我們如果真正能理解並運用宗教的生死智慧，學會死亡也就落在了實處。

一、關於生死之「認」的問題

一般而言，人們對「死」的降臨總是會產生不接受的態度，完全不「認」，由此而造成臨終前人們心理上極大的不安與精神的

巨大痛苦。關於這一點，在中國古代道家學者那裏是這樣看的：
「道」是「天地萬物之根」，而人之生死猶如自然界的飄風落雨一
樣，皆是必然的現象。《莊子·大宗師》云：「死生，命也，其有
夜旦之常，天也；人之所不得與，皆物之情也。」[5]「人之生，氣
之聚也；聚則爲生，散則爲死。……日通天下一氣耳，聖人故貴
一。」[6]人和自然萬物都是一氣所化生，所以，人之生命由「生」到
「死」也必然是氣的不同形態的變化，「氣」變而有形（聚氣），
「形」變而成有生命之「人」；「氣」再變而「散」，則人之生命
消亡。這種生命自然論的看法可以讓人們覺得死亡既然如春夏秋冬
一般是自然而然的，那又何必在思想觀念上不「認」、心理上不
「安」呢？所以，道家學者指出，死亡實在是人生的一種解脫。因
爲從「道」的觀念來看，「死」是一種復返，是痛苦人生束縛的徹
底解脫。每個人都應該從體會「道」達到合於「道」，從而眞正透
悟生死之本質，既獲得「生」之安，亦得到「死」之息。由道家思
想發展而來的道教則主張，人之生命即內在地蘊含著「道」，是謂
「生道合一」，所以，人們應該也必須重「生」輕「死」，要貴
「生」樂「生」，爲此，就需要透過種種道術來獲得福、祿、壽。
這樣，道教便發展出豐富的養生論，並追求透過「生道合一」來實
現永生不死的目標。這一點對臨終者而言，顯然是有一些問題的。
因爲追求「長生不老」，是一種無法實現的人生目標，臨終者已接
近人生的終點，若以「長生不老」、「肉身成仙」之類的觀念進行
精神撫慰，那不僅不能起到希望的減輕患者靈性困擾的目的，相反
會增加患者的精神壓力。

....

5.張耿光譯注，1991，《莊子全譯》，貴州人民出版社，第105頁。下引只注篇
 名、頁碼。

6.《莊子全譯·知北遊》，第380頁。

　　與佛道生死智慧完全不同類型的基督教，在生死之本質上有獨特的看法。據《聖經・創世紀》中所說，「死」是上帝對人類始祖亞當與夏娃所犯「原罪」的懲罰：「這就如罪是從一人入了世界，死又是從罪來的；於是死就臨到眾人，因爲眾人都犯了罪」[7]。亞當與夏娃在伊甸園中偷吃了上帝吩咐不許吃的智慧樹上的果子，所以犯了原罪，受到上帝所降「死亡」的懲罰，而人類從此以後再也無法擺脫死亡的歸宿。並且每一個人都會在「世界的末日」接受上帝的最後審判，「按著定命，人人都有一死，死後且有審判」[8]。上帝審判之後，得到耶穌救贖者就可以升入「天堂」，享永福；而無法獲得耶穌救贖者，必下「地獄」。這樣，末日審判的觀念是基督教生死觀中的核心部分。耶穌是「聖子」，依從上帝的旨意，稟承公正對一切人進行嚴格的審判。而仁慈的上帝透過死亡這一審判來赦免世人的罪，讓人們重獲自由，得到新生。所以，在世界末日審判之後，所有死去的人都會像基督那樣復活升天，並遵循上帝的旨意重新過上一種幸福美好的生活。可見，「死」並不恐怖，並不是不可接受的歸宿，而是通向更充實之「生」的途徑，「死」是人們今生與來世的分界線，是我們每一個人從生活的世界走向彼岸永恆世界的橋樑。可以說沒有「死」，便沒有「復活」，因此，死亡並不是人的負面經驗，而應該視爲正面的經歷，「死」是上帝對每個人的考驗，因此又是高尚的，人不但要爲「主」而「生」，也要爲「主」而「死」，由「死」之途達到「復活」就是萬能的上帝賜給世人的永恆之福音。

　　基督教的生死智慧有著「原罪」、「救贖」、「復活」等等

7.《羅馬書》，第五章，第12節，中國基督教協會印發，1992年版，本經採用「神」版；以下《聖經》版本皆同。
8.《希伯來書》，第九章，第27節。

觀念，讓人們意識到死亡並不可怕，而是上帝賜給人類的考驗，「死」不是別的，就是人從現世的「活」經過「死」再實現復活，並進入永生這一過程的仲介。我們都沐浴在上帝之愛中，我們可以從罪惡中超拔出來，邁向新生，超越死亡而獲得永恆的生命。於是，世俗之「死」給人們帶來的一切恐懼、悲哀、痛苦，都溶解於基督的博愛之中。所以，人類不必怕死，神聖的基督已然代替了人類的死亡。這樣，用基督教的生死本質論對人們進行靈性的撫慰，相信者必可獲得對死亡的釋然。

回教與基督教有天然的淵源關係，但在生死本質論上兩者還是有重大區別的。在回教中，真主阿拉是無所不能的，人類的生與死不過就是他偉大創造工程中的一個部分。既然如此，人又何必為死亡而愀心或憤懣呢？對真主的傑作，人們只能服從而絕不可抗拒。《可蘭經》說：「我確已用泥土的精華創造人，然後，我使他變成精液，在堅固的容器中的精液，然後我把精液變成血塊，然後，我又把血塊變成肉團，然後，我把肉團造成骨骼，然後，我把他造成別的物，願真主降福，他是最善於創造的。此後你們必定死亡，然後，你們在復活日必定復活。」[9]如此詳盡的描繪，人怎能表示異議呢？《可蘭經》又寫道：「你們怎麼不信真主呢？你們原是死的，而他以生命賦予你們，然後使你們死亡，然後使你們復活，然後你們要被召歸於他。」[10]這樣，在真主的精心規劃中，每個人都必然經歷由生到死又由死到生的過程。真主從泥土中創造生命，使人得以誕生。而「生」之後必為「死」，「死」則為「復活」奠定了基礎。這種「復活」不是佛教中的轉胎投世，也不是道教追求的「屍

9.馬堅譯，1981，《可蘭經》，中國社會科學出版社，第23章，第259頁。下引
　該書只注書名頁碼。
10.《可蘭經》，第2章，第3頁。

解仙」——人們可以在人世間脫胎換骨，開始第二次生命；回教所稱講的是：人在「此岸世界」活之後進入「彼岸世界」，可以獲得永生。當然，生死的性質是截然不同的：有的人因為此世修為好，嚴格按回教教規教儀行事，做善事，那麼便可進入幸福的天園；而有的人不信真主，不修善行，那麼，這些人必入苦難的火獄。無所不能的真主在天際俯視著每個人塵世裏的一舉一動，並據此來最終決定他們是邁向「天園」，還是入「火獄」之門。這樣一些看法，對人們意味著什麼呢？人不應該為「死亡」的降臨而痛苦，因為生死皆為「阿拉」所定，畢竟沒有一個人能夠逃避死亡。而且，人們應該面對「死」而心懷喜悅，因為這是真主在召喚著我們進入「天園」的幸福永恆的生活。

二、關於死後世界的問題

面對死亡的必至，一般人們恐懼於死後世界的陌生，沒有親友陪伴，這讓人心中頓生悲哀而難以釋懷。「死亡」本身是一種超驗的存在，「死」之後的世界更是人們到達不了的「彼岸」。當某一天死亡必不可免地到來時，人們往往會固執地思索死及死後世界的狀態，若無答案，則心神極度不安，死亡品質降到最低點。

在基督教的生死智慧中，人們死後之路被描繪成一種獨特的方式。在基督徒眼中，「死」並非不知去向，而是「回家」，回到我們在天的上帝身旁，去享受永恆的幸福。聖子耶穌基督被釘在十字架上，忍受著巨大的痛苦，以死來拯救有罪的人類，並讓世人在死後獲得基督永恆的生命：「我們在一切患難中，他就安慰我們……我們既多受基督的苦楚，就靠基督多得安慰……這安慰能叫你們

忍受我們所受的那樣苦楚」[11]。人們可以藉著上帝的榮耀、慈悲和愛來忍受病痛的折磨。人們一定要明白：我們每一個人的生命都是上帝賜予的，我們不應爲自己活，而是爲上帝活。所以，在生命最後的日子，「死」不是別的，就是上帝的召喚，我們怎能不把上帝賜予的生命奉獻出來以結束我們塵世的旅程呢？我們凡塵生命的結束，也就意味著回到了主的身邊。《聖經》說：「我想，現在的苦楚若比起將來要顯於我們的榮耀，就不足介意了。」[12]於是，「死」使人由「今世」轉爲了「永生」，世間的一切也只是過眼雲煙，人真正需要的不是在塵世間流浪，而是「回家」——回到天堂中的家，那就是我們在天的父——上帝的家，那才是永恆永生的。

　　基督教視死爲「回家」的觀念與佛教稱「死」爲「往生」的思想，雖然表述不同，內容也相差甚大，但都是將世俗人最擔心的「死」轉化爲一種溫馨的歸宿，人們若擁有這種信仰，那麼，便不會生發出「死後究竟何之」的問題，反而會以一種欣喜的心情擁抱未來，因爲自己即將回歸「天堂」或往生「西方極樂」，與上帝或佛祖同在了，同時，遺屬們也能在這樣的生死智慧中獲得莫大的安慰。

　　回教的生死智慧在解決人死後究竟何之的問題上，與基督教的看法相類似，《可蘭經》教導人們：「人人都要嘗死的滋味。在復活日，你們才得享受完全的報酬。誰得遠離火獄，而入天園，誰就成功。」[13]人死之後，只是進入了一個靜候的時期，要等到「復活日」，阿拉才對所有的人根據其在塵世的所作所爲進行公正的審判，之後，人們或入「天園」享永恆之幸福，或入「火獄」受永遠

　　11.《哥林多後書》，第一章，第4-6節。
　　12.《羅馬書》，第八章，第18節。
　　13.《可蘭經》，第3章，第54頁。

之苦難。

中國古代道家與道教的思考模式與佛教、基督教、回教皆有很大的區別。其視天地之本、萬物之根的「道」就蘊含在萬物與人之內，顯然，「生道合一」觀所能引申而出的只能是在塵世實現永恆。道家的老莊並無來世的觀念，只是要在世俗的生活中得「道」而解脫一切生理的、社會的、人際的，以及死亡焦慮與恐懼的觀念束縛，達到精神領域的絕對「無待」，以實現「逍遙之遊」，這也即是「無生無死」之境界。而道教學者則試圖把道家精神性的超越生死轉化為現實中的無有死亡──求得人之此「生」此「身」的永恆不朽──這也即是道教追求的肉身成仙。嚴格來講，道教的這種觀念並不承認人人必死的現實，而是希望透過種種道術的操作來摒除死亡。

三、死後生活狀態問題

面對死亡，人們常常十分關心死之後自己的生活性質及狀態究竟怎樣的問題。基督教的生死智慧對這一問題有其獨特的回答。

基督教教導世人，不要害怕死亡讓我們喪失了肉體和生命，我們會因此而變得一無所有。實際上，人在死後的生活會比塵世的生活更加美好、更加富有、更加自由、更加幸福，因為是上帝安排了我們這種永恆生活的。「天堂」離人間不遠，我們世俗之人要做的只在於世間默默地贖罪，並祈求上帝的拯救，透過末日審判，我們便能進入天堂而享永生之幸福。對於人們而言，有這種信仰，必可放下生前所有的一切，因為相對於我們即將進入的天堂所擁有的而言，塵世中的一切是多麼的微不足道；相對於我們即將獲得的永恆生命而言，我們現世的生命又是多麼的無奈與渺小。

回教的生死智慧在勸說人們放下生前所有回歸「天園」的

方面，有著更爲詳盡的觀念。《可蘭經》教導人們：「迷惑世人的，是令人愛好的事物，如妻子、兒女、金銀、寶藏、駿馬、牲畜、禾稼等。這些是今世生活的享受，在眞主那裏，卻有優美的歸宿。」[14]所以，世俗之人迷戀於世間所有，在面臨死亡時產生難以割捨的執著，而實際上，在眞主的「天園」則有著世人想都不敢想像的美好生活。《可蘭經》中花費了很多篇幅描繪「天園」和「火獄」不同的景象。「天園」既有「芳香的奶河」，「純潔的蜜泉」，還有「仰手可摘的各種鮮果」。入居「天園」者，困則睡「不覺炎熱，也不覺嚴寒」的床；穿的衣服是「綾羅錦緞的綠袍」；喝的是「封存的天醇」；戴的是「銀鐲的裝飾」；還可以「自己選擇的水果和愛好的鳥肉」；娶妻則是「白皙美目」的姑娘；身邊還有許多「散漫珍珠」似的少年的服侍，等等。可以說，在「天園」中人們將過著世俗社會中的人想都不敢想的幸福生活。但人們若死後在末日審判中被判入「火獄」，那受的苦也是世人匪夷所思的：火獄中，「用人和石做燃料」，人想喝飲料，得到的只是「攙雜火汁」的「膿水」；在火獄中，人們皆會被長鎖鏈鎖起來，「他們沒有食物，但有荊棘；既不能肥人，也不能充饑」[15]等等。這樣性質截然不同的二個世界，雖然也可能會讓人們恐懼，但在解答人死之後究竟何之的問題，則有一個確定的案答，使人們不至由茫茫然而心生不安和恐懼。

四、淀比較的角度看佛法

　　從對中國人這個特定群體的生死關懷而言，佛教的生死智慧比

....
14.《可蘭經》，第3章，第37頁。
15.《可蘭經》，第89章，第473頁。

之基督教、回教及道教更具有實際操作的方便；但這並不等於說，在價值的高低上，四大宗教有高下優劣之分。

基督教生死智慧的核心是「死是罪的工價」觀和「復活」觀，也就是說，人為何有「死」？《聖經》已說明，是因為人類的始祖亞當與夏娃在伊甸園中受狡猾的蛇的引誘而偷食了智慧樹上的果子，這是上帝不允許他們吃的，於是，他們犯下了原罪，既被逐出伊甸園，也具有了會「死」的性質。人類是亞當、夏娃的後裔，必然也是「從塵土中來，又要回到塵土中去」。所以，人之一生皆在贖罪，在臨終前，一個基督教徒最神聖之事，便是對神父的懺悔，如能徹底地將自己一生所犯罪過全都傾述給了神父，就能夠獲得上帝的赦免，以順利地進入天堂。可是，在實際的操作時，一者，人之一生的「罪過」怎能在短暫的臨終前全部懺悔完呢？而且，也不是人人在臨終前都有神父在場的；況且大量的情況是臨終者因病痛而無法進行懺悔，等等，這些狀況都可能導致臨終者相當的不安，因為他們都會認為懺悔不夠而不能獲得赦免，以順利地進入「天堂」。「復活」觀則建基於「末日審判」的觀念之上，人們死後在某一天全體「復活」，以生前的行為性質而接受上帝的「末日審判」，由審判結果來確定是進入「天堂」或墜入地獄。但是，人們由「死」到復活之日的間隔相當之長，甚至遙遙無期，而結果又是如此的不確定，這一切都可能引發臨終者強烈的焦慮和沉重的痛苦感。所以，現代的安寧照顧雖然是由基督教發展而來，但其自身的資源還是不足的。相比較而言，佛教所說的「放下屠刀，立地成佛」之說、淨土宗的「念佛法門」，能夠更方便地引導人們獲得安心，降低焦慮感，在對人們靈性的撫慰上更容易發生作用。

回教與基督教有歷史淵源關係，其最主要的生死智慧也是由「復活」觀和「天園、地獄」觀，以及「末日審判」觀構成，但回教有著更為徹底的命定論，人之生死皆由阿拉決定，任何人都無法

改變絲毫，而《可蘭經》中對「天園」諸般美景的詳細描寫給信徒們極大的心理安慰。所以，回教可以說是「重死輕生」的，這可以讓人們獲得相當的安心，以至忘懷死亡的恐懼，完全無畏地走向死亡。但是，回教的生死智慧缺乏普世性，比較封閉，只有虔誠的回教徒才能夠獲益，而非教徒的大眾則難以得到其高妙的生死智慧的指導。在這一點上，佛教的生死智慧有更大的開放性，那怕人們一生不信佛，也沒有禮佛，卻在臨終前一剎那皈依佛法，也能夠獲得往生「西方極樂」的方便法門。

中國古代的道家，其生死智慧以「生死齊一」、「死而不亡」等為核心，從空靈性來講，可能超過了佛教、基督教和回教的生死智慧。但是，道家的生死智慧因為其太高妙了，因而難以為世人所理解，特別是普通人無法貫之以實際的操作之中。

宗教的生死智慧，博大精深，既有悠久的歷史，又有著超越性的特色，除中國的道教外，各大宗教都認為人們必須要以「死」為仲介，方能實現生命的重生與永恆，如何透悟「死」也就成為各宗教的核心問題。因此，在安慰臨終者及讓世人接受死亡必至的命運方面，皆有著非常重要的意義與價值，是我們學會死亡之重要的精神資源。

第四節　遺屬之精神撫慰

人世間有許許多多的慘劇，但如果要舉出最令人痛苦之事，也許就只能是喪親之痛了，中國古人把「白髮人送黑髮人」視為人生最大的痛苦之一是有道理的。在某種意義上，人們對自我之死還能面對，因為它畢竟是我們人生中不可避免的結局；而突遇至親的非正常甚至正常的去世，則往往無法接受，在心理及生理上受到嚴重

的創傷。這樣的遭遇甚至使有些遺屬喪失生活下去的意願，由此便造成新的人生悲劇，如自殺或心如死灰狀態的發生。這些都大大凸顯了遺屬之精神撫慰問題的嚴重性和需要化解這些狀態的迫切性。以上所談各宗教的生死智慧實際上也都可以運用來對遺屬們進行精神撫慰的工作。

一、遺屬之心理與生理反映

在美國，一些學者對有親人去世的家屬進行過這樣一種對比調查：第一組的家屬903人屬於悲傷過度的，第二組的家屬878人屬於比較能克制悲傷情緒的。追蹤調查的結果是：一年內第一組的死亡率高達5%，而第二組的死亡率只有0.68%；其中，在第一組內屬於喪失配偶的家屬死亡率為12%，而第二組內僅為1.6%。可見，喪親之痛是人類生活中的一種可怕的生命「殺手」。問題的嚴重性還在於，人們只要有正常的壽命就一定會在某時遭遇到喪親的事情，而且在中國這樣一個倫理情感特別濃厚的文化氛圍中，喪親所導致的悲痛又會顯得格外深重。對我們人生中必然會出現的這種人生的危機，每個人都必須高度重視，並加以解決。

美國科羅拉多州的悲傷教育機構提出喪親者的悲傷可能經歷四個階段：1.震驚階段。時間從數小時至一星期。認知方面有些出現遲緩或解組之思考、阻塞、自殺的思想、希望參與死亡；情感方面有些呈現僵化、遲鈍、爆發、虛幻及歇斯底里。2.追思階段。時間約一星期至三個月。認知狀況為全神貫注於死者的身上，尋求、沉思、夢到死者、錯誤接受到死者形象的刺激。情感方面有傷心、害怕、生氣、暴躁、罪惡感及懷念。3.解組階段。時間由三個月至六個月。認知狀況呈現混淆、無目標、遲緩之思考、失去興趣、降低自尊、集中於記憶及意外的傾向。情感呈現出悲傷、寂寞、沮喪、

無意義、冷漠、感到不眞實、強烈的痛苦。4.重組階段。時間從六個月至二年。認知爲發展對死者較眞實的記憶、經驗到回憶的喜悅、回到先前功能發生之層次、生活之新意義。情感同時經驗到傷心與快樂[16]。

可見，遺屬的心靈傷痛主要包括：親人去世引發的深切懷念；永遠不可再見面的深層失落；不知親人將面對什麼狀況引發的揪心；喪失自我生命另一半的痛苦；撕心裂肺般的恐懼和感覺，等等。除此之外，還有一些外在的因素可能引發遺屬的心靈傷痛，如：醫療及殯葬過程中感覺到是暴利引起的內心不滿；醫療及辦喪事過程中所獲得的服務水準不高，受到冷冰冰、毫無熱情對待的無力與無助感；可能產生的殯葬過程中員工對親人遺體極不負責、當作一件物品的處理方式導致的痛惜感，等等。這些都會引發遺屬冰透骨髓般的寒心。兩方面的相互作用，將使遺屬們的心靈受到極大的損傷，由此危及其生理健康和今後人生道路的展開。這些都是精神撫慰中所應該消除的。

二、如何對遺屬們進行「精神撫慰」

第一，在醫院、社區或殯葬業內廣設「遺屬精神撫慰中心」。親人之亡的事件往往給人們沉重的心理打擊和感情重創，導致的負面影響極大，甚至導致新的死亡事件，如在中國社會屢見不鮮的因親人突發死亡而相件的自殺事件的產生。如何使喪親者接受死亡的事實，並儘快地從死亡陰影中走出來，重新展開自我的人生之路，這一任務應該也必須由特別設立的「遺屬精神撫慰中心」來完成。

16.參見楊克平主編，1999，《安寧與緩和療護學概念與實務》，第二十一章，偉華書局有限公司。

這是因為，在海外及西方許多國家，悲傷輔導已成醫院內的正式部門，醫學、宗教、社會慈善機構等都在做著這些工作；而在中國，還沒有一個制度化的機構和專業人員在專門做遺屬之悲傷輔導的工作，「遺屬精神撫慰中心」要義不容辭地承擔起這樣一個艱巨的任務。組成人員包括心理治療師、宗教師、哲學家、醫生、護士、義務工作者，等等。在病患去世第一時間，就應由該中心的有關人員上門或請遺屬到中心來，為遺屬提供哀傷撫慰的精神性支援。

第二，提供悲傷輔導的精神性資源。如生死學與生死哲學的智慧；佛教「往生西方極樂」的生死智慧；道家「生死齊一」的生死智慧；儒家「殺身成仁，捨生取義」、「立德、立功、立言」的生死智慧；中國民間百姓「陰間與陽間」的生死智慧；基督教「天堂」、「永生」的生死智慧；回教「天園永恆」的生死智慧，等等。掌握這些人類歷史上豐富的生死智慧，並在悲傷輔導中加以運用，在現代社會應該是人們必備的素質。

具體來說，為了從喪親之痛中擺脫出來，我們可以求助於理性：從生命本質及發生與發展的過程來理解親人之死的不可避免性。「死」是生命無限延續的組成環節，「死」不是「生」的失敗和「生」的毀滅，而是「生」的延續和「生」的必須。對「死」不必恐懼、不必焦慮，而應坦然接受。當「死」神降臨時，人已飄然入「無何有之鄉」，又有什麼可害怕的呢？對逝者的親屬而言，「死」作為人必至的歸宿，每個人都應該坦然地接受它，不要因為親人的去世而傷心致病，以至於妨礙了自己的身體健康，特別是由此而引起的心理和生理之病，降低了生命的品質，即便是逝去的親人也不希望如此。「生」者更好地「生」，正是對逝者最大、最好的告慰。所以，有生者必有死，這是不以任何人的意志為轉移的必然規律。我們的親人也是人，當然也逃不脫這一規律的制約，死者已矣，生者還是得面對生活，勇敢而堅強地活下去，還要活得更

好、更愉快，這才是告慰死者最好的方式。中國古代將死亡的事件稱之爲「白喜事」，這其中蘊含著深刻的生死之理。死亡是自然大化流行的表現形式，人之生是「紅喜事」，它讓我們體會到天地的「好生之德」；而人之死是「白喜事」，它也使我們體驗到生命迴圈的神秘與偉大。之所以皆是「喜事」，關鍵就在於，「生」是人在陽間的勞累、「奔波」，「死」則是人在陰間永恆的安息；「生」是生命存在的過程，「死」則是生命延續的基礎。只有「生」而無「死」與只有「死」而無「生」一樣都是不可想像的，也是不能存在的。一個人只有從理性上眞正理解了喪親事件的必然性，才有可能從喪親之痛中解脫出來，這即「認命」之後才有心理的放鬆和自我人生之路的重新展開。

此外，培育遺屬們在死亡問題上具備一種美學的觀念是獲得精神撫慰更爲有效的措施。著名學者林語堂先生認爲：「當我們承認人類不免一死的時候，當我們意識到時間消逝的時候，詩歌和哲學才會產生出來。這種時間消逝的意識是藏在中西一切詩歌的背面的——人生本是一場夢；我們正如划船在一個落日餘暉反照的明朗下午，沿著河劃去；花不常好，月不常圓，人類生命也隨著在動植物界的行列中永久向前走著，出生、長成、死亡，把空位又讓給別人。」[17]最美的詩歌是因爲人有死亡才出現的，而人們對死亡抱有一種「認」的態度——所謂「花不常好，月不常圓」——就可以欣賞死亡之美，正如林語堂先生描寫的那樣，要將「空位又讓給別人」。林先生還寫道：「……『不免一死』的命運何嘗不美麗，人類在這裏可以理解人生，可以讓自由的精神和推究的精神各自去發

17.《林語堂文集》第七卷，《生活的藝術‧論不免一死》，作家出版社，1996年，第42頁。

展。」[18]一般而言，能夠安於死亡之自然者，必然也是能欣賞死亡之美者，其心靈當不易受到死亡問題的困擾。在這一點上，應該提倡人們多閱讀中國歷史上偉大哲人的著作，如《論語》、《老子》、《莊子》、《列子》、魏晉玄學家的作品；還有一些著名文學家的詩文作品，如李白在《擬古十二首》中所說「生者為過客，死者為歸人」；陶淵明在《擬輓歌詞三首》中所言「死去何足道，托體同山阿」，又如《歸去來兮辭》中言：「木欣欣以向榮，泉涓涓而始流。善萬物之得時，感吾生之行休。已矣乎！寓形宇內復幾時，曷不委心任去留，胡為乎遑遑欲何之？富貴非吾願，帝鄉不可期。懷良辰以孤往，或植杖而耘耔。登東皋以舒嘯，臨清流而賦詩。聊乘化以歸盡，樂夫天命復奚疑！」等等。當然，還應該去閱讀西方一些偉大哲人的著作，如古希臘蘇格拉底、柏拉圖的書，現代德國大哲海德格的書，等等。只有在較高的文學修養、哲學智慧的涵養中，人們才能夠穿透生死的本質，獲得對死亡的美學觀念，從而把自身從可能的心理與精神的重負中解脫出來。

再次，我們可以求助於宗教的教義。基督教、天主教、佛教、回教等都認為有一個與此「生」相對的「彼岸」世界，所以，人之死不過就是回歸「上帝」和「真主」的懷抱，或是往生「西方極樂世界」，人們透過「死」可以達到「永生」、「復活」、「不朽」等等。這樣一些教義讓人們把親人之死這個人世間最大的「失落」轉換成某種「所得」，因為人們相信親人仍然存在（不過是活在另一個世界），而且生活得比現在更幸福（在「天國」或「極樂世界」）。如此，對有著強烈的喪親之痛者而言，就是一種最大的心理撫慰。

....

18.《林語堂文集》第七卷，《生活的藝術·基督徒希臘人中國人》，1996，作家出版社，第20頁。

　　最後，我們可以求助於時間的流逝。「時間老人」是最好的消解劑，在他神秘的手杖觸摸下，一切人世間的悲慘事件無不會漸漸地化爲烏有。一般來說，人的喪親之痛有時還不能硬性的壓抑，否則將導致嚴重的心理疾病。人們在突遭喪親事件時，應該將自己的哀傷情緒儘量地發洩出來，淚水終有流乾之時，悲傷終有化解之日。我們要讓「時間老人」來撫平心理的創傷，沖走哀痛的憂愁。在此，要設法讓遺屬們將注意力從專注於亡者身上轉移出來，去關心其他的事物和人，逐漸地彌補生活中的失落。人們只有在生活之流中漸漸地淡化喪親之痛，才能重新邁開人生的步伐，去獲得屬於自己的生活。

　　第三，對遺屬的精神撫慰要從逝者的次親者開始。在具體的喪親事件的過程中，一般的情況都是遺屬由次親屬陪伴，在極度悲哀的過程中，遺屬對外人、陌生人和他者有一種天生的排斥。所以，「遺屬精神撫慰中心」必須掌握這種規律，對遺屬的精神撫慰應該先從逝者的次親者入手，對他們先進行某種生死智慧、心理治療等方面知識的培訓，再由這些逝者的次親對逝者的至親進行精神與心理的撫慰，以達到精神撫慰的目的。

　　第四，精神撫慰形式的多樣性。「遺屬精神撫慰中心」的人員，應根據遺屬不同的文化程度及宗教背景，提供傾聽、觀念輔導、陪伴、講座、提供有關書籍等等形式的服務。主要內容是：生死觀教育；心理輔導；哀傷情緒釋放；痛苦心情的轉移，等等。

本章主要參考題

1.臨終者的生死企盼是什麼？

2.把自己設想為正在進入臨終狀態，你所希望的是什麼？

3.現代的「安寧照顧」與傳統醫學有何聯繫與不同？其本質是什麼？

4.何謂宗教的生死智慧？

5.試運用佛教、道家道教、基督教、回教之生死智慧對臨終者時行精神的撫慰。

6.以自己的研究與觀察為出發點，試述在臨終的精神撫慰方面，中國人最需要那一種宗教的生死智慧？

7.試設想自己成為一名遺屬，需要那些精神方面的撫慰？

8.如何對親人去世後陷入深深哀傷者進行精神撫慰？

● 本章主要閱讀書目

鄭曉江主編，2004，《宗教生死書》，華成圖書出版有限公司。

林綺雲等主編，2002，《生死教育與輔導》，洪葉文化事業有限公司。

胡文郁等編著，2005，《臨終關懷與實務》，國立空中大學。

王路平，2001，《大乘佛學與終極關懷》，巴蜀書社。

陳允吉、胡中行主編，1999，《佛經文學粹編》，上海古籍出版社。

方立天，1991，《佛教哲學》，中國人民大學出版社。

林世敏，1998，《佛教的精神與特色》，臺灣：恆河沙文化事業公司。

任繼愈主編，1981，《宗教詞典》，上海辭書出版社。

賴永海主編，2001，《中國佛教百科全書・教義卷》，上海古籍出版社。

索甲仁波切著，鄭振煌譯，1997，《西藏生死書》，張老師文化事業有限公司。

陳兵著，1994，《生與死──佛教輪迴說》，內蒙古人民出版社。

趙可式等著，1999，《曇花一現，美善永存》，光啟出版社。

李震著，1997，《人與上帝》，輔仁大學出版社。

詹姆士・里德（英）著，蔣慶譯，1998，《基督的人生觀》，三聯書店。

G. F. 莫爾（美）著，1981，《基督教簡史》，商務印書館。

克爾凱郭爾（丹）著，魯路譯，1999，《基督徒的激情》，中央編譯出版社。

湯瑪斯・李普曼（美）著，陸文、岳英珊譯，陳亮校，1985，《回教與穆斯林世界》，新華出版社。

馬堅譯，1981，《可蘭經》，中國社會科學出版社。

徐兆仁著，《道教與超越》，中國華僑出版公司。

盧國龍著，《道教哲學》，華夏出版社。

甯志新主編，1994，《道教十三經》，河北人民出版社。

《雲笈七籤》，1992，書目文獻出版社。

奧修著，林國陽譯，《死亡》，上海三聯書店出版社。

詹姆士‧里德（英）著，蔣慶譯，1998，《基督的人生觀》，三聯書
　　店。

第七章　殯葬文化

　　上一章我們討論了臨終者及遺屬的精神撫慰問題，在臨終者已然逝去後，人類社會創造出殯葬的活動來予以處理。「殯」一般指逝者未下葬前的各種悼念儀式及活動；「葬」則指逝者入葬過程及後繼的祭祀活動。可見，殯與葬實質上是圍繞著逝者與生者的關係而展開的，其包括的範圍相當之大，含蓋面也相當之廣，除了逝者與親屬之外，還要有社會專門的殯葬業來加以配合。所以，「喪」與「葬」絕非僅僅是逝者與親屬的事，更成為社會中的重要事務，長期的發展形成了複雜的殯葬文化。如：面對親人的過世，要採取什麼樣的葬式葬儀，以寄託自己的哀思？從社會這個角度而言，怎樣使殯葬更加文明與節儉？又怎樣使喪葬達到環保與符合可持續發展的目的？等等，這些都是需要我們認真思考的。所以，從廣義的角度來看人類的喪葬活動，完全可以用殯葬文化這個概念來準確地把握。本章將把殯葬業作為一種特殊的生命管理的事業來分析，探討殯葬業如何做才能滿足逝者的期待，並讓遺屬們放心，且符合社會整體發展的需要；特別是社會應該做出怎樣的努力，來適應中華民族的生死文化，建構一個設施現代化、內涵民族化、適應中國民眾需求的殯葬業。

第一節　殯與葬的歷史考察

　　動物有生也有亡，唯人類將自己的死亡提升到殯葬的高度。一般而言，殯葬是人類自文明開化以來適應自然淘汰過程的一種處理屍體和寄託哀思的活動。從人文與歷史的視野來看，人類的殯葬問題相當複雜。

一、殯葬的本質

從廣義的角度而言，殯葬活動應該與人類的死亡事件同步開始，也就是說，有了「人」之死，即有殯葬活動的存在。考古學上證明，距今八十萬年前的北京周口店的山頂洞人，就已經知道在屍體旁撒赤鐵粉。有學者認為，這起因於原始人對死亡的恐懼，但也可能是一種美學上的需要，不管何種原因，都可以說人類的殯葬活動已經產生了。但從狹義的較為正常的殯葬活動而言，應該說，在上古時期，人類還沒有完整的殯葬活動。《孟子·滕文公上》有言云：「蓋上世嘗有不葬其親者，其親死，則舉而委之於壑。他日過之，狐狸食之，蠅蚋姑嘬之。其顙有泚，睨而不視。……歸反虆（盛土器）梩（鍤土器）而掩之。掩之誠是也，則孝子仁人之掩其親，亦必有道矣。」[1]孟子以為，上古民眾是在一種不忍親人暴屍荒野的親情倫理感召下，開始了「葬」的活動，這是孝子們極為重要的活動。

從語義學來看，「殯」的最早含義是「停柩」，即人一死，並不立即下葬，而是要舉行一系列的喪葬安排與悼念活動。《禮記》中有言云：「夏后氏葬於東階之上」；「殷人殯於兩楹之間」；「周人殯於兩階之上」。而「葬」是「藏」之意，《禮記》中說：「國子高曰：葬也者，藏也。藏也者，欲人之弗得見也。是故，衣足以飾身，棺周於衣，槨周於棺，土周於槨。」可見，「殯」是讓人們在親人去世之後，仍然有一定的時間瞻仰遺容，用各種禮儀表現孝道；而「葬」則是在埋葬親人和祭祀逝者的過程中遵循各種儀規，延續其孝子的行為。所以，曾子說：「慎終追遠，民德歸厚

1.楊伯峻譯注，2003，《孟子譯注》，中華書局，第135頁。

矣。」這是說,當人們謹慎地舉辦喪禮,並虔誠地祭祀先人,則民眾的道德水準一定能得到提升。

那麼,地面之「墳」又是何時出現的呢?《周易‧系辭下》云:「古之葬者,厚衣之以薪,葬之中野,不封不樹,喪期無數。後世聖人易之以棺槨。蓋取諸大過。」[2]這是說,古人葬逝者之初,並無「封」的做法,亦即不聚土為墳,只有地下之「墓」。後來,據說是聖人孔子,有一天尋找到父親的墓地,便把母親的遺骨遷來與之合葬,並感嘆道:「古也墓而不墳,今丘也,東西南北之人也,不可以弗識也。」意思是說,他在各地奔波遊說諸侯,為了能夠發現父母之墓,歲時祭祀,「於是封之,崇四尺」,在地面上堆土為墳,這就破了「墓而不墳」的古制[3]。南宋理學家張栻說:「周盛時固亦有祭於其墓者,雖非制禮之本經,而出於人情之所不忍,而其義理不至於甚害,則先王亦從而許之。」可見,在中國傳統文化中,人們一向認為,是親情導致了殯葬的出現;而從「不葬」到「墓而不墳」,再到既「墓」又「墳」的過程,表現的正是人類文明程度的提升和親情倫理的強化。

如果我們從生死哲學的角度看與人類共始終的殯葬活動,其實質就是人類試圖突破「生」「死」之界的不懈努力。無論是土葬、水葬、火葬,還是樹葬、天葬等等,都包含著人類追求永恆存在的企盼。比如土葬中的防腐措施及厚葬的現象,就是希望逝者有復活的可能,或者至少在陰間也能獲得與在陽間同樣甚至更好的生活。而水葬、火葬和樹葬等等葬式,則是人們認為必須讓屍體儘快消失,讓逝者靈魂能夠解脫再生的觀念在起作用。當然,人類試圖

2.高亨著,1983,《周易大傳今注》卷五《系辭下》,齊魯書社,第566頁。
3.參見《禮記‧檀弓上第三》,《周禮‧儀禮‧禮記》,1991,嶽麓書社,第297頁。

超越死亡，獲得永生的追求是一種悲壯的、最終總是歸於失敗的努力，但在殯與葬的過程中，人類創造了豐富的喪葬文化，從而使逝者安心，遺屬們也獲得了一種心理的慰藉、一種無窮的期盼、一種刻骨銘心的記憶，這其實就是人類解決死亡問題的努力所在。

二、中國人喪葬的現況

隨著人類文明的發展，殯葬的活動越來越複雜，一般人已難以應付，而喪家也無力去做，於是，處理喪葬各方面的問題漸漸成為一類人的專業，而殯葬也就成為社會的一個重要行業。既然是一種專門的行業，也就有了費用問題和管理問題。從各國和民族殯葬的歷史來看，無論是殯葬的形式還是內容皆差別甚大，變化則相對比較緩慢。時至今日，殯葬與喪家的要求，以及社會的期望之間還是存在著不小的距離的。

一般而言，現代人之生死實存（喪葬）與中國人之生死願欲間存在著緊張關係。所謂中國人之生死願欲，指的是中國人對生死狀況的種種期望和追求。死是人生之終點站，蘊含著人們眾多的生死願望，其一源於歷史傳統文化的積澱，二來自社會現實的存在狀況，所以，人們的生死願欲具有多樣化、複雜性和變化多的特色。一般而言，中國人的生死願欲集中到一點，就是：壽盡而亡，並能夠「入土為安」，讓子孫後代可以「慎終追遠」，「民德歸厚」。人們若能實現這種「死法」，便達到了理想的高品質的死亡。所以，在中國民間社會，臨終者一般都極不願意在醫院或外地，都要求「留一口氣回家」，訃告上也都寫著「某某壽終正寢」，女性則寫「壽終內寢」。但是，現代社會中人的死亡，顯然與此願欲有較大的差距。如第一章已經論述的，現代人已無「正常死亡」的觀念，大多都是在醫院中因某種惡疾而亡。這就使中國人生死企盼中

的「善死」願欲落空了，沒有任何人是一種「壽終正寢」，這就大大加深了當代中國人之死亡恐懼與悲傷。

其次，逝者也難以達到「善終」。現代社會具有高度的流動性，親人們很難在逝者亡故前全部趕到；然後則是遺屬們強壓悲痛，機械地添寫死亡證明書，還要辦理一系列冷冰冰的手續；再後則是屍體解剖和焚化，等等。這一切現代死亡處理方式的工業化、技術化的操作幾乎都與中國人生死願欲中的善終要求相背離，這也即是我們常見的中國人臨終前總有返家的熱切渴求，還有許許多多親人未到齊，逝者「死不瞑目」的故事，以及屍體解剖和焚化遭到民眾本能抵觸的深層次原因。

所以，殯葬業應該充分注意到中國人生死願欲的特點，消解死亡處理方式的工業化和技術化操作造成的負面影響，使之更具人性、更有人情味和人倫家庭的氛圍，以提升現代中國人之生死的品質；同時也真正提高中國殯葬業的水準，讓逝者走得安心，讓喪親者能放心，讓社會能滿意，從而為構建中國的和諧社會貢獻一份力量。

第二節　中國人生死企盼的基本特徵

從歷史傳統與現實的社會存在與發展來看，中國人善死善終的生死企盼又可別為主要的三個方面，現分述如下：

一、中國人生死企盼具有倫理化的特徵，其核心觀念是孝道

死亡作為生命的終止，首先顯現為病理的或生理的現象；但作為人之死亡而言，它突出的則是其文化意蘊。傳統中國人對待死

亡，首先凸顯的並非它的自然性，而是其倫理性。大多數的中國人往往從倫理道德的角度去思考、規定、顯揚死亡的意義與價值，從而使中國人的生死企盼散發著濃厚的倫理氣息。

從文化的根源上而言，這樣一種生死企盼來自於《孝經》：

子曰：「夫孝德之本也，教之所由生也。復坐，吾語汝。身體髮膚，受之父母，不敢毀傷，孝之始也；立身行道，揚名於後世，以顯父母，孝之終也。夫孝始於事親，忠於事君，終於立身。」[4]

子曰：「孝子之事親也，居則致其敬，養則致其樂，病則致其憂，喪則致其哀，祭則致其嚴，五者備矣，然後能事親。」[5]

《孝經》借孔夫子之口，把「孝」抬高到道德之本、政教之基的高度，並且具體規定了「孝」道對人之生與人之終的道德要求。這樣一種規定，對中國民眾的生死企盼烙下了永久的印鑑。

中國人生死企盼倫理化表現之一在於，歷代賢哲無不鼓勵人們應該且必須為道德的價值而勇於赴死。

子曰：「志士仁人，無求生以害仁，有殺身以成仁。」[6]「人受天所賦許多道理，自然完具無欠闕。須盡得這道理無欠闕，到那死時，乃是生理已盡，安於死而無愧。」[7]

4.唐滿先等編著，1996，《十三經直解》第四卷，《孝經‧開宗明義章‧第一》，江西人民出版社，第164頁。
5.唐滿先等編著，1996，《十三經直解》第四卷，《紀孝行章‧第十》，江西人民出版社，第179頁。
6.楊伯峻編著，1963，《論語譯注‧衛靈公篇第十五》，中華書局，第170頁。
7.參見《朱子語類》。

　　「仁」既是天地之本質「生生之道」的表現，又是人倫道德之「總名」，在具體的社會生活中則顯現為忠、孝、義、悌、信、禮、誠等等倫理與道德的規範。既然人是天地「好生之德」的產物，是「仁」這一天地本質的外化，那麼，人們當然要把它置於生命的價值之上，為了它的完整和顯現勇於奉獻出自我的生命。這就從生命本源的角度證明了倫理道德規範的至上性，尤其是它要高於個人的生命存亡。招災惹禍、過分的貪欲、進讒言而致死，等等狀況都是人們在生活中所必須避免的。但假如一個人行誠孝、履仁義，為家為國而捐軀，則死得其所，這是人之生命的不可「惜」之處。這些論述皆是立於一個價值比較的立場，把人之死與倫理道德的規範進行對比，並引申出倫理道德至上、超過生命價值的結論。這種觀念經過官方的意識形態和民間賢哲廣泛深入持久地闡揚，業已積澱為中國人比較穩定的心理意識，從而形成了生死企盼之倫理化的特徵。

　　中國人生死企盼倫理化的表現之二是：個人生命的非個我化，換言之，個人生死的家庭家族化。在普通中國百姓的一生中，正規的來自官方、意識形態和賢哲的有關死亡的教育不外乎是「死，或重於泰山，或輕如鴻毛」的死亡價值論；而在家庭內部有關死亡的教誨則比較複雜一些，大致如：個人的生命源自祖宗、父母，故而必須為「光宗耀祖」而「生」而「死」；個人之生命是家族生命的延續，所以自我生命的重要責任在「傳宗接代」，人生中「不孝有三，無後為大」；個人生死的超越就在於把自我生命匯入家族之大生命之中，因此人們必須竭盡全力安葬先人，並虔誠守時地按規矩「祭祀」之，以顯示出家族生命的興盛與永恆。

二、中國人生死企盼又具有禮儀化的特徵，其核心　　觀念是「禮」

中國是一個文明古國，中華民族又以講禮儀而著稱於世，表現在殯葬上，數千年來，形成了一整套複雜的禮儀系統。

大儒荀子指出：「禮者，謹於治生死者也。生，人之始也；死，人之終也。終始俱善，人道畢矣。故君子敬始而慎終。」[8]從喪親之日始，人們的動停行止、言談服飾、時日安排等等，皆被納入禮儀的規定之內。這種「生死之義」長期延續的結果，使人們有一種穩定的生死期待，知道在喪親之後，究竟應該如何去做，怎樣表現出合符社會通常禮俗的行為。這既是社會穩定的重要元素，更是喪親者良好的心理慰藉。中國人在喪葬之後常說「禮數到了」，這帶來的恰恰是精神心理上的安然和放下，是心靈重負的解脫。而如果人們在處理喪事的過程中，沒有按通常的社會禮儀來辦，或者辦得不夠隆重、不夠周延，那麼，一方面遺屬們將承受社會輿論的巨大壓力，另一方面也常受到所謂良心的內在譴責。這即是喪禮的重要功能所在。

中國人生死企盼的禮儀化最突出地表現在祭祀上。傳統中國家庭中的生死教育一般都是在祭祖的儀式中進行的，因此，中國歷代家訓無不強調祭祀的重要和必要。《孝友堂家規》詳細地規定道：

> 晨起櫛沐後，入祠三揖。自入小學，便不可廢。朔望，焚香拜。元旦昧爽，設祭四拜。四仲月，用分至日，各設祭，行四拜禮。凡佳辰令節，寒食寒衣，皆拜，設時食。忌辰，設食拜，子孫素食，不宜享客。吉慶事，卜期設祭。兒女婚姻，焚

8.潘嘉卓等譯注，《荀子·禮論》，2004，廣州出版社，第133頁。

香以告；生辰彌月，設食以獻。

在一個人一生中的各個時段、各個節慶之日，都必須按禮儀的規定祭祀先人，要做到「事死如事生，事亡如事存」，否則既是不孝的表現，也會遭致祖先的懲罰和鄰人的指責。一個中國人生前可悲之事很多，但最最痛苦之事還是擔憂「香火不保」，也就是說家族的祭祀中絕了。這樣一種心態對中國人的喪葬活動產生了深遠的影響。

祭祀在普通中國人生活裏的重要性，恰恰表徵出中國人生死企盼的禮儀化特性：其一，中國古代的祭祀，一般分三級：一是家庭內的祭祀；二是整個家族（同姓宗族）的祭祀；三是皇室（國家）的祭祀，而祭祀的本質是對逝者的崇拜。中國古人根深柢固的觀念是「逝者爲大」，「死者爲神」，何況祭祀的對象又是祖先，所以祭祀中的器具極盡精美、物品極盡豐富、過程極盡規範、心態極盡虔誠。普通中國人在這種死亡的祭祀中體會到了血緣相繼的神聖性，體會到家庭、家族生命的完整性，體會到先人對後人的關注和保佑。這些都給中國人喪葬態度烙上了強烈的倫理印跡。其二，在祭祀過程中，人們感受到祖先庇護的同時，也明白了自我生命的責任，即爲光宗耀祖、爲延續香火、爲擴充祖先產業、爲家庭家族的興盛而生而死。此時，一個人之生死逐漸地移易開主體——個人，並超越時空地與整個家庭家族的大生命相繫，具有了某種神聖的意蘊，這就培育出了普通中國人勇於爲家爲族而獻身的精神。其三，祭祀是中國人生死企盼禮儀化的集中表現，它產生的一個重要結果是中國人面對生死具有強烈的倫理責任感，甚至對祖先、對家人的關注超過對自我生命存亡的重視。一個中國人在社會上面臨「生」與「死」的抉擇時，他可能考慮的是政治的價值（「盡忠」、「愛國」）；但當他在私人生活領域面臨必死的命運時，他焦慮的則可

能是人倫責任的未竟——或對父母還未盡孝；或對妻兒還未盡撫養之責；或對不起列祖列宗，等等。這種焦慮源於血緣血親相繫派生出的強烈責任感和義務感。它常常造成中國人臨死前的深深自責、悔恨與痛苦。

三、中國人生死企盼還具有神秘化的特徵，其核心觀念是「魂魄」、「陰陽」與「鬼神」

所謂「神秘化」，實際上是相較於「科學」思維而言的。在具備科學觀念者眼中，世間萬物、人生萬事都有嚴格的區分，它們之間有無聯繫、聯繫的性質如何都必須進行實證方能確定。而在神秘化思維者眼中，萬事萬物無不處於某種先在的聯繫之中，具體實物的世界可以區別出不同，而在思維的世界中，無法證實的關係到處都存在且確信無疑。「死亡」是人類感性與知性無法超越的界限，所以，即便是現代科學對「死」及「死後的世界」等諸問題也往往難以給出令人信服和滿意的說明，更何況傳統社會中的古人？因此，人類各民族在歷史上基本上皆是以一種神秘化的態度對待死亡問題，而中華民族在死亡的神秘化方面又有其獨特性和豐富的內容。

第一，「魂」與「魄」。中國古人對「死」的理解，最早是從生命止息的角度入手的。人之生，乃「精氣」相聚；人之死，自然是精氣散盡，這就猶如冰溶化而成水一般。在這樣一種對「死」的理解中，最可注意的有二點：1.死亡的本質是精氣的聚散與否；所以，2.人之死亡並非完全的毀滅，並非什麼都不存在了，而是生命體的轉化形式，仍有某種東西永恆地存在著。因此，《莊子‧知北遊》說：「人之生，氣之聚也。聚則為生，散則為死。」中國傳統的看法，是把萬物的成毀皆視為氣的聚散；而表現在人之生命的

生死，則是氣之中精粹部分的變化。這一形成人的所謂「精氣」又由兩大部分組成：一曰「魄」，一曰「魂」。在中國古代人眼中，「形」指人的身體，舉凡眼、耳、鼻、舌、身、四肢等皆爲「形」。這些東西爲何會看、聽、嗅、嘗、感覺、動作？皆因有一個內在的主宰「魄」。而「氣」則指人內在生命力表現出的觀念、意識、思維等精神性的東西，它們爲何能思考、能計畫、能形成概念？因爲其也有一個內在的主宰——「魂」。這樣，人之死的觀念就進一步由「漸」拓展爲魂魄的合與分。也就是說，人之生爲魂與魄的相合；而人之死，則意味著魂與魄的相分。

中國古人又有將萬事萬物區分出既對立又統一的陰陽的觀念。在人們眼中，魂屬陽，魄屬陰，故有陽魂陰魄之稱。當人死之時，魂因爲是「陽」，故離「形」而升天；由於魄爲「陰」，故附在人之軀體歸於地。所以，古語有云：「魂氣歸於天，形魄歸於地。」《禮記·祭義》亦云：「眾生必死，死必歸土，此之謂鬼。骨肉斃於下，陰爲野土，其氣發揚於上爲昭明，焄蒿悽愴，此百物之精也，神之著也。」[9]「魂」與「魄」的觀念，對中華民族的死亡態度產生了深遠影響。由於人死即表示「魂」離開了人的軀體，所以古人喪事中首要事務乃招魂儀式。關於這一點。《儀禮·士喪禮》中有詳細的記載：「死於適室。幠用斂衾。復者一人，以爵弁服，剿裳于衣左，何之，極領于帶；升自前東榮、中屋，北面招以衣，曰：『皋——某復！』三。降衣于前。受用篋，升自阼階，以衣屍。復者降自後西榮。」[10]爲何要「升屋」而招魂？因爲人死之後屬陽的「魂」直升上天，招其回返，是希望死者能復活，於是採取種種方式來保持屍身。因爲傳統中國人認爲一魂只能與一體相對

9.《周禮·儀禮·禮記》，1991，岳麓書社，第467頁。

10.《周禮·儀禮·禮記》，1991，岳麓書社，第230頁。

合，還魂復活只能與原身體相對應才行。所以，中國人重視對死者
屍體的防腐問題。故而民間出現了土葬、崖葬，使用諸如棺槨、石
灰、木炭等來防腐防水。中國民間的「復活」觀，一般都不是如佛
教的「死後新生」，而是魂與屍體合一後的此生此世的再活。所
以，在中國古代流傳著許許多多「借屍還魂」的故事。但是若復活
無望，人們便希望死者靈魂能更迅速地升天，所以有時採取能加速
屍體消失的喪葬手段，如中國歷史上出現的火葬、樹葬、天葬等喪
葬方式。兩種截然不同的喪葬方式，表現的是同一種生死企盼，現
代的殯葬業顯然應該鼓勵後一種觀念。

在漫長的中國歷史上，魂與屍體的關係，勾魂鬼與人的關係
被演繹出無數的恐怖故事，透過長輩的講述、說書人的演唱、戲劇
的演出等等管道，對廣大的中國百姓產生了深遠的影響，不僅決定
了許多葬禮與祭祀的儀式，更使中國人產生了一種畏死畏鬼、重視
魂魄的心態；反過來對中國人之人生態度產生了極大的影響。如：
保持一種內心深處對神秘性的敬畏，不做或儘量少做虧心、負心之
事，努力消解人際磨擦以求得可能之中的鬼神諒解，等等。

第二，「鬼」與「神」。中國歷史上「鬼」的觀念出現甚早，
據考證，甲骨卜辭和金文中就有不少的「鬼」字，其形尤如臉上
蓋有東西的死人。因此，「鬼」字的原始含義並無恐怖的含意，
「鬼」即歸也，人死即為「歸」、即為「鬼」。《說文解字》云：
「人所歸為鬼。」《屍子》曰：「古者謂死人為歸人。」人活在世
上猶如在旅途中的「行人」，是人生過程中的行者；而人之死則如
同回到生命終點之家的「歸人」，是生命的回歸。

《韓詩外傳》寫道：

> 鬼者，歸也。精氣歸於天，肉歸於地，血歸於水，脈歸於澤，
> 聲歸於雷，動作歸於風，眼歸於日月，骨歸於木，筋歸於山，

齒歸於石，膏歸於露，毛歸於草，呼吸之氣復歸於人。

人死之後，形體之身衰朽而分別歸之於山河大地和動植物，唯人之精氣上歸之「天」，人呼吸之氣復歸於他人。可見，以「歸」釋「鬼」，實爲直觀加猜測性地描述「死」這種現象，並無複雜且恐怖的意思在內。但是，人死後之「鬼」的狀態是活者無法感受的，只能靠幻覺和想像來描繪。所以，這一鬼的世界有著幾乎無限的想像空間，容納了中國人數千年的各種奇想、聯想和幻想，構成了一個無比龐大和豐富的「鬼世界」。

「神」是從「鬼」的觀念中引申而出的。在中國古人的觀念中，廣義的「神」幾乎可相等於人死亡之「鬼」，所以，任何人去世後都可奉爲「神」；而狹義的「神」，則是人死亡後歸於「鬼」中間的神聖者，他們或法力無邊，或聲名遠揚，或可鎭邪壓魔，所以，能夠享受人間香火祭品的供養和人們的頂禮膜拜。這就說明了爲何中國民間所奉之神的數量驚人的多，且「隊伍」還在日趨擴大的現象。中國古代人常常把前世的帝王、賢哲、將相、善人等補充入「神」的隊伍，而且把「物」也神化，幾乎是一物一神，如灶神、門神、土地神等等。由此，中國古人生活的世界一分爲二：一是活者生存的世界，人於此中要辛勤勞作，且受到各種限制；一爲「鬼神」的世界，逝者入此中可能受苦也可能享盡生者無法想像的幸福，而且人間的限制也大多不存在。這樣一些有關「鬼神」的觀念對中國人之生死企盼產生了深廣的影響。

在中國喪葬儀式中，有所謂「飯含儀式」。即在死者的口中放入玉貝及米飯之類的物品。爲何有這樣的儀式？《周禮·地官·舍人》鄭玄注云：「飯所以實口，不忍虛也。」《公羊傳·文公五年》何休注曰：「孝子所以實親口也，緣生以事死，不忍露其口。」嘴中之虛，意謂此人餓著肚子。在農業社會，生產力十分低

下，人們實其腹已屬不易之事。在死者口中放入玉貝和米飯，是希望逝者不要空著嘴淪入陰間成爲「餓死鬼」。按佛教的說法，「餓鬼」是人輪迴「六道」（天、人、阿修羅、餓鬼、畜牲、地獄）之一，陷入其中者成爲永求飯食不得之「鬼」。這種懲罰對世間常常餓肚子的芸芸眾生實有極大的警戒作用。所以，人們對死者舉行「飯含」儀式，希望逝者不要餓著肚子走上不歸之路，更不要淪爲「餓死鬼」。中國百姓常掛在口中講述的鬼還有「吊死鬼」、「淹死鬼」、「小兒鬼」、「食屍鬼」、「青衣鬼」、「癡鬼」、「骷髏女」、「女鬼」，等等。這些「鬼」一般都能或在陽間行善懲惡，或繼續幹壞事。在中國古代人的生活中，「鬼」可說是無處不在、無時不有，甚至起到了死亡教育的作用。

　　「鬼」的存在時刻提醒人死亡存在的必然性和人生的短暫性，從而讓人們在生前按一定的規範生活，否則必遭鬼神的懲罰和迫害。而且，「鬼」的觀念還帶給中國人一種死亡的慰藉，即：人們死後並非歸於完全的毀滅和空無，還有「魂魄」及延伸的「鬼神」存在，後者擁有許多凡人不可能有的神通，甚至可解決生前遭受的怨屈和悲慘的遭遇，這無疑給貧者、弱者和病者一種死亡的精神安撫。

　　第三，神靈的世界。在中國古代神靈的世界中，玉皇大帝、王母娘娘、太上老君、眞武大帝、福祿壽神、灶君、龍王、財神、藥王、門神、八仙等等都是一些常見的神仙；但對中國人死亡態度及喪葬觀念最具影響的還要數雷神與冥神。中國百姓堅信雷公電母能明察人間秋毫，對不忠、不孝、不仁、不義者給予毀滅性的懲罰，並保護弱者。「冥神」指幽冥之地的眾神。中國古人把生者居住之地統稱爲陽間，而把人死亡後去的地方稱陰間，或冥間。人間有帝王將相官吏組成的統治網路，陰間亦有由眾多冥神組成的統治機構。中國民間最早以泰山神治鬼，所以泰山神成爲了冥神，被人

們尊稱爲泰山府君、泰山令，唐宋時又被奉爲東嶽大帝。但佛教東傳之後，對中國人死亡態度影響更深的則是「地獄」的觀念。在佛教中，陰間地獄之主稱閻羅王，原爲兄妹二人。傳入中國後，在唐末，演變成十殿閻王之說，閻羅王成爲其中之一，它們是：第一殿秦廣王蔣，第二殿楚江王歷，第三殿宋帝王余，第四殿五官王呂，第五殿閻羅王包，第六殿卞城王畢，第七殿泰山王董，第八殿都市王黃，第九殿平等王陸，第十殿轉輪王薛。佛教中的冥神還有地藏菩薩，以拯救人爲志向，發大誓願救眾生於三惡道中。

在中國的道教中也發展出一個獨立的冥間系統——「酆都」，最高統治者爲酆都大帝。至今四川的酆都縣建有陰曹地府的完整的建築群，稱爲「鬼城」，爲歷代修建而成。冥神中有一稱爲孟婆神的老太太，在陰間專門釀造一種似酒非酒的湯，凡將托胎投生的鬼魂都要喝此湯，飲後便忘記了前生所有的事情。關於冥間，中國古人擁有豐富的想像。在地獄中，除火烤、鋸開之酷刑外，通常還有下油鍋、上刀山、針刺、剝皮、挫骨、抽筋等等刑罰。凡是人間可以想像出來的酷刑，地獄中無一例外都有。人死之後可能淪入「地獄」，當然也有可能升入「天堂」。

中國古人的天堂觀主要包括道教所說的「仙界」和佛教所言的「天界」與「西方極樂世界」。中國道教發展出一整套內丹與外丹的修煉方法，鼓勵人們在此生此世之中得道成仙，從而脫離人間去往仙界。那麼，神仙居住之地又有何妙處呢？道教認爲仙人遊樂之地有十洲三島，它們分別是：祖洲、瀛洲、玄洲、炎洲、長洲、元洲、流洲、生洲、鳳麟洲、聚窟洲；昆侖島、方丈島、蓬丘島。在這些仙境中，人間最稀缺、最珍貴之物，在仙界都多得無限；人間最恐懼、最擔心之事，在仙界裏完全沒有；人間最勞累、最傷神之事，在仙界裏根本不用費神，等等。中國道教的一個重要特點是提供完全滿足人之所需要的一切及實現這種希望的途徑與方法。千百

年來，它對中國百姓的生死企盼與喪葬觀念產生了重大的影響。

　　上述種種形成了中華民族的生死文化，同時也構成了中國人之生死企盼。而殯葬業必須以此為目標去加以努力，才能達到較好的水準。

第三節　殯葬業發展的思考

　　應該看到，中國傳統的喪葬禮儀，產生的土壤是小農社會，許多方面極其繁瑣，且的確有濃厚的迷信成份，不僅與現代科學文化相背，也與現代社會快節奏的生活不適應，需要大力改革，移風易俗仍然是中國殯葬業的重要任務。但是，另一方面，我們也必須意識到，中國歷史上出現的「破四舊」、「文化大革命」等運動，又極大地損害了中華民族的優秀傳統，對人性、人的生命尊嚴、人道、人文等等任意踐踏，造成了另一性質的大問題。具體在殯葬活動中，將喪葬儀式減化為一個簡簡單單的追悼會，完全取消禮儀，又存在著不合人性、有違人道、無法彰顯人文的弊端。

　　現在的問題在於：如何立足於中華民族生死文化傳統的基礎上，意識到中國殯葬業還存在著許多嚴重的問題，推進中國殯葬業的發展刻不容緩，而其核心則在於從中華民族生死文化出發，探討在殯葬過程中怎樣才能更好地滿足中國民眾的生死企盼，這就需要現代中國殯葬業確立人性化、人道化與人文化的發展方向。殯葬業本質上即是滿足人們生死企盼的重要途徑和管道；對殯葬業品質的評價，從根本上說，不在其設施如何現代與豪華，管理如何數位化，從業人員是否充足，而在其是否能夠儘量滿足人們的生死企盼，讓逝者安息，遺屬們也獲得一份安心。

一、人性化問題

中國人生死企盼之倫理化的特徵要求現代中國殯葬業必須注意人性化的問題。中國人生死企盼之倫理化的特徵對現代中國人有無影響？以及究竟有何影響？殯葬業怎樣做才能適應這一特徵？這都是非常重要的問題。仔細觀察現代社會的中國人，可以發現這種影響不僅有，且十分巨大，值得我們認眞地加以分析和探討。

一般而言，現代中國人在面臨死亡時，大多數人首先想到和主要考慮的就是人倫責任未竟的問題，而這一點也在現代醫學的臨床實踐中也獲得了證實。普通中國人在面臨死亡時，企盼的是親人環伺在旁，能夠傾述心聲，能夠再多看一眼親人；最擔憂的則是自己去世後，給家庭帶來的問題和困擾；而最害怕的則是逝前死後面臨著沒有親人相伴的孤獨。凡此種種都說明現代中國人並沒有脫離人倫之網，生死企盼的倫理化特徵仍然十分明顯。

中國人生死企盼倫理化使中國人尋找到並踐履著一條死亡非個我化的生死之路。生死企盼倫理化的結果是本為與個人密不可分的死亡事件蛻變為一個家庭、一個家族的生命存亡之事，這可稱之為死亡非主體化現象。這種死亡的泛化，一方面使個人的死亡痛苦可以適當地分散給許多親人，從而減輕臨終者生理與心理的重負；另一方面也使個人死亡的事件對一個家庭的眾多成員產生的影響極大，這就凸顯出在現代中國廣泛深入地進行「遺族輔導」工作的重要和必要。

以往殯葬業者大多認為：殯葬工作的對象當然是逝者，是處理逝者遺體的過程。但具體到中國的殯葬業，考慮到中華民族的文化傳統及中國人生死企盼之倫理化特徵，則必須將遺屬們的問題也納入殯葬業工作的範圍之內，這應該成為中國殯葬業人性化的重要特

色之一。

　　喪親之痛是人類生活中的一種可怕的生命「殺手」。問題的嚴重性還在於，人們只要有正常的壽命就一定會在某時遭遇到喪親的事情，而且在中國這樣一個倫理情感特別濃厚的文化氛圍中，喪親所導致的悲痛又會顯得格外深重。對我們人生中必然會出現的這種人生的危機，每個人都必須高度重視，並加以解決。而這是需要社會性救助的，應該納入殯葬業服務的範圍之內。所以說，中國大陸殯葬業面對的主要的服務對象絕不僅僅是每年去世的約八百二十萬人，其服務的外延應該包括約九千萬處於悲傷狀態之中的遺屬。

　　臺灣新竹市殯葬管理所譚維信所長介紹說：新竹市殯儀館的「殯葬服務志工隊成立於二○○一年十一月二十六日，成員目前有二十人，成員的組成以曲溪里里民、教師、宗教團體為主，成立的宗旨乃為提升殯葬服務文化，希望在本所與民眾間搭起一座柔性的溝通橋樑，提供更深層的關懷。殯葬服務志工隊服務的主要項目並不僅於代填書表……等簡單服務，而是希望能夠做到撫慰喪家的心靈，並將正確的殯葬文化經由這樣機會介紹與他們，具體的服務項目有：1.殯葬設施引導；2.社會資源轉介；3.悲傷輔導；4.殯葬諮詢；5.法律諮詢……等。希望藉此來改變一般人對於殯儀館陰晦及生硬的印象。」[11]成立志願工作者隊伍來進行遺屬的精神撫慰，在目前是一可行之方法，但從根本上講，則必須要成立專門的機構及配置專業人員，才能真正將這一立足於中國百姓生死企盼的事業做好。

11.參見〈新竹市提升殯葬服務品質創新績效作法〉，文載《第一屆國際華人生死學研討會論文集》，馬來西亞，2005年4月，第30頁。

二、人道化問題

　　要適應中國人生死企盼具有的禮儀化特徵，要對殯葬業的各個部分進行深入的改革，關鍵是突出人道化安排。中國的殯儀館在硬體設施的建設上，要從過去主要考慮「死人」之用轉變為如何也讓「生者」（遺屬）更方便的基點之上，這就是人道化的需要。長沙民政職業技術學院教授王夫子先生介紹說：有一次，他與一位殯儀館長同行，進門後，看到一家四口正為突發性去世的小孩子哭得昏天黑地，老太太幾乎已是全身癱倒，沒了聲息，一旁的火化工若無其事地在吸煙，等著家屬簽字。他實在不忍心，上前抱起老太太，可是發現沒有一個地方能放下，況且地上還有三位悲傷異常的遺屬，殯儀館長冷眼看著，不置一詞。他只好將老太太再次放到地上，帶著深深的遺憾走了——無可奈何。一般的殯儀館，對「死人」躺在何處，怎樣運送都有詳細的規劃與設施，唯獨忘記了更重要的「活人」的活動。所以，殯儀館的設計必須體現以人為本，此「人」不僅是「死人」，更是「活人」。比如說必須要有獨立的空間提供給喪家舉行各種儀式，有完善的冷藏設施對遺體進行保存，以舉行親人全部到場的告別儀式，等等。此外，在靈堂的設置、休息室的規劃、環境的整治、殯葬工作人員的培訓，都要以此為中心來進行。

　　此外，必須教育殯葬業者，對每位逝者的遺體都應該有虔誠之心，尊敬的態度，在所有的操作中，都要貫之以細緻、周到、小心翼翼，一如尊重活著的長者一般，這也是人道化的需要。站在遺屬的地位，親人的遺體是最最神聖者，必須要有最高的尊敬態度；而在殯葬業者眼中，所有的遺體都只是工作的一個對象而已，而且他們每天都處於一種繁忙而乏味的工作循環之內，當然不可能有對每

具遺體特別的尊敬之情。這樣，兩者立場與觀點都不同，必會產生各種磨擦與矛盾，甚至導致激烈的衝突。

在這一點上，應該在殯葬業者的思想中，引入一個「大體老師」的觀念。臺灣證嚴法師創辦的慈濟大學在辦學上有一個十分引人注目的特色：這所大學醫學上供解剖的屍體在全臺灣是最多的。為什麼能達到這一點呢？因為慈濟大學在教學的過程中，提出了一個「大體老師」的觀念，也就是將遺體捐獻者稱為「大體老師」。對醫學院的學生而言，這些「大體老師」完全默默無聞、無怨無悔地貢獻出自己，讓他們反覆地操刀實踐，這些遺體不就是這門課程的「老師」嗎？教導了他們認識人體的構造與功能，學到了許多科學的知識，讓他們成長起來。所以，學校有專門的走廊櫥窗，內有文字與圖片詳細地登載每一位「大體老師」生前的事蹟，而學生們上解剖課之前和結束後都要向「大體老師」表示感謝。所有的「大體老師」都被安放在乾淨整潔的房間內。醫學實驗完畢後，「大體老師」火化前還要舉行棺木送葬儀式，火化後的骨灰盒則被陳列在一間布滿鮮花、點有長明燈的展示廳內，家屬們和學生們可以隨時去悼念，慈濟大學每年還要為「大體老師」舉行大型的追思活動。

這樣一種觀念和做法非常值得殯葬業者們學習。有一位學生是這樣寫的：「您是我們這輩子最特別的老師，您將所有人體知識都烙印在我們的腦海，但我們卻沒有在您活著的時候，對您說：『老師，謝謝您！』」這種「大體老師」的觀念，使醫學院的學生孕育出對「屍體」完全的尊敬與尊重；同樣的，應該在殯葬業中，大力推廣「大體老師」的觀念，讓每一個從事殯葬業的工作者，都能對每一具遺體保持尊敬與尊重，從而貫之於具體工作的每一個環節中，讓喪者的家屬獲得寬慰、安心和滿意，殯葬業也能夠因服務的高品質而開拓出廣闊的市場。

三、人文化問題

要適應中國人生死企盼具有的神秘化特徵，努力做到喪事的人文化安排。人間的喪事本就是一種至哀至痛之事，應該努力凸顯人文化，精心安排，以降低喪者家屬的心理不適。中國民間之生死文化由神秘化引申出一個重要的特色，即死亡的禁忌，對普通中國人而言，「死」字最不吉利，賓館不能有四號房，電話號碼最好也不要有四，等等。所以，在死亡事件發生前，人們充口不言「死」，觀念中也極力排斥「死」，自然對有關「死」的問題毫無觀念及操作上的準備。而一當死亡事件降臨，立即成為有關者關注的焦點，可卻沒有一點知識，束手無策，焦慮萬分，這些與失去親人的痛苦交織在一起，讓遺屬們深感驚惶失措、孤立無援、痛徹心肺。此外，高齡化社會已漸漸降臨，中國計劃生育的成功，家庭逐漸小型化，難以應對相對較多的老人去世的問題。特別是，在中國不僅離婚者大幅度增加，不婚不育者也越來越多，孤寡者必會大量增加，這將使無人照料後事的老人大幅增多，這一切都需要殯葬業儘快適應社會的變化，推進自身的改革與發展來加以配合，具體應該做的有關服務有：

第一，必須大力發展前沿性的服務產品，比如大力提倡生死教育。生死教育不同於科學知識性教育，本質上是一種人文性教育，這種教育不是讓人們知曉某一學科，獲得一種謀生的能力；而是教育人們從生死之必然性過度到對親人及自我生死的理性及感性的接受，讓社會與百姓不避諱「死」，能以正常的心態來討論有關「死」的各方面的問題，這樣的話，就可以大力引入並提倡「生死規劃」的概念，推動人們生前規劃死後之事的新風尚。中國古代本有一個「白喜事」的傳統，應該大力提倡人們「生」前就能夠以

正常的心態安排「死」後之事，讓「死」真正成為人「生」的 ·部分，海外與國外皆有所謂「預立遺囑」、「往生契約」的安排，可以使人們生前安排好自己的身後事，減輕子女精神與金錢的負擔，而且可以讓自己的喪事更具個性化、更能表現個人的意願，這是值得大力推廣的。

第二，殯葬業還應該發展後續性的服務產品，比如葬儀的多樣化，以滿足遺屬的不同心願，這是殯葬業人文化的重要方面。一般來說，生者與死者仍處於一個生存的空間，但卻不在共同的物理時間之內。不過，在精神與心理的世界，人們往往覺得與逝去的親人還能夠在一起，並希望能夠永遠持續下去。在中國人眼中，逝者為「大」、逝者為「鬼」、逝者為「神」。於是，便創造出具有中華民族特色的殯、葬、祭等等活動。所以，殯葬業應該根據遺屬不同的要求，提供佛教式葬儀、道教式葬儀、基督教式葬儀等等服務。在葬式上，除傳統葬法外，還可以有意識地推廣海葬、樹葬、花壇葬、壁葬、髮葬、基因葬、宇宙葬，等等不同的新的選擇。良好的葬儀葬式，可以讓遺屬們放心和安心，從而大大減輕他們的心理負荷。

第三，殯葬業還應該積極開展有關殯葬知識的社會性宣導工作，並推廣上海飛思殯葬代理中心大光店服務員劉躍蓮創造的「家人式喪儀服務」[12]：喪事家屬一個電話，全部喪葬事宜都能按自己的心願做好辦完。中國目前有因出現一個重病患者而陷入貧困的家庭；也有因大肆揮霍的葬禮而入貧的家庭。讓遺屬選擇一個既莊嚴又節儉的葬禮是創建和諧社會的重要方面。在墓園的建設中，要努力營造一個「慎終追遠」的文化氛圍，以「孝」為核心營造殯葬業的後續性服務產品，比如墓地的造型、墓園文學的宣導、方便祭祀

12.參見〈讓喪事不再是煩事〉，文載《殯葬文化研究》，2005年2期，第41頁。

的交通設計、環境的改造，等等，皆應以凸顯殯葬的人文化爲中心。要努力改變墓葬的恐怖色彩，建設公園化墓地，融入城市現代之進程，讓其成爲人們休閒生活的又一場所，成爲現代人接受生死教育的重要課堂。

第四，爲了突出殯葬業的人文化發展方向，還要儘快推進有關喪葬名詞的改換，廢棄一些諸如死亡、屍體、殯儀館、火化場等等慣用語，使用諸如：往生（佛家語，可用於殯儀館之名，如稱往生館）、大體（佛家語，可用於指稱屍體）；大化（道家語，比如可將火化場改稱「大化館」）；坐化、羽化（道教語，可用於指稱死亡，羽化也可用來指稱「火化場」）；「登仙門」、「飛升台」（道教語，可用之焚化爐的名稱），等等。在殯葬活動中，改冷色調、已有恐怖內涵的名詞爲暖色調、明朗的辭彙，有助於民眾對殯葬印象的改變，在心理上、精神中能起到良好的撫慰作用。

第五，殯葬業的人文化發展還包括于光遠先生提倡的「傳承服務」。于先生說：「我做過一件事情，那就是在『殯』和『葬』兩個字後，加了一個『傳』字。就是把死者一生中值得對後人『傳一傳』的東西，用各種適當的方式『傳開來』、『傳下去』。『傳』是『繼承』，所傳的便是文化……。」[13]具體而言，即是幫助遺屬爲逝者製作紀念冊、演示片、出書等，這本質上是一種文化的傳承，是逝者血緣生命、社會生命和精神生命的延續，若做好了，可以讓喪者的家屬獲得一種精神上的滿足感，減輕心靈哀傷。

可見，爲了適應中國人倫理化、禮儀化、神秘化的生死企盼，推進殯葬事業的發展，中國殯葬業的行政管理者和殯葬業的從業人員，必須努力消解死亡處理方式的工業化和技術化操作造成的負面

---

13. 〈殯葬服務與文化傳承〉，文載《殯葬改革和文化建設初探》，上海大學出版社，2004年11月版，第335-336頁。

影響，努力使殯葬過程人性化、人道化、人文化，在這一努力過程中才能眞正提升中國殯葬業的品質與水準。

四、創建中國的和諧殯葬

中國的殯葬業眞正能夠達到人性化、人文化和人道化的水準，則可以去創建中國的和諧殯葬了。在中國人的日常用語中，「和諧」往往有和平、和睦、和善、和美、和樂、親和等等意思，是人們追求的一種美好的存在狀態與理想的關係狀態。從語意學來看，「和」主要包含「和睦、和氣」的意思；「諧」則指「相容、相合」的意思。所以，「和諧」者，主要是指協調、順暢、有序的關係，至少包括五個方面：一是人與人的關係要和諧，即人們彼此間講誠信、友愛，並能夠互相幫助，和諧相處。二是人與社會的關係要和諧，即社會要實現全體公民的公正、正義與權利平等，讓整個社會安定有序、充滿活力，使社會政治、經濟、文化等協調發展。三是人與自我的關係要和諧，亦即人內在的精神與心理要舒緩、平靜、和諧。四是人與自然的關係也要和諧，此中關鍵在保護好生態環境，實現可持續發展。如果從殯葬業自身的發展來看，則和諧的理念還應該包括第五種關係：生者與逝者、人與「神」的和諧。所以，和諧的理念是一個系統，意味著五種關係皆處於一種非劇烈衝突、非緊張矛盾的存在狀態，和諧共處、共存共榮。

在中國傳統思想中，最高的和諧稱爲「太和」。在中國最古老的經典之一《易傳》中談到：「乾道變化，各正性命，保合太和，乃利貞。」[14]這裏提出的「太和」之「太」者是極致之意；「和」則指和諧，全句意爲：組成事物的陰陽雙方，平衡適均，無有偏

14.張吉良，1993，《周易通讀·說乾卦一》，齊魯書社，第311頁。

勝，達到了和諧的極致。所以，「和諧」仍是人間社會最高、最重要的狀態。宋大儒張載云：「太和所謂道，中涵浮沉、升降、動靜相感之性，是生絪縕相蕩勝負屈伸之始。」把「太和」提升至「道」的高度，是人間社會所求的最高的理想，也是百姓企盼的最佳的整體的和諧狀態。《文言傳》中又說：「夫大人者與天地合其德，與日月合其明，與四時合其序，與鬼神合其吉凶。先天而天弗違，後天而奉天時，天且弗違，而況於人乎，況於鬼神乎。」[15]所謂「大人」即理想境界中的「完美之人」，其德配天地，其明配日月，其進退之序與四時相配，其賞善罰惡所降吉凶與鬼神相配。這不僅實現了人與己、人與人、人與社會的和諧，更實現了人與自然和「鬼神」的相互貫通、相互融合、相互統一。這實際上即是中國和諧殯葬所應該努力去實現的最高目標與最美好的狀態。所以，中國和諧殯葬的核心理念應該是：實現「天地人神共舞」。

何謂「天地人神共舞」？「天地」即「宇宙自然」；「人」即主體與社會；「神」即逝者。「天地人神共舞」亦即宇宙自然、人類社會與逝者神靈和諧相處，共存共榮。在中國傳統民間文化中，逝者就是「神」。從生死哲學的角度、從生命管理的角度來看殯葬業，其實質即是要讓生者與逝者都能夠處於一個良好的溝通與互動的狀態，生者和逝者也能與社會、宇宙保持一種良好的和諧關係。但是，中國的殯葬業從整體上看顯然還沒有實現這種目標。比如廣泛推行火化造成的民眾抗拒心理與行為；殯葬業中有些部門和行業不夠規範、服務水準不高，這導致了殯葬行業與遺屬和社會的不和諧；亂葬亂埋，墓地毫無規劃，規劃不佳，使墳墓淪為「大地的癌症」，讓逝者不安、生者痛惜，大自然遭到破壞，這導致了生者、社會與逝者、宇宙自然的不和諧；祭祀安排不當使生者與逝者難以

15.張吉良，1993，《周易通讀‧文言傳注譯》，齊魯書社，第554頁。

溝通造成的不和諧，等等，這些都是值得我們高度重視的問題。

即以現代中國大陸推行火化的問題為例。嚴格來說，火化不是中華民族的傳統，而是佛教東來帶來的喪葬方式，所以，其與大多數的中國民眾的生死企盼是不符的。現代社會推行火化，可以使人與自然達到更和諧，但卻可能導致人與人不和諧、人與社會（殯葬業）不和諧，兩者存在著相當的緊張關係。改變土葬習俗實行火葬，目的在少占耕地、不用棺木、節省喪葬的費用，本質上是實現人與大自然的和諧。但在中國傳統生死觀影響下的中國民眾，卻難以接受火化的方式。中國傳統的生死觀念主要有三點：一是陰間與陽間並立的觀念，中國百姓往往認為，人死後可以在陰間過與陽間差不多甚至更好的生活，這一觀念使中國人追求厚葬厚祭的殯葬方式。二是「形」與「神」，或「身體」與「魂魄」有對應的關係。中國古人堅信：人死後在某種條件下是可以復活的，但前提是屍體與魂魄在分離之後再次實現合二為一。這引申出人逝後立即招魂之「殯」的方式和葬之中廣泛地採用屍體的防腐技術及深掩之土內的喪葬方式。三是孝道觀，中國人為報答父母祖先養育之恩，追求物化的墳墓以供祭祀之用，所以，中國古代社會上至百官皇室，下至平民百姓，皆盡財盡力盡時去營造大墓大墳，甚至傾家蕩產也在所不惜。這三種觀念經過歷史的洗禮，已有了很大的變化，但仍然有許多因素保留下來，一直影響到現代中國人的殯葬觀念與操作。比如，在清明節的祭掃活動中，有許多人不僅在親人墓前燒紙錢、香燭，更燒起了紙別墅、紙汽車，甚至紙小姐。又比如，各地都出現了有錢人營造超級豪華大墓的事件。再比如，在一些地方，聚眾暴力抗火化的事件層出不窮。應該說，五十年來，中國已經盡了最大的努力去推行火化，去實現人與自然的和諧，效果是驚人的，成績是巨大的，如浙江、廣東、北京、天津、山東、江蘇、遼寧、吉林、黑龍江、河北的火化率已接近100%，但仍有許多不足

之處。據統計，全國每年死亡人口約八百二十萬之巨，火化入葬的只有三百三十四萬左右，占死亡人口42％。雖然美國的火化率僅有26％，但日本的火化率卻達到了98％。隨著中國人口與土地和其他資源的矛盾越來越大，改革中國民間殯葬習俗，尤其是儘快地提高火化率已經刻不容緩。

關鍵在於，怎樣做才能使廣大民眾，尤其是農村的百姓接受火化的喪葬方式，而又不引發政府與群眾的激烈的矛盾呢？實際上，提高火化率固然重要，但從構建和諧的角度而言，更值得下功夫的是讓民眾從觀念到行為皆自願接受火化，這樣才達到了生者、社會和殯葬業與逝者的和諧，這與人和自然的和諧相比，是一種更重要的和諧，畢竟「和諧」的核心是以人為本。為此，必須大力推行現代的生死觀教育。也就是說，要改變人們肉身永存之觀念，意識到人之身體是會死且朽的；但又絕不是「人死如燈滅」，什麼都沒有了。這裏特別要強調的是：雖然人之肉身永存的觀念非常錯誤，而「人死如燈滅」的觀念也是不對的，這會導致二種災難性的後果：或者讓人們在生前沉溺於肉欲，無所顧忌，甚至胡作非為、無惡不作，口頭語是：「反正都是要死的，有什麼不能幹啊！老子做了又怎麼樣！」或者心如死灰，尋覓不到任何人生的價值，喪失了生存與發展的人生動力，思想深處的觀念是：「人都要死，一死萬事空，一亡萬事休，努力又為了什麼呢？奮鬥又有什麼用呢？」這是二種危險的人生觀與人生實踐方式。健康及合理的生死觀則是：死是人之「生活的終止，但生命可以永存」。要讓廣大民眾真正意識到逝者雖然已矣，但其生命的重要組成部分卻可以永存，這樣才能從根本上改變對逝者的態度，提升殯葬的品質，達到生者與逝者、社會、大自然和諧相處。實際上，正是因為人們逝後還有血緣的人際的生命存在，才有殯與葬的活動，才會產生現代的殯葬產業。也正是因為人之血緣的人際的和精神生命可能在逝後永存，才讓殯葬

業有了廣泛的發展領域；而殯葬業也必須在如何讓人們人際的血緣的精神的生命得到永久存在及充分展開上下功夫，開發新的殯葬樣式和產品，以實現生者與逝者更和諧的關係。

為此，首先要實現「殯葬業與遺屬、逝者（鬼神）的共舞」，讓遺屬和逝者（神靈）與殯葬業保持一種和諧狀態。關鍵在殯葬業的從業人員不應該將逝者當作簡單的工作對象，視其是一個死物，是一具屍體；而要意識到其生理性生命已終結，而其人際的、社會的、精神的生命還存在，所以，在遺屬眼中遺體是最最神聖之物。殯葬業者也必須視逝者之屍身仍是社會、人際和精神生命存在的「活者」，唯如此才能在運送、火化、下葬等各個環節中保持對逝者絕對的尊敬，達到人性化的殯葬。這就必須提升殯葬業從業人員的知識水準與服務精神。透過高品質的殯葬，讓逝者能安息，遺屬們也能獲得心靈的慰藉，這樣就實現了「殯葬業與遺屬及神（逝者）共舞」的和諧狀態。

我們還要實現「遺屬（人）與逝者（神靈）的共舞」，達到生者與亡者的和諧。這就必須改變殯葬業廣泛存在的一種做法：儘快完成殯葬流程，以獲取更豐厚的利潤。現代工商社會是一個講求效率的社會，追求的是單位時間內儘可能大的利潤；表現在殯葬行業，也就是追求更快地完成對屍體的處理過程，達到利潤的最大化。這種觀念與做法皆沒有意識到殯葬業與任何一個行業皆有本質上的不同，是一種特殊的生命管理事業，其中蘊含著逝者、親屬、社會三者複雜的互動過程。過短、過快的殯葬流程實沒有考慮到喪親者哀傷過程是有一定階段的，是需要相當時間來撫平哀傷心理的。一般而言，遺屬的哀傷情緒若沒有一定的時間與空間充分地釋放出來的話，就會鬱結成心理與精神之病，典型的例子是一些喪親者辦完喪事後，便完全沒有了生存的欲望，成為「心如死灰」者，甚至自殺去追隨逝者，釀成個人生命與社會的悲劇，這是生者與亡

者最大的不和諧。中國傳統社會宣導三年之喪，後變革為一年或三個月喪期的安排，等等，不要視為完全不合理，實際上是非常人道的安排。所以，殯葬業要尊重哀傷心理輔導的規律，科學及合理地安排殯葬流程，努力去適應親屬寄託哀思的精神需要，大力改革殯儀館和公墓的工作，提升服務水準，努力實現在殯葬過程中遺屬與亡靈的和諧。

最後，要實現「社會與逝者（神）的共舞」，亦即殯葬業要進一步實現整個人類（社會）與逝者（亡靈）的和諧。人是一種會死的生物，生與死是人生的兩極，死亡是人之最恐懼的事物、最痛苦的結局。殯葬業要承擔起減輕人類這種恐懼與痛苦的任務，達到生者與逝者、人與神的和諧。這就必須破除一種觀念，即：認為殯與葬耗費錢財、人力、土地資源，所以要儘量壓縮以至於無。有一種科學主義的議論，宣稱「殯」──逝前的悼念活動及「葬」──逝後的祭祀活動，皆是迷信，是一種無價值的純粹浪費，要儘快消滅。這是非常錯誤的看法，也是相當危險的做法。人類永恆的企盼是：讓個我的生命永存。歷史上為何會出現種種豐富的葬式葬儀，從根本上而言，就是人類希望能讓自己的生活在「陰間」永遠繼續下去，無論是土葬、水葬、天葬，還是樹葬、火葬、二次葬，等等，都寄託著人們永生的企盼。人類文明與文化傳統的精華──哲學與宗教則提供了人們達到永生的觀念基礎，如中國儒家的「立德、立功、立言」的「三不朽」之說；中國道家的「生死齊一」之論；佛教的「西方極樂」之言；基督教的「天國」之求，等等。人類若能夠達到超越死亡之境，就真正實現了人與自我的和諧，所以，企圖減省甚至消滅悼念及祭祀逝者的活動，是不符人性之需要，也與當代中國和諧的主題背道而馳。為此，殯葬業要大力營造「清明文化」，改善墓區的交通設施，讓遺屬們能夠便捷地祭祀亡靈，寄託哀思，實現民眾與「神」更方便的溝通。這就需要我們認

眞地思考中國清明節的內在精神和傳統，並予以科學與合理的復興和引導。與此同時，殯葬業也能獲得新的發展。

唐代詩人杜牧有一首千古絕唱：「清明時節雨紛紛，路上行人欲斷魂。借問酒家何處有？牧童遙指杏花村。」爲何「行人」會「欲斷魂」？爲何他們皆迫切地要尋酒澆愁？因爲行旅之人離家尚遠，在清明節是趕不回去了，既思念在家的親人，亦爲無法親臨墓地祭奠去世親人的在天之靈而內疚，怎不淚雨紛紛、魂斷魄散？這樣一種人類最深厚的人倫情感，千百年的積澱孕育出了清明節的精神，那就是由儒家學者揭示出的：「愼終追遠，民德歸厚焉。」

所謂「愼終」者，是要求人們重視去世親人的喪葬之事；而「追遠」者，則是要求人們始終不渝地念著去世親人的德行。「愼終」也好，「追遠」也好，二者實都要求人們在喪葬與祭祀的儀式儀規中，緬懷先人之澤，追憶先人之德，從而涵育己之道德與人倫的品格，增強家庭與家族的凝聚力，以更好地面對自我的人生之路。

如果從生死哲學的角度看清明節，可以悟到一些更深層的意義。中國古代民間社會不僅祭奠先人，更廣泛地進行對天、地、君、親、師的祭祀。這種活動從根本上說，就是透過一整套的禮儀，使「小我」之精神與祖先、聖賢、天地相溝通，獲得「大我」式的存在。孤零零的生命，是「小我」的生命；只有上達之祖先，並進而與天、地、君、親、師相繫，才獲得了「大我」的存在，才能最終超越死亡的限囿而實現永恆。具體而言，「天地」構成人之自然宇宙生命；「君」構成人之社會生命；「師」構成人之精神文化生命；「親」構成人之人倫生命。當人們囿於個我生理生命，而沒有意識到人還有人倫生命、社會生命、精神文化生命、自然宇宙生命時，其必定是只關注個我之私事，難以有幸福的「生」和坦然的「死」。只有「大其心」，將自我生命與親人、師長、國家、天

地自然緊密相繫，才能獲得好的人生方式，並最終尋找到「超越死亡」之路。可見，殯葬業若能正確地理解並實施民間的祭祀活動，不僅不是一種負面的問題，還能成為世人生命安頓和社會發展的良性動力。

所以，殯葬業要主動地介入民間清明節的活動，提升清明節的文化內涵，撥正清明節的發展方向。殯葬業應該提供一些方式與方法讓清明節真正成為眾生（社會）與逝者共舞的節日，也就是說，透過清明祭祀親人的活動，培育全體國民懷念先人的情感，追憶先人之德，更好地涵養自我的德行，獲得一種人生終極的超越性，以處理好自己面對的世界與人間的各種問題。這就達到了逝者與眾生（社會）的和諧，這是殯葬業可以做也應該做的工作。

綜合以上各個方面，殯葬業最終要實現「天地人神共舞」，達到人、神（逝者）與社會、自然的整體和諧。為此，還必須使公墓的建設園林化、藝術化、美學化、休閒化，且成為具備教育功能的生命教育基地。一般而言，站在遺屬的立場，親人安息的墓地是萬分神聖之地，越豪華、越大越好；立於社會的角度，則墓地佔用寶貴的土地資源，越小、越簡單越好，如果不留墓地的話就最好；立於一般人的立場，則墓地是恐怖、晦氣之地，最好是不要經過，更不要置於家門口。第一層面的問題可能造成人與自然的不和諧，越來越多的巨型之墓將使大自然不堪重負；第二層面的問題可能使社會與人之關係不和諧，遺屬們喪失了寄託哀思之地；第三層面的問題使人與逝者（神）的關係不和諧。在各地建設公墓的過程中，經常遭到民眾的抗爭即說明了這一問題的嚴重性。現代公墓的建設，從根本上說，就是要解決這三種不和諧，其途徑與辦法是：使公墓園林化、藝術化、美學化、休閒化和教育化。前四化比較好解決，只要有資金的投入、有人才和建築藝術家的加盟，公墓的園林化、藝術化、休閒化和美學化是可以較快地做到的，在中國許多城市的

公墓也基本上達到了這四化。問題在於，若能使公墓的建設成為生命教育的基地，則真正實現了「天地人神的共舞」，讓逝者、生者、社會（殯葬業）三方面都能進入和諧的狀態，這可能成為殯葬業對中國和諧社會創建的最大貢獻之一（詳見第五節）。

第四節　殯葬業者之「心靈環保」

「心靈環保」的概念，源於臺灣法鼓山聖嚴法師。他曾經提出：「環保有物質環保與心靈環保兩方面，物質環保即將環保落實在物質生活的各個方面，將人們的日常行為變成環保行為，包括禮儀環保、生活環保、自然環保、身體環保、社會等環保。心靈環保，即從人們的心靈出發，建立環保意識，進而自覺地將意識轉變為行動。」聖嚴法師還說：「我們可以從兩方面著手環保，一是物質環境的環保，一是正本清源，從人心淨化做起，前者治標，後者治本。環境清潔日不僅是號召每個人在這一天將環境打掃清潔，更是將這種精神帶到心中，從心靈自律自發，每個人在生活習慣上做到環保。心靈環保講求的是由內而外的發展，如果從心靈做起，人們就會心甘情願，自發性的減少浪費自然資源，而且還會覺得這是一種享受，而不是犧牲。從佛教的觀念看，就是惜福！從心靈淨化做起，自然地做到禮儀環保、生活環保、自然環保，才能建立起人間淨土。」

聖嚴法師「心靈環保」的觀念，主要是指人們自然環保的行為須以人之心靈的自覺為基礎，否則前者是落實不了的。特別重要的是，人們只有做到心靈的環保，才可能不把自然環保的行為當作一種負擔，而視為一種幸福，養成一種生活中的習慣，唯如此，才能夠使人類社會與自然界保持和諧狀態。在殯葬業發展中引入「心靈

環保」的觀念，主要是基於殯葬業者因工作性質的特殊所承受的巨大壓力，為了不至於危及他們的身心健康而對心靈層面的調適。

一、殯葬業者的尷尬處境

　　對於殯葬業的從業者而言，因為從事的是一種較為特殊的哀傷性工作，心理上的壓力顯然比從事其他類別的工作者要更大、更重。而殯葬從業者的家屬也會因為社會的不理解，所謂各種「不吉利」的說法而承受著某種心理壓力。所以，殯葬業從業人員的「心靈環保」尤顯重要和必要，這就需要建構某種機制、採取某種方式方法來緩解他們內在的精神壓力，釋放負面之心理能量，保持一種健康、積極、樂觀的精神面貌。

　　殯葬業從業人員的心靈環保，與從事社會一般職業人員的心靈環保，應該有極大的區別。這不僅僅是因為這一行業工作性質的獨特性，更在於殯葬業從業人員所承受的外部社會壓力與內在心理的壓力，一般來說都要大大高於其他行業的從業人員。王笑夢在〈踏進殯葬業的N個理由〉一文中說：幾乎每一個從事殯葬業的人都會遇到這樣的問話：「你怎麼會幹上這一行的？」「你就不忌諱、不害怕嗎？」[16]這兩句話似乎有關心之意，其實卻帶有濃厚的社會公眾對殯葬業這種職業的不理解或某種歧視。「幹上這一行」的深層意義是：你怎麼就落到幹上這麼個職業？你怎麼就不做些其他的事？似乎殯葬是天下最不值得做的工作。

　　再則，「死」在國人心目中是一個最大的忌諱，幹一種成天與「死人」打交道的職業，豈非最不「吉利」、最為「晦氣」？著名作家蘇童在小說〈手〉中描寫了一位名「小武漢」的人，他幹過

16.文載《殯葬文化研究》，2004年第2期，第44頁。

許多工作，都不合意，最後去了火葬場，收入不錯，可是他的生活
卻發生了逆轉：「小武漢去買早點，炸油條的浙江人用夾子夾他的
錢，不碰他的手。小武漢去上公共廁所，他明明繫好了褲子出來
了，別人卻還拉著褲子站在那兒，等其他的位置，意思是不蹲他蹲
過的坑。」更令小武漢不解的是，即將要與他成婚的女朋友堅決地
分手了，理由是「我見到你的手就犯噁心，怎麼能做夫妻？」小武
漢最後覺得「掙到錢就丟了尊嚴，不肯丟了面子，就掙不到錢」，
而且他「對自己的身體產生了一種不潔的錯覺」。可見，「小武
漢」一進入殯葬業，立即遭到社會、社區、公眾普遍地排斥，讓他
感覺到殯葬業是一種沒有尊嚴的職業，甚至於對自己的「手」是否
潔淨也產生了深深的懷疑[17]。蘇童先生雖然是寫小說，卻相當精確
地將社會對殯葬業者的偏見，以及由這些偏見所造成的殯葬業者承
受的巨大精神壓力揭示出來了。

　　所以，在中國，不少人從事殯葬業，主要是因為家中親屬有
人在該行業工作，是一種「祖傳行業」，當然也有許多人是出於該
行業的收入比較穩定和較豐厚。一位葬儀館禮廳服務員在談到她為
何加入殯葬業的理由時，說因為男朋友是幹這一行的。她回憶道：
「剛剛和他認識的時候我心裏是不太能夠接受他的工作的。記得有
一次過馬路，他第一次牽我的手，我突然覺得背上涼颼颼的。」女
孩子與殯葬業者牽一下手，竟然感到「背上涼颼颼的」，可見這種
職業在一般民眾心目中的恐怖形象。後來他們結婚了，她也進入殯
儀館工作：「但是我這個人膽子比較小，剛來上班的時候一聽到運
屍床嘰嘰嘎嘎地經過，我就趕快背過身去。在工作的地方口水也不敢
往肚裏咽，更不要說是吃飯了。」[18]恐懼、緊張、不適的狀態可能

17.參見〈手〉，文載《新華文摘》，2004年16期，第62頁。
18.文載《殯葬文化研究》，2004年第2期，第46頁。

是每個剛進入殯葬業者的共同反應，這必然形成沉重的心理與精神上的壓力。

另一篇文章則描寫了在殯儀館工作的女士們所遭遇的社會性尷尬處境：「選擇了殯葬，她們就選擇了社會的『隔離』。她們在逢年過節的時候，不輕易上親戚家去串門，也不適宜參加一些公開的活動或拋頭露面。於是，她們除了工作，就是料理家庭，照顧長輩、丈夫和孩子。她們遠離了浮華、外露、粗放和喧囂，她們與時尚無緣，與前衛擦肩而過。她們的美麗與青春在爲社會殯葬事業默默無聞的奉獻中悄悄閃過。」[19]

二、殯葬業者社會與心理壓力

殯葬業者所受到的特別的社會與心理壓力可分解爲三個方面：

第一，社會的某種偏見，這與中國民間的一些關於死亡的傳統觀念相繫。比如認爲殯葬業者天天與死人打交道，染上了濃重的晦氣，是不吉利之人。一般而言，中國缺乏普遍性的宗教信仰，大多數的中國人都不是某一特定宗教的信徒，他們很難獲得理解死亡的觀念性資源。因此，關於死亡的知識，一般的民眾多從傳統習俗、個人直觀的體驗，以及恐怖影視或文學中獲得，這樣，死亡的神秘性、恐怖性就滲透進了人們的意識深層，由此派生出對死亡強烈的排斥。於是，各種非理性的、情緒性的對死亡的看法基本主宰著中國民間社會。所以，從事殯葬工作者與社會其他人群就有了某種無形的「牆」，有可能被隔離於人際、社會活動之外，成爲社區和社群中的「邊緣人」，處於某種孤離的狀態。長此以往，對殯葬業者

19.女生：〈撐起殯葬帶來「半邊天」〉，文載《殯葬文化研究》，2004年第2期，第48頁。

人格的健全、人際關係的良好溝通、心理的健康等等都極為不利。

第二，殯葬業者的工作環境比較特殊，幾乎每天每時都處在哀傷氣氛之中。殯葬業者較長期間與恐怖冰冷的屍體打交道，工作中很難尋找到樂趣，亦缺乏成就感，這與社會的其他工作形成了巨大的反差。一般而言，在社會的其他工作中，生產出的產品越多，工作的成績也越大；而在殯葬業，火化的屍體越多，卻難以被認可是一種社會的成就。這一切都極易導致殯葬業者鬱悶、寡歡、心情暗淡、生活無幸福感等等負面的心理狀態的出現。

第三，殯葬業者的家屬也承受著巨大的社會與心理的壓力。社會普遍性的對殯葬業的不理解，人們唯恐死亡帶來晦氣的心理，都在無形中造成了對殯葬業者家屬的壓力，這又影響到在殯葬第一線工作人員的士氣。那種難以融入社會、難以參加許多帶喜慶色彩活動的狀態，以及社會各行業的某種排斥性態度，對每一位殯葬業者的家屬都是一種沉甸甸的心理與精神的重負。

三、緩解精神與心理壓力的方法

緩解殯葬業者精神與心理所承受的巨大壓力的方法有如下幾點：

首先，應該求之於社會性的觀念轉變，讓大眾更多地瞭解殯葬業對社會健康有序發展的重大貢獻和意義，其對人類的存在和發展是不可或缺的一種行業。殯葬業應該有更大的開放性，在整體風貌上改變人們對其陰森恐怖的印象，要更大膽地宣傳自己，改變企業與職業形象。殯葬業者首先要自己瞧得起自己的職業，並能夠以自己的職業而驕傲，才能最終贏得社會與他人的尊重，使家屬也能夠獲得正常的社會生活與人際的交往。

其次，要為殯葬業者提供更好的工作條件、更優厚的收入，

讓他們有更高的社會地位。應該從法規建設上確立殯葬業的特殊地位，讓從事殯葬業者能夠獲得各種政策性支持，從而逐步扭轉社會對殯葬業的偏見。

再次，在強化殯葬業者的職業技能培訓之外，特別要加強他們的生死觀教育。其核心在圍繞著「生死互滲」之觀念，深刻地理解生死的本質與意義，從而對自己的工作性質有更全面的理解，更理性的掌握。殯葬工作者只有真正透悟了生死，才能從根本上解決殯葬業的意義與價值何在的問題，也才能化解殯葬業者的恐懼感和許多負面的心理狀態。我們每個從事殯葬業工作者都應該經常沉思一下，去傾聽古代賢哲和西方思想家的聲音，積極地思考生與死的問題，以獲得某種生死的智慧，從對死的恐懼中解脫出來。這樣，也只有這樣，我們才能真正理解殯葬工作的意義，也讓自己消除害怕的心理，保持一種正常的心態、健康的心理，使自己的人生獲得幸福。

第五節　殯葬業與生命教育

殯葬業是人類處理屍體及祭祀逝者活動的一種特殊的行業，與生命教育似乎風馬牛不相及，其實不然。生命教育的本質即是「生」與「死」的教育，殯葬業恰恰是關於「死」的行業，是一種特殊的生命管理事業，其與生命教育有著天然的相通之處。

一、殯葬業成為生命教育基地的可能性

現代社會，一方面是人類自然壽命的大大延長，另一方面卻是突然死亡的事件大量增加，如交通事故、自殺事件、戰爭、自然災

難導致的非正常死亡，等等。尤其重要的是，因爲有無孔不入的大眾傳媒，社會上偶發的一次非正常的突然死亡事件，都會迅速地以逼眞的圖文形式傳輸給社會大眾，從而給人們帶來強烈的心理衝擊和精神震撼。所以，生命教育中的「死亡教育」是特別需要殯葬業加入其中的。

胡楊木先生介紹說：「筆者看到過一則新聞，說的是海口市某校組織高一學生參觀殯儀館，在模擬演示中瞭解屍體火化過程，開展了一次死亡教育的試驗活動。死亡教育以這種方式突然展現，引發了全國範圍的熱烈討論。有媒體斥之爲『變態班會』。然而，筆者倒認爲，這樣的教育實踐值得推崇。事實上，國外很多學校都開設有死亡教育、生命教育的課程，例如在英國小學的課堂上，護士或殯葬行業的從業人員對小學生講人死時會發生什麼事情，並且讓學生輪流透過角色替換的方式，模擬一旦遇到如父母因車禍身亡等情形時的應對方式，讓孩子們體驗一下突然成爲孤兒的感覺。他們認爲，這門課程將幫助學生體驗遭遇重大挫折和生活方式突變時的複雜心情，學會在非常情況下如何控制自己的情緒。」[20]親人突然去世，常常會讓孩子們受不了，導致嚴重的生理與心理的疾病，而這種現象在現代社會中又是經常發生的。據統計，中國大陸每年有約十三點五萬的未成年的孩子要經歷母親或父親死於自殺所帶來的無盡傷痛，從而形成青少年的生死問題，他（她）們極易成爲所謂「問題小孩」。所以，殯葬業如能採用恰當的方式與方法來對大眾，尤其是孩子們進行必要的生命教育，讓他們能事先有一種心理上、情感上的準備，必能在事件眞的發生之後，可以相當程度地減少負面的心理影響，這是非常重要的。

其實，在中國傳統文化中，殯葬業自出現之日起，便具備倫理

20.《法制晚報》，2005年6月5日。

教化的功能，並日趨強化，其重要性及不可替代的作用早已為人所知，並得到思想家和統治者大力的提倡和推展。

在儒家學者看來，人們天性中就有「愛親」、「思親」、「孝親」的本能，這是出自血緣血親的一種最內在的先驗情感，當親人去世時，這種倫理之情必噴湧而出。《孝經·喪親章第十八》中說：「子曰：『孝子之喪親也，哭不哀，禮無容，言不文，服美不安，聞樂不樂，食旨不甘，此哀戚之情也。三日而食，教民無以死傷生，毀不滅性，此聖人之政也。喪不過三年，示民有終也。為之棺槨衣衾而舉之，陳其簠簋而哀戚之，擗踴哭泣哀以送之，卜其宅兆而安厝之。為之宗廟以鬼享之；春秋祭祀以時思之。生事愛敬，死事哀戚，生民之本盡矣！死生之義備矣！孝子之事親終矣！』」[21]這是說，人們對長者，「生」時要「愛」與「敬」，「逝」時則要「哀」與「戚」，如此，才是民眾生存之「本」，為人之「道」，盡孝的完成。所謂「人道」，也就是遵循「禮」的嚴格規定，極盡謹慎地養生送死。而在這一過程中，人們培植出「孝」的品行，在道德的境界與道德的實踐方面皆達到理想的程度。這就是中國古代聖賢對殯葬在教化百姓方面功能的深刻認識。中國傳統社會中殯葬的道德教化功能實際上也就是現代生命教育所欲達到的目的之一。

當然，由於在殯葬活動中大力推崇孝道，曾引發出中國歷史上「厚葬久喪」的風氣，這是我們今天絕對不能提倡的。但是，現代殯葬業者一定要認識到，人類的殯與葬的活動，確實可以起到生命教育的作用，達到「民德歸厚」的目的。因為自有人類以來，文明日異昌盛，但人們對逝者一般無不抱著尊敬的態度，人們在先人

21.唐滿先等編著，1996，《十三經直解》第四卷《孝經直解·喪親章第十八》，江西人民出版社，第189頁。

墓前虔誠的祭祀活動中，會油然生發出一種超越性和神聖性，孕育出一種濃厚的倫理情懷。如楊雪騁教授寫他第一次對父親之靈的祭祀：「記得父親去世後的第一個清明節，我從省城趕到鄉下，與弟弟們挑了半天的土，把父親的墳頭疊得厚厚實實的。我們在墳前擺下了酒，燃起了香、燭、紙錢、鞭炮，頓時，繚繞的香煙飄起，帶著我們的哀思，彌漫在鄉間田野的空中。我情不自禁地向著墓跪下去，雙掌合十，叩頭於地。這時我真切地感到，墓中墓外，雖然只是隔著薄薄的一層土，然而，這一層土，卻是人天相隔，父親與我們真的是處在兩個世界了。當弟妹們離開墓地，我仍然留在父親的墓前，用小木棍撥弄著紙錢的餘燼，讓它們充分地燃燒，心中卻在默默地念著：父親，我來看你了！你知道嗎？你在那邊過得好嗎？你要是還在這邊，該有多好啊！……暮色蒼茫，寒煙四起，我揣著未完的傾訴，拖著沉甸甸的步履離去。我能感受到，在我的身後，父親的墓正被潮水般的黑夜和寂寞吞沒。從此，清明節有了重量，成了我生命中的一部分，它是一份牽念，一份哀痛。我終於理解了那些請假為親人掃墓的小同學。有時，我會在墓前坐上長長的一段時間，追思父親給我的一切，包括生命、快樂、關愛；追憶父親生前的音容笑貌：慈祥、嚴厲。我也把心中的煩惱向父親訴說，希望父親能像以前那樣給我指點，給我勇氣。想起自己過去對不起父親的往事，請求父親的原諒；說起近來自己的作為，希望得到父親的讚許。這裏，成為我的一個精神的園地。」一層薄薄的泥土，便成人天相隔的屏障；而對先人的祭奠又何止是為了地下先人的「吃喝住行」？更是我們活著的人一種超越的「精神家園」。這也即是中國古代先聖先賢特別關注喪葬事宜的根本原因。

　　所以，我們應該精心設計、規劃、發展、建設墓區，讓在世人眼中充滿恐怖、晦氣的墓區轉化為人們體悟生命、學習人生、昇華生死觀念的莊嚴場所。其實，這在西方早已成為現實。在歐洲的

一些著名的墓園內，氣氛莊嚴肅穆，環境潔淨高雅，塊塊碑文有著濃厚的人文氣息，人們甚至習慣於散步於其中，在一種悠閒的氛圍中，獲得先輩們人生哲理的啓迪，也得到生死觀的薰陶。在這方面，中國的殯葬業應該奮起直追，將墓區的建設努力地向生命教育基地的方向發展，這應該成爲中國殯葬業者自覺的共識。

在中國大陸，也有許多公墓實現了從「起墳」到建「公墓」、「陵園」，再到建設「生命紀念園」、「人文紀念園」的轉型，從墓區的整體設計、硬體的投入、藝術化人性化的安排等等各方面已經達到一個相當高的水準。但是，「紀念」性的墓區與「教育」性的墓區還是有極大區別的。「紀念」者，一般而言，主要設計對象是適應逝者的親屬，是亡者的親人舉行悼念活動的地方；而「教育」性的墓區則不同，主要設計對象不僅是遺屬們，更是一種教育教化的場所，是爲廣大民眾獲得生命知識、體悟人生至理、掌握生死觀念而特別建設的地方。其範圍比前者擴大了許多，而內涵也更豐富，對整個社會及個人都將產生巨大的影響。所以，應該成爲全國各公墓建設的基本目標。

二、如何將墓區建設成「生命教育基地」

爲了實現中國的殯葬場所向生命教育基地轉化，可以從以下幾個方面著手：

第一，大力提倡墓誌銘、祭文、輓聯等的撰寫與刻制。在中國古代，人們受儒家「立德、立功、立言」之「三不朽」思想的影響，撰寫墓誌銘和祭文是一項廣泛而十分慎重的活動。歷史上，也的確有人生前無甚作爲，死後卻因爲有一篇名人所寫之墓銘或祭文而傳之久遠者。古語云：「鳥之將死，其鳴也哀；人之將死，其言也善。」人們面對死亡將臨時，一切世俗所求已無任何價值，唯有

一種超越生死之願常繫心頭；而且，墓誌銘可以說是人一生的休止符，生命終點的句號，所以，這時所說之話，一定是發之肺腑之言；此刻所寫之文，一定是凝畢生心血的精華格言。而一般由親人或朋友撰寫的祭文輓聯等也都飽含真情，既表現亡者一生之業績，亦充滿著許多人生的至理，這些都是進行生命教育的最好教材。

比如，英國詩人雪萊的墓誌銘是莎士比亞《暴風雪》中的詩句：「他並沒有消失什麼，不過感受了一次海水的變幻，成了富麗珍奇的瑰寶。」法國浪漫主義詩人繆塞的墓誌銘是他寫的六行詩：「等我死去，親愛的朋友，請在我的墓前栽一株楊柳。我愛它那一簇簇涕泣的綠葉，它那淡淡的顏色使我感到溫暖親切。在我將要永眠的土地上，楊柳的綠蔭啊，將顯得那樣輕盈、涼爽。」愛爾蘭詩人葉慈的墓誌銘是他去世前夕寫的一首名叫「班伯本山下」詩作的最後十七個字：「對人生，對死亡，給予冷然之一瞥，騎士馳過。」大文豪蕭伯納的墓誌銘是：「我早就知道無論我活多久，這種事情還是一定會發生。」大作家海明威的墓誌銘是：「恕我不起來了！」[22]這些墓誌中充滿著生死至理，其教育意義是非常之大的。

在中國歷史上，撰寫墓誌銘和祭文是非常嚴肅的事。大文豪韓愈曾爲柳宗元撰墓誌云：「……子厚少精敏，無不通達。逮其父時，雖少年，已自成人，能取進士第，嶄然見頭角。眾謂柳氏有子矣。其後以博學宏詞，授集賢殿正字。俊傑廉悍，議論證據今古，出入經史百子，踔厲風發，率常屈其座人。名聲大震，一時皆慕與人交。諸公要人爭欲令出我門下，交口薦譽之。」[23]這用精練的文

22.參見林寧，〈浪漫的名人墓誌銘〉，《光明日報》，2001年2月23日。

23.〈柳子厚墓誌銘〉，《譯注古文觀止》，百花洲文藝出版社，1991年9月版，第576頁。

筆高度概括了柳宗元超常的才能。宋王安石祭歐陽修之文云：「惟公生有聞於當時，死有傳於後世，苟能如此足矣，而亦又何悲？如公器質之深厚，智知之高遠，而輔以學術之精微。故形於文章，見於議論，豪健俊偉，怪巧瑰琦。其積於中者，浩如江河之停蓄；其發於外者，爛如日星之光輝。其清音幽韻，淒如飄風急雨之驟至；其雄辭宏辯，快如輕車駿馬之奔馳。世之學者，無問乎識與不識，而讀其文，則其人可知。」以氣勢磅礴之文，敘述了歐陽修之顯赫的不朽功績。大學者朱熹在《祭陸子壽教授文》中寫道：「驚失聲而隕涕，沾予袂以淋浪。嗚呼哀哉！今茲之歲，非龍非蛇，何獨賢人之不淑，屢與吾黨之深嗟！惟兄德之尤粹，儼中正而無邪。至其降心以從善，又豈有一毫驕吝之私耶？嗚呼哀哉！兄則已矣，此心實存。炯然參倚，可覺惰昏。孰泄予哀？一慟寢門。緘辭千里，侑此一尊。」[24]言切切，聲哀哀，情深意長，讀之令人泣涕皆下，具有強烈的感染力。現代詩人臧克家的名詩：「有的人活著，他已經死了；有的人死了，他還活著……」被視為活著者寫的最好的墓誌銘，其對生者的教育意義可謂十分深刻。大學者啟功先生自撰墓誌云：「中學生，副教授。博不精，專不透。名雖揚，實不夠。高不成，低不就。癱趨左，派曾右。面微圓，皮欠厚。妻已亡，並無後。喪猶新，病照舊。六十六，非不壽。八寶山，漸相湊。計平生，謚曰陋。身與名，一齊臭。」在幽默中顯豁達，生與死之理皆展現在世人面前。正是啟功先生樂觀、曠達、詼諧的性格與談吐，才將人生中的聲名、榮辱和生死皆點破透過，給生者以深刻的啟迪。

所以，應該大力提倡逝者留下自己的墓誌；或退而求其次，即便逝者未留下隻言片語，也要讓逝者的親屬代為擬訂，並刻石為

24.郭齊、尹波點校，1997，《朱熹集》卷八十七，四川教育出版社，4479頁。

碑，長期堅持不懈，必有大成；而祭文也可以刻碑留存，並在墓區中建造墓誌銘、祭文、輓聯等的博物館，集中展示其中的精品。這樣，一方面，墓區會因此而改變層層疊疊皆冰冷的墳，墓碑上也只是刻著「某某之墓」的陰森、恐怖的景象；另一方面，整個墓園若處處皆是人生感悟的碑文，洋溢著濃厚之人文氣息的話，必可引來人氣，驅除「鬼氣」，成為人們接受生命教育的好場所，人生的新課堂。

第二，在墓園的適當地方建設「生命紀念館」，內可分為生死觀展示廳、死亡文化展示廳、生命過程展示廳、生命境界展示廳。生命紀念館的設計理念應該是「生命尊嚴」，透過傳達有關死亡的正確觀念，使人們珍惜生命、尊重生命，使生命的尊嚴神聖化。

生死觀展示廳：世界上不同的時期、不同的民族有不同的生死觀，豐富多彩，我們可以用圖文並茂的形式展示中國儒家、道家及諸子百家的生死觀；展示佛教、基督教、道教、回教等宗教的生死觀；展示現代與當代中外著名的哲學家、教育家、政治家的生死觀，讓人們在瞭解先賢先哲生死觀的基礎上，獲得對待生命、生活、死亡的正確態度。

死亡文化展示廳：死的歷史扣人心弦，歷史需要掂量，人們應該倒過來審視死亡，從死亡出發，來認識生命的尊嚴和價值。在這個展示廳中，可以用豐富的民俗文化資源和圖文並茂以及高科技的光電形式展示各個民族「死亡之鏡」中的人類歷史：古老的死亡制度；宗教關於死和後世的傳說；千姿百態的墳墓；巴洛克式的大規模儀式的死；自然哲學的「明智」的死；復古派的「英雄」式的死；立遺囑的「市民階層」的死；現代人對死的禁忌；盛大的多元殯葬文化；自殺文化等等，以對死亡文化進行全方位的解讀。

生命過程展示廳：可以用豐富的哲學、心理學資源和圖文並茂的形式展示：生命的萌動（生育文化）、生命的成長（家庭親

情）、生命的教化（社會角色）、生命的輝煌（獨立成人）和生命的歸宿（回歸大地）五個過程及其主要特點，對普通民眾以生命的教育，對遺屬進行有針對性地消解悲傷的輔導。

生命境界展示廳：生命是需要一種境界支撐的。境界包括心理狀態、氣象、意義世界三個方面，其中心理狀態是最根本的。不同的人有不同的境界，不同的境界有不同的生死態度。哲學家馮友蘭把人的精神境界劃分為四個層次：自然境界、功利境界、道德境界和天地境界。處於自然境界的人「不知生死」；處於功利境界的人「逃避死亡」；處於道德境界的人「生作死息」；處於天地境界的人「生死順化」。我們可以用豐富的哲學、心理學和社會學資源和圖文並茂的形式，展示各種生命境界對抗死亡的力量，培育人們免於死亡恐懼與痛苦的力量。

第三，在墓區的適當地區設計建造「悲傷輔導園」，亦即設計建造一些特別的人文景觀，對悲傷之中的遺屬們進行觀念及心理的撫慰。悲傷輔導的目的，是透過傳達有關死亡的正確觀念，使遺屬珍惜生命，走出喪親之痛的陰影，活出積極的人生來。悲傷輔導是肯定、欣賞、尊重、關懷與服務生命，可以幫助遺屬培養積極正面的人生觀。透過悲傷輔導的實施，幫助遺屬探索生命的意義，認識自我，進而尊重亡靈、熱愛生命，提升對生命的尊重與關懷，並培養其社會的生存能力，提升與他人和諧相處的能力。因此，悲傷輔導可以幫助遺屬獲得心靈上的力量，以超越喪親之痛的迷失與困境。思索生命的意義並不是要逃避生命痛苦，而是發揮生命的整體性，啓迪良知和眞善美的情操，培養道德品格，確立安身立命的價值觀。比如在臺灣地區的臺北護理學院，就新建成了一座「愈花園」——悲傷療癒花園，即是運用現代園藝手段，進行悲傷輔導的工作。悲傷輔導園的設計理念是「悲傷治療園藝化」，它體現「道法自然」的旨趣，以及「自然和諧」與「天人合一」的人文精神。

　　第四，為了實現殯葬場所轉型為「生命教育基地」，還有一個重要的基礎，即有必要大力提升殯葬業者綜合的文化素質。殯葬從業人員不僅要精通專業的知識與技能，還必須努力學習死亡學、生死學、生死哲學、人類死亡史、中西方哲學史、悲傷輔導、心理學、生命教育等等各方面的知識，並形成實際的工作能力。要提高殯葬業的入行「門檻」，設置必要的知識技能考試，從根本上、整體上提升從業者的水準，尤其是對有關生死問題的瞭解與處理的能力。一個有良好環境、人性化設計的「生命教育基地」必須有高素質的人才相配，才能真正實現由「墓區」、「紀念園」向「生命教育基地」的蛻變。

　　總之，現代中國的殯葬業應該為構建中國的和諧社會貢獻一份重要而不可或缺的力量。因為死亡的恐懼、喪葬的焦慮、生離死別是人類最大、最深的痛苦，如果殯葬業能夠讓逝者走得安心，讓喪親者能放心，讓社會能滿意，豈不使人類更幸福、社會更和諧？而中國的殯葬業在墓區的建設上，走過了「起墳」到建「公墓」、「陵園」，再到建設「生命紀念園」或「人文紀念園」的過程；應該再往前發展建設成「生命教育基地」。如此，將一舉改變墓區帶給人們的心理與習俗的不適，同時也讓墓區佔用土地資源、毫無價值的議論成為歷史，因為墓區將成為人們接受生命教育的「大課堂」，其潛在及顯在的社會教化的意義無可估量。

本章主要參考題

1.何謂「殯」？何謂「葬」？

2.人類為何要從事殯葬的活動？

3.中國人的生死企盼是什麼？殯葬業如何做才能滿足這些生死的企盼？

4.殯葬業怎樣實現人性化、人道化和人文化？

5.殯葬業者和家屬如何獲得「心靈環保」？

6.殯葬業與生命教育有結合之處嗎？如何結合？

7.試預安排個人的喪葬事宜，並思考一下怎樣的殯葬儀式更合理？

● 本章主要閱讀書目

王計生主編，2002，《事死如事生——殯葬倫理與中國文化》，百家出版社。

周慶芳等合著，2005，《臺灣民間殯葬禮俗彙編》，高雄復文圖書出版社。

詹鄞鑫著，2000，《神靈與祭祀——中國傳統宗教綜論》，江蘇古籍出版社。

王夫子著，1998，《殯葬文化學》（上下卷），中國社會出版社。

黃有志、鄧文龍著，2003，《往生契約與消費者保護》，貴族企業行。

蔡希勤著，1995，《中國墓葬文化》，中國城市出版社。

徐吉軍、賀雲翔著，1990，《中國喪葬禮俗》，浙江人民出版社。

周吉平著，2002，《北京殯葬史話》，北京燕山出版社。

向明生編著，1992，《殯葬習俗與指南》，上海文化出版社。

《殯葬與環保》（2004年上海第二屆國際殯葬論壇論文集），2005，上海殯葬文化研究所。

張捷夫著，1995，《中國喪葬史》，文津出版社。

石大訓、來建礎編著，2004，《葬式概論》，中國社會出版社。

王宏階、賀聖迪編著，2004，《殯葬心理學》，中國社會出版社。

鄭吉林等編著，2004，《殯葬社會學》，中國社會出版社。

諸華敏著，2004，《現代殯葬文化建設概論》，中國社會出版社。

何兆珉、陳瑞芳編著，2004，《殯葬倫理學》，中國社會出版社。

丁凌華著，2000，《中國喪服制度史》，上海人民出版社。

王夫子著，2003，《殯葬服務學》，中國社會出版社。

第八章　生命教育

在前幾章，我們討論了臨終者及遺屬精神撫慰的問題和有關
殯葬的問題。實際上，當一個人已走向臨終階段時，一切關於生
活、生命與人生種種問題的釐清，以及對生命價值與意義的回顧與
肯定皆已晚矣！人們在生死關頭，真正意識到了生命的可貴、生活
究竟應該怎樣度過，特別是我們的人生過程中應該以何為奮鬥的目
標時，死神已然降臨，一切不可重來，人們還是可能心生遺憾步入
生命的終點。所以，關鍵在我們生前，關鍵在我們活得很好、很健
康、很青春之時，我們就應該去瞭解許多與人生有關的道理，安
排好自己的生活，充實自我的生命，度過有意義、有價值的一生，
這是我們避免生死遺憾的最好基礎。所以，整個社會都必須推展生
命的教育。本書的最後一章將討論生命教育興起的背景問題，探討
生命教育的主要內容、原則與方法，以及生命教育的重要性與必要
性，特別是生命教育與我們每個人有何關係，並進而討論如何預防
青少年自殺等問題。

第一節 生命教育興起的歷史背景

我們要把握生命教育的重要性及必要性，就必須去瞭解生命教
育誕生的諸多原因。生命教育之所以在現代興起，應該說有其深刻
的歷史背景與現實的原因。

一、生命教育興起的原因

首先，生命教育的興起是因為社會的多元化及快速發展使人
們（尤其是青少年）遭遇到一些嚴重的問題。人類進入新的千年之
後，依靠資訊技術、新材料、新能源、生物技術、航空航太技術、

生命科學等等，社會、經濟、文化都呈現出高速的發展，生活的水準大幅度提升。但同時也引發了諸如地區間的差距加大、貧富懸殊驚人、局部戰爭不斷、恐怖主義盛行等等社會及政治的問題。而另一嚴重的問題是文化虛無主義、相對主義、功利主義盛行，人們正常的生活準則、道德的規範皆被消解，於是，導致人們生命存在的價值難覓，生活的意義呈現爲空白。一切都可以做，一切也可以不做；一切都無所謂，一切似乎僅是遊戲而已，現代人於是陷入價值與意義難定的虛無世界之中，這種狀況尤其表現在青少年身上。

對於當代許多的青少年而言，他們吃的是肯德基、麥當勞，聽的是過眼雲煙的流行歌曲，看的是虛擬的網路資訊，追的是走馬燈似的變幻無窮的歌星、影星、體育明星。這樣一種生活的實存，培養出的人生態度與人生觀只能是「跟著感覺走」，只能是「只要我喜歡，有什麼不可以」。成天對著虛擬的網路，人們似乎可以爲所欲爲，可以不負任何的責任，於是，好壞、優劣、對錯的價值標準逐漸消解了；吃的、看的、追的都是急遽變化的東西，自然對世界採取相對主義態度，感覺至上的生活準則。發展嚴重者，可能走向吸毒、性關係紊亂、自傷，甚至自殺。

其次，生命教育在當代興起，另一個重要原因是教育本身存在的缺陷。應該說，人之一生至少包括四大內容：生、老、病、死。對於人們如何「生」，怎樣「生」，需要一些什麼樣的知識與能力，等等，人類社會已經發展出相當完備的教育系統，包括教育的內容、教育的方式、教育的手段，無不越來越複雜和有成效。對於人們的「老」，社會也逐漸地重視起來，並建立起一整套養老制度，人們在青壯年時期的生活過程中，也相當注意有關「老」之後的生活知識，在未老之前已經有所準備了。至於「病」，現代社會越發達，有關「病」之知識就越普及，治「病」的醫療技術也越來越好，而重視健康狀況也成爲現代人生最最重大的問題之一，人們

獲得了相當多的教育。但是，現代社會雖然提供了越來越完備的有關「生」、「老」、「病」的教育，唯獨關於「死」的教育非常薄弱。在中國大陸的大多數地方的學校中根本就沒有關於生命、尤其是關於死亡方面的基本教育。

此外，教育的本質應該是讓受教育者能夠更好地適應社會生活，獲得身、心、靈的全面發展。但是，由於社會競爭的加劇，也因為就業的困難，現代教育越來越偏重於知識的傳授，使受教育者越來越缺乏人文關懷、價值關懷和意義關懷；也就是說，凡與「升學」和「就業」無關的東西，學校不教，學生也不學。於是，許多青少年的道德品質、文化素質、人格人性等等都出現了程度不同的問題，比如生存意志薄弱，責任感下降，個我主義凸顯，有些問題演變成相當的嚴重。比如青少年群體暴力事件、犯罪事件、吸毒亂交事件，乃至自殺事件，已頻繁地見諸各種媒體，甚至讓人們習以為常了。種種情況表明，現在是還教育本來面貌的時候了。印度大詩人、哲學家泰戈爾說「教育的目的是應當向人類傳送生命的氣息」；美國教育哲學家杜威先生也說過「教育即生活」。讓受教育者如何善用此「生命」，並在此基礎上怎樣更好地「生活」，是當代教育所要關注和解決的最重大的問題；也就是說，提升人之「生命」與「生活」的品質才是教育的真正核心所在。這就是生命教育在當代社會興起的最深刻的歷史背景。

受臺灣地區教育部委託主持生命教育課程規劃的臺灣大學哲學系教授孫效智認為：「臺灣生命教育的提倡背景與暴力有某些關係。這是因為臺灣社會的藥物濫用與愛滋病問題還不像西方社會那樣猖獗的緣故。當然，與愛滋病息息相關的課題如性關係方面的混亂，在臺灣也早就到了日趨嚴重而不容忽視的地步。更令人憂心的是暴力問題，以臺灣現況言，所謂暴力包含兩方面，一是不尊重與傷害他人生命的暴力；一是青少年的自我傷害或自殺。這兩類戕害

生命的暴力事件在近幾年來層出不窮，而且年齡層也逐漸下降，這是國內倡議生命教育的主要社會背景。」孫教授在區分了西方國家與華人世界在生命教育上的不同之後，又接著分析了二者之間的共通性：「國內外生命教育在具體議題上固然有不同的側重，但面對這些問題的根本解決之道則是互通的。LEC相信，要讓孩子遠離毒品，就要給他們一個正向而積極的生命起點；臺灣社會從暴力或自殺防治的觀點出發也一樣肯定，反生命行為的眞正制止並不在於防堵、監測、打擊犯罪或通報系統的建立，而在於根本的防患未然。防患未然之道在於正面人生觀的建立以及家庭社會的互愛互助。依此，眞正的生命教育應從家庭、學校、社會各方面著手，幫助青少年從小開始探索與認識生命的意義、尊重與珍惜生命的價值，熱愛並發展每個人獨特的生命，並將自己的生命與天地人之間建立美好的共融共在關係。」[1]

可見，在華人世界興起的生命教育，主要是從社會上尤其是青少年一些反生命的行為，如吸毒、自殘、自殺、毫無同情心、生命的無意義感、生活無目標性、無法與他人溝通、與社會格格不入等等現象為催發基礎的一種新的教育門類。其背景與西方有些差異，但要解決的問題還是相當一致的，就是希望透過有關生命的教育來喚醒人們對生命的珍惜態度，更好地「生」，也更好地「逝」，提升整個人類的生死品質。

二、生命教育的歷史回顧

正式的生命教育歷史可以追溯到二十世紀六〇年代。根據董

1.參見〈生命教育的內涵與哲學基礎〉，輔仁大學生命教育學術研討會論文，2000年3月24日。

麗翔老師介紹：「美國的傑‧唐納‧華特士於一九六八年在加州創建『阿南達村』學校，開始宣導生命教育的思想。幾十年來，他所創立的生命教育理念受到了人們的高度重視，生命教育的實踐在全球已得到迅速發展。日本於一九八九年修訂的新『教學大綱』中明確提出以尊重人的精神和對生命的敬畏之觀念來定位道德教育的目標。臺灣、香港的中小學也系統地開設了與此相關的生命教育課程。」 一九七九年，澳大利亞雪梨成立了「生命教育中心」（Life Educational Center, LEC），這可能是西方國家最早使用「生命教育」概念（life education）的機構，現在該中心已成為一個正式的國際性機構（Life Education International），是聯合國的「非政府組織」（NGO）中的一員。其基本宗旨是：防止「藥物濫用、暴力與愛滋病」。可見，這是適應西方社會毒品氾濫、暴力頻繁、性關係紊亂等情況催發的一種社會性的教育。

　　一九九七年，前臺灣省教育廳廳長陳英豪首先提出「生命教育」的概念與願景 ，同年，臺灣「教育部」委託實施倫理教育多年並卓有成效的台中市曉明女中設計生命教育課程，並推動辦理研習、訓練師資等。次年即在全臺灣地區各國中（即初中）實施，高中則於第二學期實施。這一年還制定了「臺灣省國民中學推展生命教育實施計畫」。二〇〇〇年，臺灣教育部成立「生命教育推動委員會」，曾志朗部長宣布該年為「生命教育年」。二〇〇〇年七月又公布了「教育部推動生命教育中程計畫」，並組織「生命教育委員會」，由臺灣各級學校推動生命教育。這項生命教育計畫將實施四年，以高中及國中學生為優先對象，逐年推廣到小學及大學。此外，臺灣「教育部」也計畫在四十所國中及十所高中設置生命教育中心。

　　在中國大陸，遼寧省與上海市得風氣之先，開始推動生命教育的開展。二〇〇四年十二月，遼寧省啟動了中小學生命教育工程，

遼寧省教育廳爲此制定了「中小學生命教育專項工作方案」，以此作爲未成年人思想道德建設工作的有效載體，使中小學生身心能夠得到充分自由、和諧的發展，成爲充滿生命活力、具有健全人格、鮮明個性和創新智慧的一代新人。

二〇〇四年上海市頒布了「上海市中小學生命教育指導綱要」（送審稿），內指出：開展生命教育是整體提升國民素質的基本要求；開展生命教育是社會環境發展變化的迫切需要；開展生命教育是促進青少年學生身心健康成長的必要條件；開展生命教育是家庭教育的重要職責；開展生命教育是現代學校教育發展的必然要求。該綱要還具體規定了生命教育的目標是：「生命教育著眼於面向全體學生身心的和諧發展，爲學生的終生幸福奠定基礎；著眼於學生個性的健康發展，爲提升學生的生存能力和生命品質奠定基礎；著眼於增強學生在自然和社會中的實踐體驗，爲營造健康和諧的生命環境奠定基礎。幫助學生建立生命與自我、生命與自然、生命與社會的和諧關係，學會關心自我、關心他人、關心自然、關心社會，熱愛生命，提高生命品質，理解生命的意義和價值。」

可見，生命教育從二十世紀六〇年代從西方國家起步，到八〇年代逐漸推廣，至九〇年代臺灣地區大規模、有系統地開展，進入二十一世紀，則已成爲遍及全球的教學門類，其重要性是不言而喻的。相信不久的將來，在中國各省、市、自治區都會推廣生命教育，讓孩子們從小就知曉生命的可貴，懂得如何去創造人生的價值、生活的意義，從而獲得身心的健康、事業的成功、生活的幸福。

第二節 生命教育的本質與內容

　　既然全世界許多國家都已開展了生命的教育，而華人世界也在大力推動生命的教育，那麼，什麼是「生命教育」？其基本的內容是什麼？在這方面，雖然有多種不同的表述，其本質內容卻是基本一致的。

一、生命教育的定義

　　在生命教育的定義上，仁者見仁，智者見智，難有統一的看法。張雲飛先生認為：「所謂生命教育，是指指導學生正確認識人的生命價值，理解生活的真正意義，培養學生的人文精神，激發學生對終極信仰的追求，滋養學生的關愛情懷。」[2]程紅豔則指出：「所謂生命教育，旨在喚起人們對生命的價值的認識，全面恢復人類生命的本性，採用理想的教育推動人的發展，提升人類生命的本性，使教育成為生命本質覺醒和顯現的過程，成為個人向『類』世界和自我不斷開放的過程，從而改變教育的工具化和教育目標片面化的現象。」[3]王學風博士認為：「學校生命教育是指透過對中小學生進行生命的孕育、生命發展知識的教授，讓他們對自己有一定的認識，對他人的生命抱珍惜和尊重的態度，並讓學生在受教育的過程中，培養對社會及他人，尤其是殘疾人的愛心，使中小學生在人格上獲得全面發展。隨著科學技術（特別是生物技術）的發展，

2.引自〈呼喚生命教育〉，《社會》，2003年第3期。
3.引自〈教育的起點是人的生命〉，《教育理論與實踐》，2002年第8期。

258

生命教育的內容也越來越廣。臺灣生命教育的內涵包括從肯定、珍惜個人自我生命價值，到他人、社會乃至自然、宇宙生命的互動與倫理關係等大生命的省思，並涉及生死尊嚴、信仰的探討，範圍頗廣。」[4]臺灣南華大學生死學研究所助理教授蔡明昌則認為，生命教育是「從觀察與分享對生、老、病、死之感受的過程中，體會生命的意義及存在的價值，進而培養尊重和珍惜自己與他人生命的情懷」。

上述這些定義，應該說從各個方面揭示了生命教育的目的和內容，但還不夠，我們需要深入一步去挖掘生命教育更內在的含義。

生命教育首先是生死觀教育，關於人之死亡問題是其重要的內容。教育是以人為對象，目的在協助人們面對並妥善地解決現在或未來生活中的問題。死亡是每一個人生命歷程中的終點，也是人之生活經驗的一部分，自然應該納入生命教育的範圍。實際上，死亡教育實為生命的教育，當人們對死亡愈覺知、愈深入地瞭解後，則對生命的看法愈積極、愈能主動自覺地安排生命，去獲得更有意義與價值的生活。所以，死亡教育不僅是教育的人們如何面對死亡中的失落，如何坦然地面對自我之死，其更重要的意義還在透過人們對死亡的覺解來為生命與生活添加意義和價值。其次，生命教育，顧名思義，即是關於「生命」的教育。但是，人之生命與動物不同，不僅有自然的生理性生命，更表現為血緣的人際性社會生命，以及超越的精神生命；人與動物的生存也不一樣，不僅有本能的活動，更有受到精神意識支配的感性生活。在這樣的前提下，我們就可以深刻地瞭解人類生命與生活的聯繫與區別了。

如前所述，生命是人生的存在面，而生活是人生的感受面；

4.〈臺灣中小學生命教育的內容及實施途徑〉，文載《教育評論》，2001年第6期。

生命是人們過去、現在、未來存在的合和體，而生活則是當下此在的感受。這樣，在人生過程中，人們生命與生活的二個向度形成了「線」與「點」、歷史性與當下性、普遍性與個別性的緊張關係。但從本質上而言，人之生命是生活的基礎，人之生活則是生命的表現，兩者統一組構成完整的人生。

可是，問題並不那麼簡單，人們在具體的生命展開及生活過程中，常常會出現二種偏向：一則只知生活而不知生命，把生活當作人生的全部。比如令現代社會頭痛的日趨嚴重的自殺問題，一些青少年常常是將生活中的某些挫折、失意、痛苦等等，當成了生命中不可承受「之重」，於是，由生活感覺不好而走向放棄生命。又比如吸毒現象，人們吸食毒品，當然有各式各樣的偶發因素，但是共同的問題是：為了生活感覺中的飄飄欲仙，他們損害了生命機能、殘害了自我生命，讓自己的人生毀於一旦。另一種偏向則是只知生命不知生活。也有一些人，他們堅執保命哲學，刻意抑制自我的生活欲求，不知道生活的感受是多姿多彩的、變化無窮的，品嘗各種生活的滋味也是人生重要而不可或缺的人生目標，所以他們的人生動力不大，他們的奮發意識不夠，他們勇於進取的觀念也比較弱，他們的人生色彩當然就十分單一和暗淡。

可見，生命教育就是要讓受教育者從認識人之自然生命的特徵入手，進而去體會自我之血緣的人際的社會生命，意識到人之生命只有在社會中孕育和成長，從而必須處理好己與他、己與社會的關係。人們還要去體會自我的精神生命，意識到人之精神世界是與動物相區別的本質所在，故而在人生中豐富自己的精神生活、發展自我的知識水準、提升自我的文化素養和道德品質等等，都是非常重要和必要的。人們還要意識到超越生命的意義與價值。所謂超越生命實質上即是超越死亡；超越生命意義的建構，也即是正確之生死觀念的樹立。

　　人不可能不死，生命又是如此短暫，面對死亡，人們可能會走向悲觀、走向消沉、走向縱情聲色。超越生命的教育，一方面要讓人們知曉：死是人們終極的、不可逾越的存在本質，其存在正好彰顯出人生奮鬥的重要性，珍惜生命的必要性，善用此生的緊迫性。另一方面，超越生命所欲實現的是從精神上獲得永恆，正如中國古代儒家學者提出的「立德、立功、立言」三不朽的人生追求一樣：在自我的一生中，或者成為世間道德的楷模，或者建立偉大的功業，或者著書立說，等等，經由這三條途徑來達到逝而不朽之目的。所以，在生命教育中，「生」與「死」是核心議題，但生命教育中談「死」是因為要更好地「生」；生命教育中談「生」是要超越於「死」，從而讓人們獲得生命存在的最大意義與價值，這些都應該是生命教育中主要的問題所在。

　　生命教育還應該教導人們建構正確的人生觀與生活態度，使人們在追求生活的感受時，不要危害生命的健康和存在。生活中良好的感覺，應該同時也能滋補自我的生命健康。比如喝酒問題，如果人們適量的飲酒，則在良好的口感（生活）過程中，也滋養了身體（生命）的健康；而酗酒則不然，雖然人們的生活感覺好了，可卻成為損害自我生命健康的「殺手」，這就達不到生命與生活的統一了。

二、生命教育在死亡議題上的主要內容

　　生命教育一定要建立在問題意識的基礎之上，也就是說要針對普通人所遭遇到的生死問題給予相應的知識傳輸。因此，必須把死亡學、生死學、生死哲學的學科研究和生命教育本身作區分，並進而使學術研究的成果轉化為優質的教學資源。

　　從最一般的情形而言，人們一生中所遇上的死亡問題略有五：

其一，死亡價值論的問題，即人之死與動物之死不同，後者的死是一種純自然生理的過程，而人之死則還有其社會及文化的意義在內。所以，人在自然死亡之前，有時會有一個選擇死亡的問題。比如：有些人覺得某種道德準則、某一崇高的事業、某種美好的理念等等的價值要高於自我的生命價值，於是便會勇於赴死去實現這些價值。當然還有些人因種種原因對生活喪失了興趣，覺得死是一種比生更好的狀態，所以也選擇了赴死。對前一類人，社會一般許之爲「殺身成仁」，「捨生取義」；而對後一類人，則稱之爲自殺者。在生命教育過程中，當然要提供給受眾合理的死亡價值論，同時教育人們在任何情況下都不應該走放棄生命的絕路。其二，面對人類必死的整體命運和每時每刻都在發生著的陌生人之死，我們應該抱一種什麼樣的態度問題。爲此，在生命教育中必須講清死亡的生理過程，傳授動植物及人類生與死的物質基礎，以及關於人之死的特殊性的有關知識。並且，要讓受眾建構起對他人之生死的同情、悲憫之心態，對人類生死命運的敏銳感覺。只有當人們對生與死有一種心靈的震顫，才有可能建構起合理與合意的生死觀；若人們對生死抱一種漠然處之的冷淡態度，則有關的生命教育將喪失其作用。其三，面對親屬之死，人們如何把悲傷情感控制在不傷身害體的範圍之內，並儘快地從心靈痛苦中超拔出來，步入人生正常軌道的問題。一般而言，人們喪親之後的感情悲傷對人之精神與肉體都有較大的傷害，嚴重者甚至會導致自殺事件的產生。因此，生命教育要針對這種一般人普遍遭遇到的問題，提供給人們各種有益的生死觀念和智慧，幫助人們在遇到親人之亡的事件時能把傷害降到最低限度。其四，每一個人無論生前狀態如何，都或遲或早會死去，這是生命教育過程中最大、最迫切需要解決的問題之一。人之死的必然性，使人之生籠罩在濃厚的死亡陰影之下，人們也就必然會或強或弱地產生對死亡的焦慮與恐懼，尤其是那些「預期死亡

者」更是如此。「預期死亡者」指患上絕症且被宣告不久於人世者，這類人的死亡痛苦超過任何其他的人。因為，雖說是「預期死亡」，但十分確切的日子還是不能判定，可這一天又必定會到來，於是，患者陷於一種日日都可能死亡的極大恐懼之中。人之生變成了被死亡全部控制的領地，患者處於一種完全透不過氣來的悲慘感受之中，無法擺脫心靈上的痛苦煎熬。為此，生命教育應該預先提供給大眾有關死亡的合理觀念，培育人們在生死問題上的心理素養，使人們比較早地建構起面對自我之死的健康心態。其五，人是社會的人，生活於社會之中，必然還會遇上有關死刑、墮胎、器官移植、「克隆」（即一般人耳熟能詳的「複製」，亦稱「無性繁殖」）、自然災變、核子戰爭等等關係到人類整體之生死的一系列問題。人類科技的發展，尤其是生命科學的發展，將使人之生死問題與傳統倫理道德發生緊張，人們將會遇到許多有關生死的一般性問題。生命教育承擔著讓社會大眾瞭解這些問題，並正確對待這些問題的重要任務。

總之，生命教育的本質在於讓人們處理好人生中「生命與生活的緊張」和解決死亡的相關問題。生命教育要讓人們深刻地意識到自我生命內涵的多面性、豐富性，從而能夠正確地體認生命的可貴，確立生活的正確態度與目的，去追求人生的更大價值與意義，終則超越死亡，獲得永恆。

第三節 生命教育的方法與原則

為了推動生命教育健康、快速地展開，讓廣大民眾接受到有關生死的各種有益的知識，建構起合理的生死觀念，使現代人之生死品質得到較大的提升，有必要論述一下生命教育如何開展的問題。

生命教育本質上是一種生死觀的教育，不唯青少年需要，不唯有自殺念頭及行為者需要，更是全社會所有成員都應該具備的知識。所以，生命教育的形式不應該僅僅是在學校課堂上的一門學科的講授，更應該推展至全社會，讓公眾都能從中獲益。比較而言，中國在生命教育方面處於相對落後的狀態，但不可否認的是，經過各方的努力，近年來生命教育亦有長足的發展。而臺灣地區的生命教育已有十餘年的推展，取得了舉世矚目的成績。隨著民眾富裕程度的提高，社會文明程度的上揚，可以預見在生命教育方面，中國將肯定會有一個大的發展。

一、關於生命教育的受眾與方法的問題

生命教育的對象要有一個較科學的分類，因為不同的受眾，應該有不同的教育目的和內容，並達到不同的接受程度。為此，應該把生命教育的受眾分為以下四類：

第一，專業人員。主要包括研究生死問題的人員、教師和醫護人員。對這樣的教育受眾，應該教導以有關生死問題的系統性的知識，要求他們比較全面、比較深入地去掌握生死學與生死哲學，以及人類圍繞著生死問題產生的一系列其他的相關理論。尤其重要的是，這些專業人員還必須進而學會運用生死學的知識去幫助大眾正確地對待生死問題。

第二，病患者與親屬好友。這是生命教育中比較特殊的受眾，亦是最需要立見效果的受眾。在對這部分人員進行生命教育的過程中，絕不能試圖讓他們去掌握生死學的深奧理論，亦不必將有關生死的諸問題全部講清，而重點只能放在：一方面透過細緻地溝通，瞭解對象已有的文化素養和宗教背景，其原先對死亡有什麼看法，其面對死或即將喪親的情況下，最恐懼、擔心、憂慮的究竟是什

麼；另一方面，則根據對象的有關情況，有針對性地運用生死學與生死哲學的知識，幫助對象解決死亡的焦慮、恐懼和各種思想負擔，使患者能坦然面對可能的死亡結局，亦使患者家屬和好友有準備地接受喪親之痛，並能夠儘快地超拔出來，獲得正常的生活。

第三，在校學生。學生是在學校接受各種教育的受眾，必須使之從小就有關於生死的正確觀念。在小學階段主要應該讓學生們從生理上理解死亡的觀念，知道死亡是一切有生命之物的必然歸屬。在中學階段，生命教育應該把重點從死亡的自然屬性逐漸擴充至死亡的社會屬性，即讓學生們明白，人類之死與動物之死不一樣，包含著許多生命倫理、社會責任、文化傳統等方面的含義在內，尤其要讓中學生們掌握正確的死亡觀念，並能夠轉化為促進人生、規劃人生的有益資源。在大學階段，則可以讓學生們瞭解歷史上各大文明傳統對死亡的不同理解和闡釋，幫助學生在理性的基礎上進行有效地選擇，建構起比較合理的生死觀。

第四，普遍大眾。普遍大眾是社會上最大的生命教育的受眾。他們往往文化層次不一，生活習俗不同，收入狀況各異，在推展生命教育方面困難也最大。對普羅大眾而言最有效的生命教育手段當然是透過電影、電視、文學作品、專家講座等。普遍大眾一般難以接受抽象觀念的教育，而對有形象、有情節、有感人場面的影視作品接受度較高。所以，要有計劃、有組織、有資金投入地去拍攝、撰寫具有生命教育意義的影視和文學作品，並開展各類宣導活動，使生命教育能普及到社會的各個層面。

二、關於生命教育的原則問題

在生命教育的過程中，除了注意不同的受眾和要有問題意識外，還必須貫徹以下幾種教育的原則：

第一，要以人生為出發點談死亡問題。在具體的生命教育的活動中，要善於把死亡問題轉化為人生問題。生命教育所言之「死」，並非指人的生理之「死」，而是對活著的人談觀念上的「死」。其目的只能在提升人之生死的品質上。生命教育最終希望讓人們面對「死」不恐懼、不焦慮，且心安坦然，這本身就是一種較佳的人生狀態，而非人死的狀態；其次，生命教育試圖讓人們面對親人之死時不要痛不欲生、傷身害命，這本身也是人之生而非人之死；最後，生命教育要求人們對人類之生死的命運有一種敏銳的感受，對一般社會性的生死問題有一種全面的瞭解與合理的態度，亦是為了人生的狀態趨於更好，而不是為了死本身。總之，生命教育過程中，一定要牢牢把握由「生」觀「死」，又由「死」觀「生」的原則，出發點與落腳點皆在「生」而非「死」。如此才可能談清有關「死」的問題，並使生命教育能被人們所廣泛地理解和接受。

第二，要有生動活潑感人的教育形式。國內外成功的生命教育的實例都說明，生命教育有無效果、能否為廣大民眾所接受，關鍵在其內容是否能解答普通人的生死困惑；其次則在於有否好的形式。所以，在生命教育中一定要廣為引進電影、電視、文學、音樂、座談會等等民眾喜聞樂見的形式，在輕鬆的氛圍中使民眾瞭解死亡這樣一個沉重的話題。

第三，要堅持開放性的教學原則。在生死觀和生死態度的教學過程中，切忌認為某一種生死觀和態度就百分之百的正確，而其他的生死觀與態度皆錯誤，並試圖讓所有的人皆接受某一特定的生死模式。這樣的話，必使有關生死的教育離現實的人越來越遠，最終毫無效果。正確的做法是：在生命教育的過程中，一定要讓人們廣泛地瞭解人類歷史上曾經出現過的各種類型的生死觀念與智慧，說明它們在何種範圍、程度上具有其現實的應用價值。事實上，要

解決人之生死這樣人世間最最複雜的問題，非得調動人類歷史上各民族一切有關的思想精神傳統的資源不可，而這就必須在生命教育的過程中貫徹完全開放的原則，對受眾採取討論的方式、引導的方式，容納多種生死觀念的並存和發生作用。

第四節　生命教育與青少年自殺的預防

　　生命教育所面臨的一個嚴重問題是：全球性的青少年自殺率普遍上升的現象。如何認識這種現象？如何運用那些生死學和生死哲學的知識來分析這些問題？又能尋找到一些什麼樣的方法來解決這個關係到無數鮮活生命夭折的問題？這是生命教育中迫切需要解答的。

一、青少年自殺現象

　　有一份調查和分析資料說，德國的家長最希望孩子的前三項是：第一是健康；第二是快樂；第三是孩子能從事自己喜歡的工作。而許多中國的家長則不同，他們第一希望孩子學習成績好；第二希望孩子健康；第三則希望孩子出人頭地。所謂出人頭地，多指孩子長大後能賺到巨額財富，超過大多數人；或者擁有很大的權力，成為政治新貴；或者成為影視、歌舞、體育明星等等。可見，除了都希望孩子健康之外，德國的家長和中國的家長們對孩子的期望內容有很大的差異，這說明了什麼呢？

　　相比較而言，中國的家長們不太注意孩子個人的興趣、獨立人格的塑造；而對物質方面獲取的要求又十分的強烈，這樣一些對孩子的期望，造成許多負面的影響，比如：孩子淪為「考試機器」，

過早地失去了童年和少年的天眞、純樸；孩子的心理負荷特別沉重，對外在的社會、他人的議論過分敏感，依賴性特別強，等等，導致許多孩子成爲人格偏執、被動、獨立性差、性格憂鬱、脾氣古怪的「問題小孩」；隨著年齡的增長，嚴重者會採取自殺的行爲，從而造成生命不可挽回的損失、家庭其他成員的極度痛苦和社會的嚴重問題。

生命教育即是圍繞有關生命問題、生活問題、人生問題進行的知識傳授過程，目的是讓青少年理解生命、珍惜生命、關愛社會和他人之生命，並獲得生命發展的正確方向。鑒於青少年自殺現象的層出不窮，孩子們在生命、生活與人生方面皆存在著種種嚴重的問題，全面系統地開展生命教育就顯得十分的急迫和必要。

二○○二年十二月十一日中新網報導，中國大陸每年有高達二十八萬七千人死於自殺。在國內，許多自殺者並沒有精神疾病，其自殺是在遇到強烈人際關係衝突之後迅速出現的衝動行爲。70%左右的自殺死亡或自殺未遂者從來沒有因爲其問題尋求過任何形式的幫助；大約60%的自殺死亡者和40%的自殺未遂者在自殺當時有嚴重精神疾病；全國的綜合醫院每年有兩百萬自殺未遂病人急診，但在其急診治療期間接受過精神科評估或治療的不到1%。根據調查顯示，在中國六百五十九例自殺未遂者中，僅38%的人在自殺當時有精神障礙。許多自殺未遂者表現爲衝動性自殺行爲；37%的自殺未遂者自殺前考慮自殺的時間未超過五分鐘，60%考慮自殺的時間不超過兩小時。60%自殺者前兩天有一個急性誘發事件，一般是人際關係矛盾。研究表明，每一人自殺會對周圍的五個人產生巨大的心理衝擊。據悉，中國是世界上自殺率最高的國家之一，總的自殺率爲萬分之二點三，而國際平均自殺率僅爲萬分之一，中國自殺率是國際平均數的二點三倍。

從以上自殺的有關資料可見，中國人一般來說獨立性較差，

常常是爲了一個外在的原因，特別是人際上的問題而選擇自殺。當
然，一個人的自殺會給親朋好友帶來巨大傷害，這種傷害涉及到情
感、社會和經濟諸多方面，據世界衛生組織的估算，每年與自殺有
關的經濟損失高達數十億美元。另據有關資料顯示，自殺已成爲中
國青少年人群（十五至三十四歲）的首位死因。這一點應該好理
解，處於這一年齡段的人，疾病較少，身體較好，自然非正常的死
因較高，所以，自殺會排在第一位。特別要引起社會、學校、家
長注意的是，近些年來，我國的青少年的自殺率有升高的趨勢，比
如，據有關資料顯示，中國北方某城市，每年自殺的中小學生達到
三十至五十人之多；而在南方某城市的一個區，僅在九個月內，中
小學生自殺案件就高達十三起，有三人自殺身亡；在中國許多的大
學中，自殺率也有上升的趨勢。

在此，我們還可以比較一下世界各國和地區的自殺率：臺灣地
區在二○○四年自殺率是十萬分之十四點二；美國一九九九年的自
殺率是十萬分之九點一；德國一九九九年的自殺率是十萬分之九點
六；英國一九九九年的自殺率是十萬分之六點三；義大利一九九九
年的自殺率是十萬分之五；日本一九九九年的自殺率是十萬分之
十七點七；澳洲一九九九年的自殺率是十萬分之十一點五；新加坡
二○○○年的自殺率是十萬分之八點二；韓國二○○○年的自殺率
是十萬分之十二。可見，無論是發展中國家，如中國；還是中等發
達的地區，如臺灣；或者是發達的國家，如日本，自殺問題都同樣
普遍和嚴重。但相比較以上的國家和地區，中國的自殺率顯然是非
常之高的，需要引起我們高度的重視，並採取措施加以扼制。

據專家估計，中國青少年自殺的比率，在國際上也是處於中
間偏上的位置。特別值得提出的是，據統計，中國每年還有約十三
點五萬的未成年的孩子要經歷母親或父親死於自殺所帶來的無盡傷
痛，從而形成青少年的生死問題，他（她）們極易成爲所謂「問題

小孩」。可見，青少年的自殺問題（或生死問題）已經嚴重到非重視不可的地步，而預防青少年自殺，降低青少年的自殺率更是全社會、所有的學校和家庭共同的責任。因為青少年的自殺不僅僅帶來自殺者寶貴生命的喪失，更引發出父母「白髮人送黑髮人」的刻骨蝕心般的痛苦，還會引發許許多多的社會問題，對社會的和諧發展、家庭的和睦生活是重大的危害。

在中國社會，許多青少年的自殺現象並沒有公開，因為學校視其為業績的污點，而家長更以其為奇恥大辱，所以都不希望公諸於世。亦因此，許多青少年的自殺現象沒有進行深入的科學的研究。如此嚴重的問題，究竟應該怎麼辦呢？為什麼人們的物質生活水準在不斷提升，學校的設施在不斷改善，而青少年之自殺問題卻漸趨嚴重，而且自殺現象還令人擔憂地日趨低齡化呢？家長在教育子女方面，學校在教育學生時應該注意哪些方面呢？

二、原因分析

教育是為人們提供處理社會、人生、生活中各種事務的知識與能力的過程。現代社會發展的一個重要特徵就是教育受到普遍性的重視，人們已經不僅要在正規的學校接受多年的專門化的教育，而且在步入社會之後，仍然需要繼續學習，此即所謂終生教育。但是，現代的教育系統有一個非常大的缺陷，那就是生命教育的缺位，而這已經抑制了現代人之生死品質的提升，並導致了嚴重的青少年自殺問題。

所以，有必要全面地推展有關生命的教育，生命教育的核心是生死觀的教育。要讓青少年們對生命的孕育、生命的發展有所認識，從而使之對自我的生命及他人的生命抱持珍惜和尊重的態度，並讓學生在受教育的過程中，培養對社會及他人，尤其是殘疾人的

愛心，使中小學生在人格上獲得全面發展，尤其是儘量避免青少年自殺現象的頻繁發生。這應該說是推進中國大、中、小學生素質教育或通識教育中不可或缺的重要一環。

在生命教育的研究和教學中，應該把如何看待和預防青少年自殺放在重要的位置上。應該指出的是，自殺正在成為除交通事故之外，直接威脅青少年生命的又一最大「兇手」。個中原因何在呢？

第一，仔細分析這類自殺案例時會發現，許多選擇自殺的青少年缺少家庭溫暖，比如：生活在有暴力現象的家庭、父母離異的家庭、單親式的家庭，以及孤兒或家庭遺棄等，都會造成孩子性格內向、孤僻、倔強，且學習不夠好。而自殺的青少年有相當的比例有人格障礙、憂鬱症、邊緣型人格、精神分裂症。而據有關社會學的統計資料，82%的憂鬱症病人曾嘗試自殺，有四分之一至五分之一的憂鬱症病人死於自殺。邊緣型人格在青少年時期便會顯露徵兆，如開快車、吸毒等，有12%-15%的精神分裂症患者會自殺。

第二，在人生中受到重大的挫折與痛苦時容易導致自殺現象的產生，這在缺少社會及人生經驗的青少年身上更是顯得十分突出。許多青少年走向自殺多是出於解脫人生痛苦的需要。在現實生活中，未成年人之心理、精神及人生的承受力都非常的差，經常是為一些似乎不那麼重要的事情而走向自殺，對家人與社會造成了極大的痛苦和損失。

本來，死亡是人類最深的痛苦，也是人類最大的恐懼對象，可是有些青少年還是會選擇結束自己生命的可悲方式。人世間的生活中，人們常常會為某種喪失而痛苦萬分，可死亡是人們全部擁有的失去，這當然是人間最大的痛苦。人們每到陌生之地便會產生擔心害怕之感，越是陌生的地方，人們的恐懼越大，而死亡是人們最陌生之事，這怎不衍生出人們最大的恐懼呢？但是，雖然死亡乃人間最大的痛苦和最大的恐懼，可如果人們在生活中發生了某種事件、

出現了某種狀態、喪失了某種期望，有許多人就可以不顧這人間最大的痛苦與恐懼而毅然決然地走向死亡。可見，痛苦與恐懼也是相對而言的，在某種情況下，人生不合意的狀態比之死亡的痛苦與恐懼更令人難以忍受，於是人們就採取自我了斷的方式來結束生命。不幸的是，如此之思與如此之行者在現代社會是越來越多了，且有低齡化的傾向，因為大多數的青少年實際上並不理解死亡究竟意味著什麼，而他們也更不能忍受生活中的困難與挫折。

所以，第三，青少年自殺現象的發生，在某種程度上講，是教育的失誤。從根本上而言，由於現代家長和學校缺乏對小孩進行與生命有關的教育，許多青少年並不真正理解什麼是生命，生命產生、發展的真實過程，人之生命中真正的價值與意義是什麼。所以，珍惜生命、保護生命，讓生命沿著正確的軌道行進在許多青少年那裏並沒有特別清晰的概念。比如，在對生命態度上現代青少年就與傳統社會的人有極大的不同，生命的神聖性淡化了、消解了。實際上，許多小孩從小對生命就形成了某種程度的輕蔑態度，這成為自殺現象內在深層的原因之一。因此，家長、學校、社會應該對小孩從小進行生命神聖性教育，這是提高生命品質的第一步。

此外，因為以上原因，青少年對他人的生命亦顯得冷漠，缺少起碼的同情與關愛。《青年時報》報導：二〇〇四年九月，湖南株洲市張某家九歲半的小孩張方（化名）失蹤兩天沒有消息。家長焦急萬分，到第三天才終於發現了已經落水身亡的張方。原來，在九月十日下午一時左右，幾個同學與張方一塊出去玩，下午六時多，張方仍沒有回家。家人到張的同學處問情況，都說「不知道」。後來查明，那一天張方和與他年紀相仿的四個同學一起到河邊玩，不慎落水，四個孩子在岸邊眼睜睜地看著張方在水中掙扎、呼喊、淹沒卻無動於衷。最後他們商量出一個辦法，用沙子將張的衣服掩埋，然後各自回家。而面對張方焦急萬分的父母，四人皆眾口一詞

地說「不知道」！[5]對生命如此冷漠，如此沒有感覺，這真是人間的悲劇、家庭的慘劇、社會的大問題。但是，我們必須意識到，主要責任並不在孩子身上，而在教育，在家庭、社會與學校的教育。那種以考試成績為核心目標的教育機制，讓孩子們失去了對生命的感受，也沒有生命神聖性的觀念，自然也就缺乏珍惜生命、同情他人、體諒人、尊重人、關心人的基本素質。

三、如何減少青少年的自殺現象

面對日趨嚴重的青少年自殺現象，必須強化生命教育，採取積極的措施減少青少年的自殺現象，在這方面，社會、學校、家庭應該做些什麼呢？

第一，應該從曾經發生在中國及許多國家和地區的「SARS」（嚴重急性呼吸道症候群）疫情中獲得某種啟迪。在二○○二年下半年和二○○三年上半年的「SARS」流行過程中，我們可以發現，即使是一種疾病，社會的透明度、資訊的公開性都是十分重要和必要的。在中國，關於自殺的社會學資料長期不全、不準，現在即便有了較為清晰的自殺資料，但關於青少年的自殺人數和自殺率始終沒有全面準確的統計，這不能不說嚴重地妨礙了對青少年自殺問題的研究，從而也大大阻礙了透過生命教育來降低青少年自殺率的努力。

在許多人的大腦中，總有一種固執的習見，認為自殺的人數過高，尤其是青少年的自殺是件很不好的事，是有損社會、國家和民族形象的事，所以最好是不要公開。有些學校也有一種看法，認為青少年的自殺會嚴重地損害學校的聲譽，所以，人們知道的範圍

5.《青年時報》，2004年，第1071期。

越小越好。而家長們也將自己子女的自殺視爲極不光彩的事情，雖然悲痛萬分，但卻低調處理。固然，青少年的自殺不是好事，是件不光彩之事，但絕不能視爲有關社會、國家和民族的形象問題。因爲，自有人類以來，就存在著自殺的現象；而全世界自殺率最高的主要還是在發達國家，如丹麥、澳大利亞等。所以，正如一位學者指出的：自殺是一個社會的嚴重問題，但絕不是社會的陰暗面。不正視青少年的自殺問題，採取許多辦法來掩飾青少年的自殺現象，迴避因青少年自殺所引發的種種社會的、學校的、家庭的問題，不僅不能穩定社會，「爲國爭光」、「爲民族爭氣」，相反，會讓我們因無法察覺這一問題的嚴重性而不能有效地研究它，從而無法採取有力的措施去加以解決，以達到降低青少年自殺率的目的，由此引發的學校危機、家長的痛苦更是無法妥善地解決。而有關生命教育的內容，也必須以大量詳實的社會學統計資料爲依託來確立，絕不能從抽象的大道理到大道理。應該說，生命教育是一種實踐性最強的教育門類，其科學性、實用性的要求也特別高，必須要有具體的生活實例與大量的科學資料爲基礎，否則將淪爲空虛無用。

第二，再具體到青少年的自殺問題。一般而言，只要分析青少年自殺的個案，不難找到其自殺的直接原因，比如：孩子心理預防機制不健全；惡性的外部刺激；缺損家庭、父母教育方式的專橫或極度放縱；社會與學校的強大壓力；精神障礙；極端的消極、失望、孤獨、焦慮、痛苦等等。但有沒有更爲深層的原因呢？應該說是有的。一般而言，成年人的自殺，多起於內在的原因，是外在的某種因素導致其內在思想鬥爭，最後走上自殺的不歸之路。而青少年的自殺，應該說大都起於外在的原因，他們的心智還未能發育完成，許多人並不知曉自殺的嚴重性，他們更不懂死亡究竟意味著什麼，因此，突發性的外在生活過程中的原因常常使青少年走向自殺，他（她）們畢竟還小，不能爲自己的行爲負全責。這樣，父

母、學校與社會在青少年自殺問題上有著更為重要的責任，在這方面必須要有清醒的認識。所以，學校中生命教育不可缺位，要讓青少年認識生命的起源、本質，存在的意義與價值，讓他們在受教育的過程，獲得對生命的正確態度。

第三，在青少年自殺的問題上，社會某種不好風氣的導向、家長的一些過度的企盼可能起著一種推波助瀾的作用。比如：社會上物質主義氾濫、享樂主義盛行，金錢、權力、地位等等成為許多人唯一追求的東西。這些不好的社會風氣導致許多家長皆以學習成績作為衡量孩子的唯一尺度，盲目地以為孩子成績好才能上一流的小學，考一流的中學，念一流的大學，將來才會有前途，才能出人頭地。據有關資料分析，許多家長們對孩子學習成績近乎瘋狂的追求，已經成為中國青少年自殺的重要原因之一。許多青少年往往是成績不好，有時根本不是不好，而是離家長的期望有距離，便遭到家長的訓斥、老師的不滿，孩子自己也覺得無臉見人，心理素質不好者，可能因此而走向輕生。但是，我們必須看到，考試的威逼、分數的壓迫等等，是常見的青少年自殺的直接原因，而更為深層次的原因則是金錢至上、權力至上之社會風氣和父母那種對孩子成績扭曲性的過高企盼，這是全社會及家長們都應該深刻反省的事情，也是在生命教育中要重點解決的問題之一。

所以，生命教育的對象絕不能只放在青少年身上，而應該將全體家長納入教育的大系統中，也就是說，生命教育應該是一種全民的教育。其不應該是通常的那種傳授一種知識並考核其是否為接受者掌握的教育，而是一種人們都應該具備的生命存在之素質的教育，是一種獲得生命的相關知識並貫之以生活實踐的教育；也不是給部分人開設相關課程的教育，應該是廣泛的社會性教育過程。

第四，若從最內在的方面來看，則應該看到，導致青少年自殺的根本原因還在他們被感染上一種不健康的人生觀。所謂「新新人

類」常宣稱：「只要我喜歡，有什麼不可以？」目前，中國的獨生子女在青少年中已佔有相當大的比例，這些「天之驕子」，上有二代甚至三代長輩全力以赴地去滿足他們一切的生活要求，而他們也全身心地沉溺在感性生活之中，已經習慣了隨心所欲、眾星捧月、什麼都不缺的人生，一旦大人不讓他們看動畫片、不讓他買想要的東西、得不到想獲得的成績、老師或家長給臉色、在同學朋友中丟了面子、生活中不順心或不如意，當然還有——不高興，等等，那麼，他們就可能去死——自殺。「我活得不好，我喜歡去死，我就去死」，這恐怕是那些自殺的青少年通常的思考模式，這也是「只要我喜歡，有什麼不可以」的人生觀衍生而出的。

　　一般而言，青少年的自我毀滅大多是產生於一時的衝動，而人之生命的失去也往往只在一瞬間。因此，要大力推廣生命教育，讓孩子們都知道：在這個世界上，你得學會珍愛生命，學會承受挫折。青少年只有在情感、人格和人性等各方面都得到較健康的發展，才能自然地體驗到做人的尊嚴，並在自覺或不自覺中理解到生命的可貴，從而珍惜生命、呵護生命，獲得生命的意義與價值。所以，必須加強對青少年生命觀的教育，讓他們知道生命究竟是什麼、一個人應該怎樣活著、我們應該擁有怎樣的健康而合理的生命觀，這些都必須納入生命教育的大系統中來進行。

　　第五，如果從生死哲學上來思考青少年的自殺問題，可以獲得更深層的理解模式。如前所述，人生實際上由二大部分構成：一是「生命」，一是「生活」。生命是人生的存在面，生活是人生的感受面。成年人往往已從生活過度到生命，可以理解除了人之生活，還有生命的存在，因此要成家立業，要去創業，要去做一些偉大之事，等等。可是，青少年智力還未健全，他們很難意識到生命與生活的區別與聯繫，他們只知生活而不知生命，以為生活就是生命，以至於生活感受不好就放棄生命存在。因為他們往往把生活的感受

視爲人生的全部，所以，生活中的不順心、不如意、不高興等等，皆可以成爲走向自殺的理由，他們並沒有意識到生命喪失的嚴重後果。傳統中國人有一種人生觀，叫做「好死不如賴活」；現代人有一種人生觀，可稱爲「賴活不如好死」；而青少年更有一種獨特的人生觀，可名之爲「感覺不好就去死」。所以，不正確、不健康的人生觀是導致青少年自殺的最主要、最內在的根源。

在生命教育中，必須強化人生觀教育，加強挫折教育，使孩子們學會承受挫折，明瞭挫折其實是人生成長之基礎和動力，從而具備在逆境中奮發努力的能力，以提高孩子們的生命品質。應該在生命教育中讓青少年意識到：人不僅僅是屬於自己，還屬於家人，屬於社會，生命只有一次，失去便不能復生。人之生命是由父精母血構成，只有在社會中才能存在和發展。所以，生命不僅是個我的，更是類我的。每個人在體會到個我生命的同時，必須意識到類我之生命，這樣，孩子們就可以認識到：我的生死絕非個人私事，而是家庭的、社會的和大眾的。此外，必須在生命教育中還告訴孩子們一個道理：對那些已經自殺者來說，他們也許是一種解脫，可是他們是否想過自己親人的莫大痛苦和社會的嚴重問題呢？所以，學校和家長的教育要能夠讓每個孩子學會努力與別人相互溝通，個人生存奮鬥的同時也要感覺到親人和他人、社會的作用，從而使自我在生命層面上與所有的人和社會相關聯，建構一種生命意識與社會責任感。也唯有從生命層面入手，才能使孩子學會承受挫折，尋找到生命之意義與價值，學會關愛社會和他人，從一個「自然人」過度爲全面的「社會人」。

可見，要降低青少年的自殺率，減少生命的重大損失、家庭的巨大痛苦、社會的嚴重問題，強化生命教育是當務之急，而且必須使資訊公開，加強對青少年自殺資料的調查整理，並公諸於世，讓全社會和學校、家長都瞭解和高度關注這一問題，同時組織專家

學者加強研究，獲得解決的方法，進而內化成生命教育的內容，讓青少年，也讓學校和家長都能夠掌握，貫徹到教育的實踐當中。此外，還必須大力改變社會偏重物質、盲目宣導享受的不良風氣，尤其是要改變家長們只以「分數」論英雄、只以「出人頭地」看孩子的錯誤的價值標準。當然，還應該大力引進西方各國在控制和降低青少年自殺率方面的成功經驗，如此等等，當整個社會有了一種良好的風氣，家長和學校也有一種正確的價值觀導向，而孩子們也能透過正規的生命教育瞭解生活與生命的真正奧秘時，降低青少年的自殺率才有了可能。這是一項造福千萬個家庭的大事，也是減少社會問題創造和諧氛圍的重要基礎。

本章主要參考題

1.何謂生命教育？其興起的歷史背景是什麼？

2.生命教育的本質和主要內容是什麼？

3.生命教育的方法、物件、原則是什麼？

4.試以自己的生命問題為基礎，參考各類教科書，設計兩堂生命教育的課。

5.青少年自殺問題的起因有哪些？

6..如何預防青少年的自殺？

7.透過生命教育，我們可以明白哪些生與死的道理？

● 本章主要閱讀書目

阿魯豐斯（德）著，王珍妮譯，張淑美校閱，2003，《生與死的教育》，心理出版社。

馮建軍著，2005，《生命與教育》，教育科學出版社。

劉濟良等著，2004，《生命的沉思：生命教育理念解讀》，中國社會科學出版社。

王北生等著，2004，《生命的暢想：生命教育視閾拓展》，中國社會科學出版社。

劉志軍等著，2004，《生命的律動：生命教育實踐探索》，中國社會科學出版社。

劉鐵芳著，2004，《生命與教化：現代性道德教化問題審理》，湖南大學出版社。

劉易齋著，2003，《生命管理學初探——生命教育的思想與實踐》，普林斯頓國際有限公司。

王士峰等主編，2001，《生命教育與管理：生命關懷與生活倫理的整合》，水星文化事業有限公司。

劉明德、王心慈編著，2003，《生死教育——生命總會找到出路》，揚智文化事業股份有限公司。

吳庶深、黃麗花合著，2003，《生命教育概論——實用的教學方案》，學富文化事業有限公司。

郭靜晃著，2002，《生命教育》，揚智文化事業股份有限公司。

鈕則誠著，2004，《生命教育——學理與體驗》，揚智文化事業股份有限公司。

鈕則誠著，2004，《生命教育——倫理與科學》，揚智文化事業股份有限公司。

紀潔芳主持，2005，《臺灣地區生命教育資源手冊》，吳鳳技術學院、
　　彰化師範大學。

《防治青少年自殺與生命教育論文資料暨研討會手冊》，2002年，國立
　　彰化師範大學通識教育中心等主辦。

紀潔芳主持，2005，《大專校院生命教育相關課程　教師教學心得與學
　　生回饋專輯》，吳鳳技術學院、彰化師範大學。

紀潔芳主持，2004，《臺灣地區中小學生命教育教學資源手冊》，國立
　　彰化師大商業教育學系。

何兆雄著，1996，《自殺與人生》，廣州出版社。

佟山編著，1999，《人生苦旅——中外名人自絕探秘》，中國社會出版
　　社。

喬治・米諾瓦著，李佶、林泉喜譯，2003，《自殺的歷史》，經濟日報
　　出版社。

後 記

　　正在我緊張地撰寫這本《生死學》的書稿時，我岳母患惡疾在二○○五年不治辭世，雖然早有準備，卻仍然給我極大的心靈震撼。無盡的哀思讓我重新審視研究多年的生死哲學，也讓我深切地感受到：每一個人都做好面臨死亡的心理與學養的準備是多麼的重要；當然，也讓我強烈地意識到生死哲學的應用性應該是我從事研究的首要任務。

　　二○○五年八月十七日，天氣晴朗，氣溫達三十六度，我與妻拖著疲乏的雙腿從醫院回到家中，我打開電腦，寫下了一行字〈陪伴日記〉：

　　　　雖已立秋十餘日，天氣仍然炎熱。熾白的太陽掛在當空，幾片白雲無力地散在四周，任無情的陽光直射大地，帶來陣陣熱浪。

　　　　早八點，我與妻走在去江西人民醫院的路上，兩個星期以來，我幾乎每天如此。因為我的岳母已被診斷出患了膽管癌！

　　　　從那時起，我與妻的心情就全變了。天地萬物人我仍然是天地萬物人我，可是，當至親者突患不治之症後，這一切都不一樣了！雖然理智上告訴我是一樣，可感覺上卻完全不同：外部的世界與自己的密切關係似乎已不復存在，原來特別關心的事似乎也隔閡起來。心裏老是想：這怎麼可能？為什麼會這樣？若以前早點讓岳母去切除膽管結石該多好！

　　　　我研究生死哲學二十餘年，已然知曉當人們聽到患絕症時，無論是患者還是至親，第一反映便是「震驚與否認」；次

之則是「悔恨與討價還價」。

兩個星期前，從來拒絕上醫院的岳母終於還是抵擋不住肝膽部的巨痛，到博愛門診部打吊針治療，雖然有些效果，卻總不能好全。與妻商量，還是勸她去醫院動手術，徹底根除膽結石——這種病我們早已知道——而岳母是堅決不願「挨一刀」的，所以便拖了下來。

妻去廣西出差，順道出國到越南遊玩了一趟，而且幸運地認識了科技出版社的熊，她原是護士，丈夫是江西人民醫院的，所以與院方特別熟悉。她找了某醫師，他非常熱情，許多事都由他出面，辦得非常方便。這樣，我們下決心讓岳母住院，採取手術的方式來治好她的病。

先是檢查，做核磁共振，我與妻陪著，足足等了三個小時才輪上。妻跟著進了核磁共振室，我還是坐在外面。心中並沒有什麼特別焦慮的，因為我知道膽結石手術現在已屬於很小的手術，沒有任何危險。某醫生非常關心，直接進旁邊的觀察室，四十分鐘檢查做完了，岳母與妻都出來了，回家，岳父母顯得如釋重負，因為做了這樣高級的檢查，也馬上能去醫院根治病痛了，所以心情都好了起來。

但此時，我與妻卻掉入了萬丈深淵：某醫生出來悄悄地告訴我：可能是腫瘤！必須馬上住院。看著我變色的臉，某醫生安慰的說：等片子出來才能定，還要讓老主任看看。回家的路上，我與妻說：可能老娘躲不過這一劫了！妻答：別亂說，還沒有確診！我們默不做聲，各想心事。從這時起，外界的一切都開始變了——在我的眼中。

第二天，安排岳母住院後，我們來到醫生辦公室，某副主任與某醫生皆說是惡性無疑，甚至開刀都無濟於事；但主任卻指著片子說：邊緣如此光滑，又沒有黃疸，似乎也有良性的

可能。一句話燃起了我們的希望，我們是多麼的盼望出現奇蹟啊！書本上早已明載：絕症患者與親屬，幾乎無一例外皆想像出現奇蹟。我覺得，處在這一時刻中的人，在滅頂之災前，那怕有一根救命的「稻草」，也會毫不猶豫地猛撲過去，緊緊地抓住，閉住眼睛，享受輕鬆……

但好景不長，現實是殘酷的！

我們不放心，拿了片子又找一附院副院長看看，他也基本上判斷是膽管癌，並說可以開刀，還勸我們送老人家來一附院看病，再做一做CT檢查，這似乎又給我們一線希望，但也讓我們深切地感受到醫生們背後追求經濟利益、拉病人的惡劣一面。

我與妻當然還是決定住江西人民醫院，而且我對妻說：一定要搞一間單獨的病房，讓老岳母最後的時光盡可能舒適一些。我與妻又做出一個艱難的決定：不告訴老人家真實的病情。

我的學養告訴我：病人有知道病情的權利，而且將病情告訴病人，在許多方面是有益的。比如：讓患者更有品質地過好生命的最後時光；病人可以參與治療自身之病的方案制定；病人可以表達自己的最後意願，等等。但我深知：像岳母這樣幾乎沒有什麼文化，且個性非常強的女性，一當告知病情，一定會加速她的病情惡化，更快地結束她的生命。因為她有一種根深柢固的疾病觀：一個人若是患了癌症，那是造了孽。她平時在社區裏聽到某某得了癌症，通常會說：他（她）做了什麼壞事，遭到了報應。而她堅信自己一輩子皆做好事，若突然知道自己得了癌症，她如何受得了？不僅不能接受病情，而且對她自己的一生都將持否定態度，人生的意義與價值皆無法尋覓落實。病魔將摧垮她的身體，無意義的體認又將摧垮她的精神，

這實在是太殘酷了。我們何不讓她帶著對自己生命的肯定步入人生的終點站呢？那怕是一種欺騙，至少避免了徹底的殘酷。

針對特別的個體，病情「告知技巧」竟然完全不起作用！這是我從未想到的問題，生活是一本最大、最厚、最深刻的書啊！

第二天，我又打開電腦，想寫第二篇〈陪伴日記〉，可是，大腦一片空白，手腳發軟，一個字都敲不上去！雪騁兄曾說：你應該做詳細記錄，將來是一本最好的生死學教材。我當然知道，這是對的，可是，竟然寫不出，對我這個長年爬格子的人來說是絕無僅有的。後來，老人已仙逝，王玲玲老師來信安慰說：「等死的老人，面臨如期而至的生命終點，猶如西風落葉，枯乾焦黃，瑟瑟哆嗦，真的讓人心疼，讓人感傷，讓人不忍，更讓人痛感生命的無常和無奈，讓人深感人在自然界的渺小和茫然。……嚮往來去如清風，憧憬高潔如皎月。然而，現實卻……只能長嘆息以掩淚兮，哀吾生之多悲淒！」這真的是我當時的心情。

沒有辦法，只得在喪事辦完，心情漸漸平靜之後，請王小珍助理來採訪我，並記錄如下。

死亡，一個熟悉又陌生的字眼，一個沒有人能逃脫的結局。為此我們時時告訴自己要理性地對待死亡，我們或說「安之若命」，或說「樂天知命」，甚或我們乾脆構造一個「極樂永安」，一個「天國永生」……一切的一切只是為了在那個必然的歸宿到來時，自己和親人，能夠把悲傷降到最低。但是，人畢竟是感性的動物，死亡意味著此生永不能再見，無論我們如何告誡自己，當死亡猙獰的觸手真正伸向我們至親的那一刻，悲傷就那樣真實而切膚地到來。

鄭老師常常教導我們，要及時盡孝，以免造成「子欲養

而親不在」之憾。這不僅是言傳，更是身教。老師的岳母是工人，一輩子操勞節儉，老師和師母對父母非常孝順，希望他們晚年能夠享受生活，總是盡其所能帶他們旅遊、度假，帶他們釣魚、吃西餐，帶他們泡腳、按摩，為了陪二老，甚至百忙之餘專門學會了打麻將，以讓老人在晚年品味人生的別樣滋味。

今年夏天，岳母膽結石的老毛病又犯了，然而這次，並不是這麼簡單，醫生說可能是膽管癌。陡然間，自己潛心研究的問題就那樣活生生的擺在了面前：「當時我和妻感受到的不是驚恐，也不是痛苦，而是麻木，反應不過來。我們回來的路上，我就跟妻說：老娘可能真的逃不過這一劫了。」但是因為還沒有確診，心中又抱著一線希望。

在以後幾天緊張的醫學檢查過程中，老師回憶到：「那種感覺真的和書上寫的一樣，全身無力，口發乾，失落感非常強，這種失落和痛苦事實上就是一種分離焦慮。」多年的研究使老師馬上就預見到分離，頃刻間被一種巨大的虛無感和幻滅感包圍，腳下的大地如此不真實，街上的車水馬龍化為虛無，惟一確知的是：岳母得了癌症，即將永別，而自己束手無策，毫無辦法。

「我們在去醫院的路上總是感到渾身發軟，兩個人都陷入深深的悲傷之中，默然無語，但卻有一種相依為命的感覺。」共同的變故，使夫妻情感在無言中凝聚，相互支持、患難與共。男人，是家的支柱，是妻的避風港，在後面的日子，面對哀痛的妻子，老師極力克制著自己的悲傷情緒，開始給妻進行悲傷輔導，讓她提前做好準備：「我必須壓抑自己的悲傷情緒去輔導她，否則她會撐不住。」

悲傷過程中，第一個月是最難熬的。日復一日的來往於醫院，又清醒的知道一切都將是徒勞，死亡並不會因為人們的悲

傷和努力而稍停他的步伐。

　　長期的煎熬和照護，悲傷的感覺也發生著變化：「後來我想到一個名詞叫悲傷疲勞。日復一日處在悲傷之中，時間一長，悲傷情緒反而會下降。」老師這樣說，這種類似於麻木的感覺一直持續到臨終前的日子。

　　最後的那一個月是痛苦而忙亂的。妻因公差遠赴歐洲，直到岳母去世後的第三天，毫不知情地歸來。所有的擔子，壓在老師一個人身上。岳母已不能進食，神志不清，靠點滴維持著飄搖的生命。中國人壽終正寢的風俗由來已久，病人一定要躺在家中的床上離去，否則就會成為孤魂野鬼。最後家人把她送回家中，出院的時候，還開好了第二天的藥。但是，離別竟來得那樣迅速，凌晨兩點老師莫名其妙的從睡夢中驚醒，這在以前是從未有過的。一刻鐘後，電話鈴聲在寂靜的夜突兀的響起，老師趕過去時，岳母已永遠離開了：「雖然病了這麼久，早已經做好了心理準備，但是真的到了那一刻，回家不到一天就去世了，還是很震驚，難以置信。」接下來的一切，是布置、安排、忙亂，後事繁雜紛亂，悲哀只能壓在心底。

　　老師的女兒正在北京準備著兩個月後的研究生入學考試，她是岳父母帶大的，接到噩耗，哭著要回來。作為父親，此時的心情非常矛盾。感情上很想女兒回來，但是理智上又不想耽誤她的功課。岳母已經去世，女兒回來也沒有太大的意義；即使提前幾天回來，岳母已沒有意識，病痛中老人的慘狀只會徒增女兒的痛苦。因此，還是勸女兒不要回來。然而，晚上突然接到女兒的電話：「你不要罵我，我已經在車上了。」吃驚之餘，百感交集，覺得女兒還真是長大了，懂事了，其實思想深處非常希望女兒回來陪伴。第二天一早到火車站接了她直接奔靈堂，父女倆在靈堂中悲傷之情陡至頂峰。

　　「很奇怪，和女兒一起到靈堂時，我的情緒似乎比岳母去世的那一刻更加激動。」　理智剛強的父親，女兒觸動了他靈魂最纖細的部分，他們一起跪在了遺像前。這個亭亭玉立的姑娘，流動的是他的血液，從哇哇啼哭的嬰兒一天天長大，長成了他的眉眼，載下的是老人的關愛和辛勞，回來了，懂事了。岳母，是她養育了妻，是她照顧了女兒，是她分擔了自己生活的重擔，是她的慈愛和勤勞成就了自己和妻的事業。是欣慰、是感激、是追憶、是不捨……霎那間，長期以來壓抑的悲傷在男兒的淚水中徹底宣洩。

　　伴隨著整個悲傷歷程的是刻骨銘心的自責。我們默默地聽著老師靈魂深處的剖析：「到現在，我最自責、最刻骨銘心的是我研究了一輩子生死哲學，學了很多關於悲傷輔導的知識，但是卻幾乎沒有為岳母做哪怕一點點的悲傷輔導。」我們也許比普通人更加知道，生老病死是必然之事。我們做各種的努力，我們研究，我們探索，我們試圖找到撫慰死者和生者的最佳途徑，我們甚至一度以為我們已經可以從容地面對。然而，當死亡真正來臨的時候，面對特殊的對象，我們發現是那樣的無力。

　　面對親人的逝世，自責總是不可避免的。通常的情況是：遺屬們為沒有在逝者生前照顧好而自責；為沒有及時發現惡疾而自責；為沒有提供最好的醫療而自責，或為沒有在臨終前見上一面而自責等等。可老師的自責卻完全不同：老師竟為自己從事了二十多年生死哲學的研究卻不能減輕親人的痛苦而深深地自責。這似乎是一種聞所未聞，也是常人不可能有的自責。

　　老師清楚地知道，讓岳母接受必至的死亡，理智地對待後期的治療和生活，是減少岳母臨終痛苦的關鍵。對此，他曾作過大量的研究，也成功地輔導過別人。然而，面對岳母這個具

體特別的個案，他感受到前所未有的無奈和痛心。

岳母是童養媳出身，沒有受過教育，對死亡的認識來自於民間的鬼神觀念和善惡報應觀念。在她看來，癌症是作惡的人得到的報應，與自己是沾不上邊的。岳母一生行善，同情弱小。她把她的一生無私地奉獻給了她的大家庭。她沒有生育過兒女，但是卻是眾多在饑餓邊緣苦苦掙扎的侄兒、侄女們的再生父母。老師的妻，其實是她領養的最小的侄女。「她非常節儉，別看她外面沒什麼特別，可裏面的內衣穿的都是破的。我和妻剛戀愛時，有一點很不習慣，就是她家的床單都是打了許多補丁的，並不是沒有新床單，而是鋪三天又收起來了。」然而，正是她這樣的省吃儉用造就了眾多晚輩們的幸福和前途。她性子急躁，但是哪怕是最無理的斥罵，都源自於她心底最真的善意。她的無私為她贏得了大家族中至高無上的權威，她認定的事，沒有人可以違逆。

這就是岳母，對癌症根深柢固的偏見加之說一不二的性格，給老師出了一個巨大得幾乎是無法克服的難題。

得知岳母可能是癌症時，老師和妻進退兩難：「書本上的知識和實例都說應該告訴她，這是進行悲傷輔導前提，但我還是同意了妻的說法，不告訴她。我們擔心，以她的觀念和性格，告訴她只會加速她的死亡。」

一方面是明確地知道不告訴岳母實情，必然要採取積極治療，這將會給她造成許多不必要的苦難；另一方面是即便告訴她，以她的性格，會更加堅持開刀，患癌症與她原有的觀念產生重大衝突，對她將是致命的打擊。權衡再三，他們選擇了隱瞞，這也意味著所有的痛苦和壓力將由他們來承擔：「讓她受了很多不必要的苦，又毫無辦法，內疚得無以復加，痛苦得肝膽皆裂。」

　　岳母堅持開刀，認為切除膽囊自己就會好起來。老師和妻有苦難言。知情的親屬都傾向於不開刀，擔心岳母七十七歲高齡會扛不住開刀之苦。醫生們的意見也分成兩種：一種認為岳母是惡性腫瘤，不宜開刀；另一種是認為岳母有可能是良性腫瘤，或者即便是惡性，開刀切除膽囊和部分肝臟，也有百分之二十的希望可以延長幾年壽命。老師和妻渴望抓住這根「稻草」：「我們希望她能活到八十歲，讓她再享幾年福。」但又擔心開刀不僅讓岳母白白受苦，反而會加重病情。因此，遲遲做不出決定，直到半個月後。

　　岳母天天催促儘快開刀，早日康復出院。對於開刀日期一再推遲，非常生氣，大發雷霆，把妻罵得狗血淋頭，近乎失去理智：「你就是捨不得錢是吧？我有錢！」老師和妻承受著巨大的壓力。一來醫生的說法使老師和妻對岳母的康復仍抱有一線希望，二來岳母一再堅持，最後，老師和妻同意開刀，並與醫師共同設計了幾個方案，希望把危險降到最低。打開腹腔，做活體檢查，是良性，則皆大歡喜；是惡性，則切除癌細胞侵蝕的部分；最壞的打算是，徹底擴散無法進行手術，馬上縫合刀口也許不會對岳母造成太大的損傷。

　　老師和妻在手術室外焦急地等待，祈禱上蒼，讓好運降臨在這個善良的老人身上，給他們幾年時間再孝敬老人。然而，手術室的門很快再度開啓，醫生說：癌細胞已擴散到整個腹腔，手術無法進行。

　　大地發瘋般地旋轉，希望的天空徹底坍塌。

　　開完刀後，岳父、岳母心情非常好。他們高興地以為，開完了刀病就會好起來。這讓老師和妻看在眼裏，急在心頭。開完刀後，岳母的病症沒有得到任何改善，這使得岳母異常煩躁，心情越來越糟糕，常常遷怒於家人。老師和妻擔心岳母的

情緒會影響日夜照看在旁的岳父，決定把實情告訴岳父，但是，對岳母，他們怎麼也開不了口。

　　雖然，大家極力隱瞞岳母，絕口不提癌這個字眼，直到最後也沒有真正正面告訴她究竟是什麼病。但是隨著病情的惡化，岳母似乎猜到了她自己的病。老師回憶到：「一次是我廈門的連襟在這照顧她，走時勸她好好養病，她脫口而出：『癌症還治得好啊？』誰也沒有繼續談下去，也沒有肯定。還有一次她說：『恐怕好不了了。』所以我們揣測她後期可能知道是癌症。」

　　岳母內心經受著痛苦的煎熬，整夜整夜輾轉反側無法入睡。老師覺得，她一方面覺得自己可能得了癌症，另一方面又強烈反對這個可能：癌症是造孽的人的下場，自己一輩子做好事，怎麼會得這個病！記得開刀後十天左右，洪醫師說請個中醫科的醫師來看看，岳母聽成腫瘤科的醫師，馬上變臉說：「我又不是那個病，請什麼腫瘤科醫生！」妻立即解釋：「不是腫瘤科，是中醫科。」岳母「哦」了一聲，才安靜下來。她真的是沒有辦法接受這個殘酷的現實。

　　越往後，岳母越來越沉默，老師心急如焚。岳母幾十年來形成的觀念，加之她固執的個性，此時再來糾正她對死亡和疾病的看法，已經太晚。況且，老師根本不能跟她提到「癌」這個字眼。猜測對她來說畢竟還不是事實，若是從別人嘴裏明確地告訴她，無疑是送她的命。她無法接受自己得了癌症，即使是，也不願意別人知道，更不願意別人說出來。

　　老師清楚地知道，面對必至的死亡，如果不能接受、不能「認命」的話，岳母將無法得到心理的平衡，也無法坦然度過最後的日子。這是老師最深的自責：「我學了這麼多，但對她沒有任何辦法，看著她經受著身、心、靈的三重煎熬，我覺得

無奈、內疚和痛苦，可又能怎麼樣呢？」

　　老師的雙眼空洞地望著前方，似乎想透過生死之幕，重對岳母進行悲傷輔導。

　　每天無止盡的輸液、抽血，岳母手上已經找不到可以扎針的地方，後來乾脆從鎖骨穿刺輸液。病情迅速惡化，岳母已不能進食，沒有意識反映，只因疼痛而全身抽搐，手不停地在空中徒勞地揮著，像是要抓住些什麼。她怕死，不想死，希望活，害怕墮入那恐怖的黑暗和鬼魅之中。

　　「後來的樣子慘不忍睹，保母看到那個慘狀都嘔吐。我們一方面想讓她多活一些日子，一方面又覺得如此痛苦還不如早點解脫。」老師清醒地認識到：「癌晚期已沒必要繼續治下去。人沒有意識之後還採用種種醫療手段，絕不是延長她的生命，而是延長她的瀕死期。」

　　然而此時，老師面臨的是一個非常尖銳的問題：放棄治療，責任由誰來承擔？這種責任，一方面是倫理責任，一方面是醫療責任。

　　作為兒女，若老人不能理性地面對死亡主動提出放棄治療，他們是不忍也不能提議放棄的。面對著醫院各種需要病人親屬承擔這樣或那樣責任的表格，老師提筆重千斤：「字難簽啊，那時考慮的非常多，所有的責任都在我身上。若岳母的病有一絲希望，我也要不惜一切代價治好她。可理性告訴我：在目前這樣的情況下，還是應該簽放棄；但別人會怎麼看？岳父會怎麼看？萬一岳母好了會怎麼看？我的女婿放棄治療，那還得了！認為我捨不得花錢給岳母治病！」沉重的倫理責任使老師承受著巨大的壓力。經過激烈的內心鬥爭，老師簽了不接受心臟復甦等搶救性治療的意向，並在電話中要求醫生不要再進行複雜卻一點效果都沒有的治療。然而令他意想不到的是，醫

院打來電話說不能放棄治療，理由是：醫院就是要治病。

「所有的後果都寫在單子上要家屬簽字，醫院不承擔任何責任，這對病人家屬無疑是雪上加霜。」在說到醫院的態度時，老師略顯憤怒。醫院主張開刀，而把病人推進手術室時，卻要家屬簽字來承擔責任，一切後果醫院概不負責；開刀無濟於事，醫院並不需要任何說法，只是一句「癌細胞已擴散，無能為力」，便打發了心痛徹骨的家屬；病人一天天消瘦憔悴，明知回天乏術，家屬要求放棄積極治療時，為了牟取利益又抬出「救死扶傷」的口號。醫院「事不關己，高高掛起」的冷漠、傲慢、不負責任和貪得無厭，像一把無形的利器穿刺著病人和家屬。

最後，醫院建議老師把已一個月未進食的奄奄一息的岳母抬回家中，準備料理後事。意想不到的狀況再次發生了。平日通情達理的岳父，表現出近乎蠻不講理的執拗，他堅持要求晚上送岳母回家中。岳母在她住的社區裏是身體好、福報好的象徵。她性格強悍，熱心又愛管事，不僅在家裏是「人王」，在廠裏、社區裏都很有威信。平日家長里短之時，言辭之間甚是以此為榮。此時無論如何不願鄰居們看到她生病的慘狀，更不願意自己成為自己往日譏諷嘲笑的「做了惡事的人」。接受治療的這幾個月她再也沒有回過自己住的社區，中途出過一次院，也是住在老師家中。岳父偶爾回自己住處時，熱心的鄰居問起，只說是在女兒家中，生病之事，隻字未提。據岳父說，岳母清醒時曾交待過回家時不要讓鄰居看到。這讓老師非常為難。不讓人知道，只能是用小車送回去，岳母的情況，根本不能坐小車。用救護車送，即便是晚上回去也會被人看到。

「岳母生病後的負罪感如此之重，影響了自己的行為，也影響了我們的判斷。我們因為不敢告訴她實情，讓她在痛苦中

過世，甚至延長了她的痛苦，這個結局是我們最不想看到的，直到現在我們仍非常懊惱。」老師嘆息道。

　　躁動不安的岳母送回家中後，明顯安詳了很多。老師說：「也許是聞出了家裏的味道。」他推測，岳母其實是很想回去的，但為了保持自己的形象又不肯回去。「她內心的矛盾讓人沒辦法處理，我使不上一點力，沮喪萬分。」到家後，岳父即刻關上大門，不讓任何人知道。岳母和鄰里的關係都非常好，在廠子裏，她工作負責，常常加班加點，很有威性。退休後在社區看門時，常常接濟一些孤寡老人，甚至帶她們到家裏吃飯。後來，遺體運走，靈堂設立後，鄰居們才知道岳母過世的事。許多人都來悼念她，鄰居八十多歲的老太太痛哭失聲，大家都責怪岳父：為什麼瞞著大家，讓大家都不能在最後的日子裏陪陪老夥伴。直到此時，善良老實一輩子的岳父才追悔莫及。

　　幾個月的疲於奔命、求醫問藥、悲傷無奈，終究無法抵抗必至的死亡，岳母在家人的不捨和哀痛中與世長辭。緊接著的就是料理後事的問題。

　　親人過世，遺體該如何處理？怎麼穿衣、怎麼淨身、有什麼禁忌和講究等等，傳統的喪葬禮儀對於現代的中國人，尤其是城市的青年已經非常陌生。老師雖對此有所研究，但真正面對岳母的遺體時，卻不知該從何下手：「親人去世了，不知道怎麼做，不敢去做，怕做錯，必須交給別人，又擔心別人對遺體不尊重，你想想這是什麼滋味？」

　　幸運的是老師有個學生是殯葬管理處的副處長。岳母過世前，老師已作了諸多準備，先後諮詢了學生三次，並拜託學生務必要幫忙辦好岳母的喪事。豐富的生死學知識和哲學智慧賦予了老師極強的預見性。幸虧許多事情事先都已安排好，乃至

在喪事的處理上比起別的家庭的混亂，要從容得多。

妻的姐姐們對遺體處理略有經驗，淨身、穿衣之類都由姐姐做了。處理好後，學生立即就親自帶殯儀館的員工過來接走遺體。「他們來了，三鞠躬後帶走了遺體。」學生親自督辦和對遺體的尊重使老師放心了很多。事實上，普通人家對殯儀館總是帶著恐懼甚至是怨恨的。目前，我國殯葬行業從業人員的素質尚成問題，對他們而言，遺體已不是「人」，不過是一具「物件」而已。又由於這個行業的特殊性，亂收費和收費高的問題比較嚴重。苦於自己不知如何處理，即使認為受到侮辱，仍然只能是交給殯儀館，這使遺屬們處於極度的無助、無奈和悲哀之中。「面對遺體，許多人將處於深度的焦慮和無助中，這將是每一個城市青年不可迴避的問題。」

然而，從另一個方面來說，喪事又可以在某種程度上彌補家屬的缺憾。岳母是愛熱鬧、講排場的人，甚至生前看到嫂子的喪事辦得非常體面，叮囑晚輩：自己將來老了也要辦得風光體面，並且希望自己回老家下葬。對於老師和妻而言，滿足岳母最後的心願，是他們能為老人盡的最後的孝。

喪事辦了兩場。先在南昌舉行了遺體告別儀式。水晶棺中，岳母靜靜地躺著，美容師魔幻般的手把被病魔折磨得不成人形的岳母變成了安然入睡的老人，給家人重創的心靈帶來一絲溫暖。「那時的感覺很奇怪，看她的樣子很安詳，讓我們覺得她只是睡著了，這讓我心中湧出絲絲欣慰。」岳母一向講究體面，至死不願讓別人看到她病中憔悴的樣子。今天，大家最後的道別，若岳母在天有靈，看到自己的形象，大概也會安心了吧！

遺體火化後，老師和妻即把骨灰送往餘幹老家。「我們捧著骨灰盒到餘幹老屋的時候，我的心總算放下來了。」扛在肩

頭的重擔在護送岳母回到生她養她的故鄉的時候，在鄭重地交
給餘幹的親人後，才算是卸了下來。

　　喪事辦得非常熱鬧體面，親的疏的、遠的近的、村裏村外
的、認識的不認識的，或是許久未曾見的，大家都趕來送老人
最後一程。長長的送葬隊伍，迎風飄搖的花圈，淅淅瀝瀝細雨
中綿長的樂聲伴著老人到她人生最後的駐足點，與辭別了多年
的父母親友團聚……

　　人生像四時更替，像花開花落，來的來了，去的去了。生
者依然按照人生的軌跡忙碌著，然而親朋縱橫交織的網，因了
亡者的歸去，而悄悄地發生著變化，生命留在塵世間的痕跡畢
竟慢慢在消失。

　　岳母是家族的無冕之王，她把這一大家子人緊緊地聯繫
在了一起。操勞已經成為她根深柢固的習慣，她可以仔細到哪
一家哪一個小孩過生日都記得牢牢的。所有的侄兒、侄女們唯
岳母之命是從。什麼時候哪家有人過生日了，大家聚聚；什麼
時候誰家生孩子了，大家要送禮；什麼時候哪家久無消息了，
大家要及時聯繫……所有的人都已習慣了由岳母來安排一切。

　　「之前妻一大家人聯繫得非常緊，現在失去了這個紐帶，
不知以後會怎樣？」雖然逝者家屬人際關係重組的問題，老師
早有研究，但卻沒有太深的體會。岳母的離世立刻讓老師感覺
到關係變化的微妙：「以後很多的問題都需要調整，首先是孤
獨的岳父如何安置？與兄弟姐妹的關係怎樣處理？人際關係的
世界隨著岳母的逝去突然間全改變了，一切都變得難以琢磨、
飄浮不定。」

　　老師和妻不放心岳父一個人住，便把老人接到一起住。
但岳父還是有孤獨感，因為他脫離了原有的鄰里、朋友、牌友
的圈子，雖然老師和妻一有機會常帶他一塊出去散心，但工作

忙起來，又沒有精力和時間陪他。「岳父的心理情感問題是現在最傷腦筋的。」此外，以前總有岳母在指揮，大家照「總司令」的號令辦就是了；可是，現在權威沒有了，「大家庭還能那麼團在一塊嗎？真的難說。」老師雙手一攤，一臉的無奈。

訪談接近尾聲時，老師感嘆到：「在生死這個問題上，人啊，永遠都會悔斷腸子。做了這個決定，事後總會後悔：為何不做那樣的決定？我們研究了很多，但書本上的跟自己經歷的畢竟不太一樣。生死這個問題，個性差異太大，我們的研究要走的路還很長。」

幾十年積累的哲學智慧和專業知識使老師在生死問題上有超出常人的預見性，也使老師比別人更理智也更容易走出悲傷的陰影。岳母在世時老師和妻盡心盡力地孝敬，生病時傾其所有去照顧，而其離去，雖然不捨，也只能是「盡人事，聽天命」了。

我想，老師對於岳母的死，除去不捨，更多的是來自心靈的無奈和苦痛。也許，只有出於痛苦的生死之思、生死之念才是真正可靠的。岳母的死深深地觸動了老師，現在，老師除了更加盡心地照顧岳父之外，便是化悲痛為力量，更加鍥而不捨地研究生死哲學，並希望這種研究更加具備現實的操作性。

面對死亡，我們永遠會有不捨和遺憾，我們的心靈會受到沉重的打擊，我們的社會及人際關係也會處於某種解體之中，這是沒有辦法的；我們所能做到的是：透過某種方式和智慧把這種傷害降到最低，以面對我們仍然要走的漫漫人生之路與那人人無法迴避的生命結局。

我客觀地傾述了岳母去世的經過及自己的心路歷程，這說明再有豐富的生死學與生死哲學的知識也不一定能化解現實中千變萬化

的生死問題；也許我可以超越自我的生死，也能夠儘快地撫平自我的哀傷情緒，但仍然無法解決沒有習得生死智慧的親人們的生死問題，畢竟死亡是每個人都必須要自我面對、自我承擔的人生結局。寫完這本書，算是我在生死問題上以求解決的進一步努力吧。最後，我要特別感謝鈕則誠教授、張淑美教授，二位學者撥冗寫序，給本書增色許多；也非常感謝王玲玲教授、徐春林博士和羅伽祿先生，他們分別審閱了本書的部分初稿，提出了許多寶貴的意見。

　　願天下人在孜孜求生的過程中，也能稍稍超拔出來，去沉思一下生死大事，去學習生死學的知識，去獲得生死哲學的智慧。僅以此與讀者們共勉。

鄭曉江記於南昌贛江之畔「神遊齋」

2006年4月28日

生命‧死亡教育叢書 12

生死學

作　　者／鄭曉江

出　版　者／揚智文化事業股份有限公司

發　行　人／葉忠賢

總　編　輯／閻富萍

登　記　證／局版北市業字第1117號

地　　址／台北縣深坑鄉北深路三段260號8樓

電　　話／(02)2664-7780

傳　　真／(02)2664-7633

　E-mail　／service@ycrc.com.tw

郵撥帳號／19735365

戶　　名／葉忠賢

印　　刷／鼎易印刷事業股份有限公司

　ISBN　／978-957-818-799-3

初版一刷／2006年12月

定　　價／新台幣350元

國家圖書館出版品預行編目資料

生死學＝Thanatology／鄭曉江著. – 初版. --
臺北縣深坑鄉：揚智文化, 2006 [民95]
面： 公分（生命‧死亡教育叢書；12）

ISBN 978-957-818-799-3（平裝）

1. 生死學 2. 人生哲學

191.9   95021611